現場の疑問に答える
会計シリーズ❼

Q&A
純資産の
会計実務

増減資から自己株式、
株式報酬、組織再編まで

EY新日本有限責任監査法人［編］

中央経済社

発刊にあたって

　日本企業を取り巻く経済情勢は，グローバル化のさらなる進展とともに，各国間の貿易問題，人口減少等のさまざまな問題が発生し，難しいかじ取りが必要な時代となっています。

　一方，企業会計の分野においては，国際会計基準（IFRS）の任意適用企業が2019年6月現在で180社を超えるなど，会計の国際化が進展しています。日本の会計基準においても「収益認識に関する会計基準」が企業会計基準委員会より2018年3月に公表され，2021年4月1日以降開始する事業年度より全面適用されることになるなど，国際会計基準および米国会計基準とのコンバージェンスが進んでいます。

　このような中，EY新日本有限責任監査法人は，「現場の疑問に答える会計シリーズ」を刊行することとしました。本シリーズは棚卸資産，固定資産，金融商品，研究開発費・ソフトウェア，退職給付，税効果，純資産，組織再編等の各テーマにおける会計論点を全編Q＆A形式で解説し，基本的な論点から最新の会計論点，実務で問題となる事項までわかりやすく説明しております。また，各巻に巻末付録として「IFRSとの差異一覧」と「Keyword」を設けて読者の皆様の便宜に供しております。

　本「現場の疑問に答える会計シリーズ」はEY新日本有限責任監査法人の監査現場の経験が豊富な公認会計士が執筆しております。本シリーズが各企業の経理担当者の方々，また，広く企業会計を学ぼうとしている方々のお役に立つことを願っております。

2019年7月

EY新日本有限責任監査法人

理事長　片倉　正美

はじめに

　会計の1つの分野として「資本会計」と呼ばれるカテゴリがあります。これは，貸借対照表の右下の「資本」に係る会計であり，「資本取引」と呼ばれる財務諸表作成者の所有者（例えば，株式会社における株主）との間の取引（増減資や自己株式に係る取引）が中心となります。本書はこの資本会計がメインのテーマとなりますが，その範囲をもう少し拡げて「純資産の会計実務」と名付けています。

　資本，すなわち現状制度における株主資本は，資本金，資本剰余金，利益剰余金（および自己株式）などから構成されます。その性質で区分すると，主として，株主から預かった元手である払込資本（資本金および資本剰余金）とその運用成果である利益剰余金に分けられ，この株主資本に係る会計上の論点を幅広く取り扱ったものが本書となります。ただし，株主資本だけでなく，貸借対照表の資産から負債を差し引いて算出される純資産もその対象とし，評価・換算差額等（連結財務諸表上はその他の包括利益累計額）や新株予約権についても解説しています。

　また，この資本会計は，会社法と切っても切れない関係にあります。増資や減資，配当，新株予約権の発行などは，会社法にその手続が詳細に規定され，また，表示についても，関係省令（会社計算規則）に規定が設けられています。このため，本書では相当程度の紙幅を割いて，純資産と会社法の関係にも言及しています。

　さらに，本書が特徴的であるのは，第10章の株式報酬，第11章の組織再編を独立の章とし，かなりのページ数を用いて解説している点です。前者の株式報酬については，近年導入する上場企業が増えている，いわゆる「インセンティブ報酬」と呼ばれる種々のスキームについて解説しています。オーソドックスなストック・オプションのみならず，有償ストック・オプション，株式交付信託，さらには（事前交付型）リストリクテッド・ストックや業績連動発行型のパフォーマンス・シェア・ユニットといった会計基準に定めがないようなもの

まで，現行実務も踏まえ，わかりやすく解説しています。また，後者の組織再編については，具体的な組織再編のスキームを多く掲げて，それぞれのケースで，会社法（会社計算規則）の規定も踏まえて株主資本の表示がどうなるのかという点を細かく整理しており，類書にない本書の大きな1つの目玉となっています。

　税務上の取扱いも含め，最新の制度動向までアップデートしていますので，巻末に用意した「IFRSとの差異一覧」や「Keyword」も含めて，実務にお役立ていただければと思います。本書が経理実務に携わる皆様の必携の書となれば，執筆者として望外の喜びです。

　2019年7月

EY新日本有限責任監査法人

執筆者一同

目　次

第 1 章 | 純資産の部の内訳

Q 1-1　純資産の部の内訳·················· 2
Q 1-2　剰余金の内容·················· 4
Q 1-3　評価・換算差額等の内容·················· 7
Q 1-4　その他の包括利益累計額の内容·················· 10
Q 1-5　土地再評価差額金の取扱い·················· 14
Q 1-6　純資産の部と株主資本等変動計算書の関係·················· 18
Q 1-7　純資産の部に係る税務上の取扱いの基礎·················· 23
Q 1-8　資本に関する財務指標·················· 26

第 2 章 | 株式会社の設立

Q 2-1　株式会社の設立手続·················· 30
Q 2-2　資本に関する会社法上の規制·················· 33
Q 2-3　設立時の現物出資に係る会社法上の取扱い·················· 35
Q 2-4　会社設立に要した費用の会計上の取扱い·················· 38
Q 2-5　会社設立の際の開示規制·················· 41

第 3 章 | 増 減 資

Q 3-1　募集株式の発行等·················· 48
Q 3-2　第三者割当増資·················· 49
Q 3-3　株主割当増資·················· 53

Q 3-4	公募増資	55
Q 3-5	有利発行	55
Q 3-6	スプレッド方式の会計処理	57
Q 3-7	現物出資	59
Q 3-8	現物出資に係る税務上の取扱い	61
Q 3-9	株式分割と株式無償割当て	63
Q 3-10	デット・エクイティ・スワップ	65
Q 3-11	デット・エクイティ・スワップに係る税務上の取扱い ……… 67	
Q 3-12	増資に関する開示	68
Q 3-13	有償減資と無償減資	70
Q 3-14	株式併合	74
Q 3-15	100%減資	76
Q 3-16	減資に係る税務上の取扱い	77
Q 3-17	減資に関する開示	78

第4章 種類株式

Q 4-1	会社法における種類株式制度の概要	82
Q 4-2	種類株式発行会社の会計処理・表示	86
Q 4-3	自己株式を取得する際の対価として他の種類の株式を交付する場合の会計処理	87
Q 4-4	種類株式発行会社における開示	88
Q 4-5	全部取得条項付株式を用いたスクイーズ・アウト	90
Q 4-6	種類株式発行会社における税務上の取扱い	93

第5章 新株予約権

Q 5-1	新株予約権の概要	96

目　次　*iii*

Q 5 - 2	新株予約権の活用	*98*
Q 5 - 3	新株予約権の発行手続	*101*
Q 5 - 4	新株予約権の会計処理および開示	*107*
Q 5 - 5	ライツ・オファリングの会計処理	*114*
Q 5 - 6	新株予約権付社債の会計処理	*116*
Q 5 - 7	企業再編と新株予約権	*120*
Q 5 - 8	新株予約権に係る税務上の取扱い	*122*

第6章　自己株式

Q 6 - 1	自己株式の取得	*130*
Q 6 - 2	自己株式の処分	*133*
Q 6 - 3	自己株式の消却	*136*
Q 6 - 4	自己株式の戦略的活用方法	*138*
Q 6 - 5	公開買付制度	*140*
Q 6 - 6	自己株式の取得制限と取締役の責任	*142*
Q 6 - 7	自己株式に係る税務上の取扱い	*144*
Q 6 - 8	自己株式に関する開示	*148*

第7章　準 備 金

Q 7 - 1	準備金の概要	*152*
Q 7 - 2	各準備金の共通点および相違点	*153*
Q 7 - 3	準備金の増加（積立て）	*156*
Q 7 - 4	準備金の減少と自己株式の取得	*162*

第8章 剰余金および配当

Q 8 - 1	剰余金の定義 ……………………………………………… *166*
Q 8 - 2	剰余金の変動 ……………………………………………… *170*
Q 8 - 3	剰余金の配当に関する留意事項 ……………………… *174*
Q 8 - 4	剰余金の配当に関する会計処理 ……………………… *177*
Q 8 - 5	分配可能額 ………………………………………………… *186*
Q 8 - 6	配当に関する開示 ……………………………………… *192*
Q 8 - 7	配当に係る税務上の取扱い …………………………… *194*
Q 8 - 8	違法配当 …………………………………………………… *197*
Q 8 - 9	繰越利益剰余金がマイナスの場合 …………………… *199*
Q 8 -10	その他資本剰余金がマイナスの場合 ………………… *200*
Q 8 -11	臨時決算 …………………………………………………… *201*

第9章 1株当たり純利益・純資産額

Q 9 - 1	1 株当たり当期純利益 ………………………………… *206*
Q 9 - 2	潜在株式がある場合の 1 株当たり当期純利益の計算方法 …………………………………………………… *210*
Q 9 - 3	1 株当たり純資産額 …………………………………… *216*
Q 9 - 4	種類株式を発行している場合の 1 株当たり情報の注記 …………………………………………………… *218*

第10章 株式報酬

Q10- 1	ストック・オプション制度の概要 …………………… *222*
Q10- 2	ストック・オプションの基本的な会計処理 ………… *226*
Q10- 3	ストック・オプションの条件変更の会計処理 ……… *232*
Q10- 4	ストック・オプションに関する開示 ………………… *235*

目　次　　v

Q10-5	有償ストック・オプションの内容と会計処理	241
Q10-6	日本版ESOPの内容と会計処理	244
Q10-7	日本版ESOPに関する開示	251
Q10-8	リストリクテッド・ストックの内容と会計処理	254
Q10-9	パフォーマンス・シェア・ユニットの内容と会計処理	260
Q10-10	有価証券報告書における役員報酬の開示	265
Q10-11	株式報酬制度に係る税務上の取扱い	268

第11章　組織再編

Q11-1	組織再編時の増加資本	274
Q11-2	取得に該当する吸収合併における吸収合併存続会社（取得企業）の増加資本	278
Q11-3	逆取得に該当する吸収合併における吸収合併存続会社（被取得企業）の増加資本	283
Q11-4	逆取得に該当する吸収合併における連結財務諸表上の増加資本	289
Q11-5	共同支配企業の形成に該当する吸収合併における吸収合併存続会社（共同支配企業）の増加資本	293
Q11-6	親会社が子会社を吸収合併する場合における吸収合併存続会社（親会社）の増加資本	299
Q11-7	子会社が親会社を吸収合併する場合における吸収合併存続会社（子会社）の増加資本	305
Q11-8	同一の株主（企業）により支配されている子会社同士の合併における吸収合併存続会社（子会社）の増加資本	311
Q11-9	取得に該当する新設合併における新設合併設立会社の増加資本	312

Q11-10	共同支配企業の形成に該当する新設合併における新設合併設立会社の増加資本	314
Q11-11	共通支配下の取引等に該当する新設合併における新設合併設立会社の増加資本	316
Q11-12	取得に該当する吸収分割における吸収分割承継会社（取得企業）の増加資本	318
Q11-13	逆取得に該当する吸収分割における吸収分割承継会社（被取得企業）の増加資本	319
Q11-14	共同支配企業の形成に該当する吸収分割における吸収分割承継会社（共同支配企業）の増加資本	322
Q11-15	株式のみを対価とする子会社から親会社への吸収分割における吸収分割承継会社（親会社）の増加資本	326
Q11-16	分割型の会社分割による子会社から親会社への吸収分割（共通支配下の取引等）における吸収分割承継会社（親会社）の増加資本	329
Q11-17	株式のみを対価とする親会社から子会社への吸収分割（共通支配下の取引）における吸収分割承継会社（子会社）の増加資本	334
Q11-18	分割型の会社分割による親会社から子会社への吸収分割における吸収分割承継会社（子会社）の増加資本	336
Q11-19	単独新設分割における新設分割設立会社の設立時資本	338
Q11-20	共同支配企業の形成に該当する共同新設分割における新設分割設立会社の設立時資本	339
Q11-21	取得に該当する株式交換における株式交換完全親会社（取得企業）の増加資本	341
Q11-22	逆取得に該当する株式交換における株式交換完全親会社（被取得企業）の増加資本	344
Q11-23	共通支配下の取引等に該当する株式交換における株式交換完全親会社の増加資本	348

Q11-24	取得に該当する株式移転における株式移転設立完全親会社の増加資本	*354*
Q11-25	親会社と子会社が実施する株式移転（共通支配下の取引等）における株式移転設立完全親会社の増加資本	*359*
Q11-26	組織再編時の増加資本に係る税務上の取扱いの概要	*363*

巻末付録

1 **IFRSとの差異一覧** ⋯⋯⋯⋯⋯⋯⋯⋯⋯⋯⋯⋯⋯⋯⋯⋯ *368*

2 **Keyword** ⋯⋯⋯⋯⋯⋯⋯⋯⋯⋯⋯⋯⋯⋯⋯⋯⋯⋯⋯⋯⋯ *371*

viii

凡例

法令，会計基準等の名称	略　称
金融商品取引法	金商法
金融商品取引法施行令	金商法施行令
金融商品取引法第二条に規定する定義に関する内閣府令	定義府令
財務諸表等の用語，様式及び作成方法に関する規則	財務諸表等規則または財規
「財務諸表等の用語，様式及び作成方法に関する規則」の取扱いに関する留意事項について（財務諸表等規則ガイドライン）	財規ガイドライン
連結財務諸表の用語，様式及び作成方法に関する規則	連結財務諸表規則または連規
「連結財務諸表の用語，様式及び作成方法に関する規則」の取扱いに関する留意事項について（連結財務諸表規則ガイドライン）	連規ガイドライン
四半期財務諸表等の用語，様式及び作成方法に関する規則	四半期財務諸表等規則または四半期財規
四半期連結財務諸表の用語，様式及び作成方法に関する規則	四半期連結財務諸表規則または四半期連規
企業内容等の開示に関する内閣府令	開示府令
企業内容等開示ガイドライン（企業内容等の開示に関する留意事項について）	開示ガイドライン
会社法	会
会社法施行規則	会施規
会社計算規則	会計規
民法	民
企業会計基準第1号「自己株式及び準備金の額の減少等に関する会計基準」	自己株式等会計基準
企業会計基準適用指針第2号「自己株式及び準備金の額の減少等に関する会計基準の適用指針」	自己株式等適用指針

凡　例　ix

企業会計基準適用指針第3号「その他資本剰余金の処分による配当を受けた株主の会計処理」	資本剰余金配当処理
企業会計基準第2号「1株当たり当期純利益に関する会計基準」	1株当たり利益会計基準
企業会計基準適用指針第4号「1株当たり当期純利益に関する会計基準の適用指針」	1株当たり利益適用指針
企業会計基準第5号「貸借対照表の純資産の部の表示に関する会計基準」	純資産の部会計基準
企業会計基準適用指針第8号「貸借対照表の純資産の部の表示に関する会計基準等の適用指針」	純資産の部適用指針
企業会計基準第6号「株主資本等変動計算書に関する会計基準」	株主資本等変動計算書会計基準
企業会計基準適用指針第9号「株主資本等変動計算書に関する会計基準の適用指針」	株主資本等変動計算書適用指針
企業会計基準第7号「事業分離等に関する会計基準」	事業分離等会計基準
企業会計基準第21号「企業結合に関する会計基準」	企業結合会計基準
企業会計基準適用指針第10号「企業結合会計基準及び事業分離等会計基準に関する適用指針」	企業結合・事業分離適用指針
企業会計基準第8号「ストック・オプション等に関する会計基準」	ストック・オプション会計基準
企業会計基準適用指針第11号「ストック・オプション等に関する会計基準の適用指針」	ストック・オプション適用指針
実務対応報告第30号「従業員等に信託を通じて自社の株式を交付する取引に関する実務上の取扱い」	日本版ESOP実務対応報告
実務対応報告第36号「従業員等に対して権利確定条件付き有償新株予約権を付与する取引に関する取扱い」	有償ストック・オプション実務対応報告
会計制度委員会研究報告第15号「インセンティブ報酬の会計処理に関する研究報告」	インセンティブ報酬研究報告
企業会計基準第10号「金融商品に関する会計基準」	金融商品会計基準
会計制度委員会報告第14号「金融商品会計に関する実務指針」	金融商品会計実務指針

企業会計基準適用指針第17号「払込資本を増加させる可能性のある部分を含む複合金融商品に関する会計処理」	複合金融商品適用指針
実務対応報告第10号「種類株式の貸借対照表価額に関する実務上の取扱い」	種類株式実務対応報告
「外貨建取引等会計処理基準」（企業会計審議会）	外貨建取引会計基準
会計制度委員会報告第4号「外貨建取引等の会計処理に関する実務指針」	外貨建取引実務指針
企業会計基準第11号「関連当事者の開示に関する会計基準」	関連当事者会計基準
企業会計基準適用指針第13号「関連当事者の開示に関する会計基準の適用指針」	関連当事者適用指針
企業会計基準第22号「連結財務諸表に関する会計基準」	連結会計基準
会計制度委員会報告第7号「連結財務諸表における資本連結手続に関する実務指針」	資本連結実務指針
企業会計基準第24号「会計上の変更及び誤謬の訂正に関する会計基準」	過年度遡及会計基準
企業会計基準第25号「包括利益の表示に関する会計基準」	包括利益会計基準
企業会計基準第26号「退職給付に関する会計基準」	退職給付会計基準
企業会計基準適用指針第25号「退職給付に関する会計基準の適用指針」	退職給付適用指針
企業会計基準適用指針第28号「税効果会計に係る会計基準の適用指針」	税効果適用指針
企業会計基準適用指針第26号「繰延税金資産の回収可能性に関する適用指針」	回収可能性適用指針
実務対応報告第19号「繰延資産の会計処理に関する当面の取扱い」	繰延資産実務対応報告
会計制度委員会報告第9号「持分法会計に関する実務指針」	持分法実務指針
法人税法	法法
租税特別措置法	措法
法人税法施行令	法令

「攻めの経営」を促す役員報酬～企業の持続的成長のためのインセンティブプラン導入の手引～（2019年3月時点版）	2019年経産省手引き

第1章

純資産の部の内訳

Point

- 純資産の部は大きく株主資本とそれ以外に分けられ，株主資本はさらに資本金，資本剰余金および利益剰余金に区分されます。純資産の部の変動は，別に（連結）株主資本等変動計算書で示されます。
- 資本金の額は連結財務諸表と個別財務諸表で一致しますが，資本剰余金の額は必ずしも一致しません。
- 個別財務諸表上の評価・換算差額等は，連結財務諸表ではその他の包括利益累計額とされ，その変動は連結包括利益計算書で表示されます。

Q1-1	**純資産の部の内訳**

Q	貸借対照表の純資産の部はどのように区分され，その内容としてどのようなものが表示されるのでしょうか。
A	純資産の部は大きく株主資本とそれ以外の項目に分けられ，株主資本はさらに資本金，資本剰余金および利益剰余金などから構成されます。

解説

　貸借対照表は資産の部，負債の部および純資産の部から構成されますが，資産と負債の差額で算出されるのが，この純資産です。純資産の部は，大きく株主資本とそれ以外の項目に分けられますが，前者の株主資本はさらに資本金，資本剰余金および利益剰余金などに区分され，株主からの払込（拠出）資本とそれを元手に稼得した留保利益で構成されます。

1．純資産の部の表示

　貸借対照表は，資産の部，負債の部および純資産の部に区分され，純資産の部は，さらに株主資本とそれ以外の各項目に区分することとされています（純資産の部会計基準4）。

(1)　株主資本

　株主資本は，資本金，資本剰余金および利益剰余金に区分されます（純資産の部会計基準5）。

　資本金は，会社法上の資本金の額（会445Ⅰ）と同額であり，連結貸借対照表と個別貸借対照表で差はありません。なお，申込期日後，払込期日（資本金等への振替日）までの払込額は，新株式申込証拠金として，資本金の次に掲記されます（純資産の部適用指針3，11また書き）。

　一方，剰余金については，以下のとおり，連結財務諸表と個別財務諸表で若干の差があります。

①　連結財務諸表における剰余金

連結財務諸表上，資本剰余金および利益剰余金は，その内訳を示すことなく，「資本剰余金」または「利益剰余金」として表示されます（連規43Ⅰ）。

②　個別財務諸表における剰余金

個別財務諸表上，資本剰余金は法定準備金である資本準備金と，その他資本剰余金に分けて表示されます（財規63Ⅰ）。

一方，利益剰余金についても，法定準備金である利益準備金と，その他利益剰余金に分けて表示されますが（財規65Ⅰ），その他資本剰余金と異なり，その他利益剰余金については，その細目ごと（任意積立金の各項目および繰越利益剰余金）に区分して表示されます（財規65Ⅲ）。なお，会社法計算書類においては，細目ごとの区分表示は必須とはされていません（会計規76Ⅴ②，Ⅵ）。

(2)　株主資本以外の項目

株主資本以外の項目については，連結財務諸表と個別財務諸表の別に，それぞれ図表1-1の項目に分けて掲記することとされています（純資産の部会計基準7）。

| 図表1-1 | 株主資本以外の項目の貸借対照表上の表示 |

連結貸借対照表	個別貸借対照表
• その他の包括利益累計額 • 新株予約権 • 非支配株主持分	• 評価・換算差額等 • 新株予約権

図表1-1に掲げた項目のうち，その他の包括利益累計額と評価・換算差額等については，その他有価証券の評価差額や繰延ヘッジ処理を行った場合の評価差額などが含まれるものであり，連結財務諸表と個別財務諸表で名称は異なるものの，その性質は同様です。なお，詳細については，後述の「Q1-3　評価・換算差額等の内容」および「Q1-4　その他の包括利益累計額の内容」をご参照ください。

4

2．自己株式の取扱い

　自己株式については，株主資本の末尾において，株主資本の金額から控除する形で表示されます（純資産の部適用指針3，自己株式等会計基準8）。

　なお，自己株式の会計処理および表示に関する詳細は，後述の「第6章　自己株式」をご参照ください。

Q1-2　剰余金の内容

Q	資本剰余金および利益剰余金には，それぞれどのようなものが計上されるのでしょうか。連結財務諸表と個別財務諸表の違いも含めて，教えてください。
A	資本剰余金は株主等との資本取引により生じた剰余金，利益剰余金は事業活動等により稼得した剰余金という意味で，大きな違いがあります。

解説

　資本剰余金と利益剰余金は，同じ「剰余金」という名称ですが，その内容は大きく異なります。資本剰余金は，株主等との資本取引により生じた株主資本項目のうち，法定資本である資本金以外のものが計上されます。他方，利益剰余金は，企業自らが事業活動等によって稼得した剰余金が計上されます。

　企業活動の元手である「資本」と，それをベースに獲得した「利益」を峻別するために，両者の混同は厳しく制限されます。

1．資本剰余金の内容

(1)　資本剰余金の性質

　資本剰余金は，株主等との資本取引によって生じた剰余金を指します。具体的には，払込資本から資本金を除いた額として算定され，事業活動等の元手となる「資本性」の剰余金として位置付けられます。

第1章　純資産の部の内訳　　　*5*

⑵　資本剰余金の内容

　資本剰余金は，法定の準備金である資本準備金と，その他資本剰余金に区分されます。

①　資本準備金

　資本準備金は，設立に際し，および設立後に行われる出資に際して，株主から払い込まれた額のうち，資本金とされなかった額を指します（会445Ⅱ，Ⅲ）。また，資本準備金は，その他資本剰余金を原資とした配当に際して，準備金の積立限度（資本金の4分の1）に達していないときに，配当額の10分の1を積み立てることとされています（会445Ⅳ，会計規22Ⅰ）。

②　その他資本剰余金

　資本準備金以外のその他資本剰余金も，資本取引により生じたという意味では，資本準備金と似た性格のものといえるでしょう。

　具体的には，後述の第8章「Q8-1　剰余金の定義」をご参照ください。

　なお，その性質上，資本性の剰余金に該当すると考えられるようなものであっても，その他資本剰余金に計上される項目は限定列挙とされているため，会計基準で明示的な定めがある項目以外は計上できません（会計規27Ⅰ③）。

　また，会計理論上，株主からの拠出ではないものの，国庫からの補助金などの維持すべき資本として取り扱うべきではないかという項目を「その他「の」資本剰余金」として整理するケースがあります。ただし，これは前述の「その他資本剰余金」とは別のものであり，会計基準に明示的な定めがないため，その他資本剰余金には計上されません。

2．利益剰余金の内容

⑴　利益剰余金の性質

　利益剰余金は，資本取引以外によって生じた剰余金を指します。一般的には，利益獲得を目指す種々の事業活動等によって生じた剰余金を指し，通常は企業が稼得した利益によって増加するものであり，株主へ利益配当によって還元する原資となる「利益性」の剰余金として位置付けられます。

なお，現在の我が国の会社法では，利益剰余金のみならず，資本剰余金からの配当も認められますが，会計上は，資本性の剰余金からの配当ということで，稼得利益からの配当と違って，配当を受けた株主の会計処理は大きく異なります（図表1-2参照）。詳細は，後述の第8章「Q8-4　剰余金の配当に関する会計処理」をご参照ください。

| 図表1-2 | 剰余金の配当を受けた株主の会計処理（概要・原則） |

原　資	会計処理
利益剰余金	受取配当金として収益計上（稼得利益の分配のため）
資本剰余金	投資有価証券を減額（払込資本の払戻しのため）

(2) 利益剰余金の内容

① 利益準備金

利益準備金は，利益剰余金を原資とした配当に際して，準備金の積立限度（資本金の4分の1）に達していないときに，配当額の10分の1を積み立てることとされています（会445Ⅳ，会計規22Ⅱ）。準備金制度は，法定資本（資本金）に加えて，一定の財産（現金とは限りません）を会社内に留保させることによって，債権者の保護に資するものとなっています。

② その他利益剰余金

その他利益剰余金は，資本取引によって増加するその他資本剰余金とは異なり，その増加の主たる要因は当期純利益の計上です。

3．資本剰余金と利益剰余金の振替え

資本剰余金は資本取引から生じた剰余金であり，一方，利益剰余金は損益取引から生じた剰余金，すなわち留保された利益の額であるため，これらの混同は基本的に禁止されています（企業会計原則第一 三，同注解（注2），自己株式等会計基準19）。

具体的にこれらの振替えが認められるケースについては，後述の第8章「Q

第1章　純資産の部の内訳　　*7*

8-2　剰余金の変動」をご参照ください。

Q1-3　評価・換算差額等の内容

Q	個別財務諸表に計上される評価・換算差額等には，具体的にどのような項目が計上されるのでしょうか。
A	純資産の部の「評価・換算差額等」の部に計上される項目は限定列挙とされており，その他有価証券評価差額金および繰延ヘッジ損益が代表的な項目です。

解 説

　個別財務諸表の純資産の部に計上される評価・換算差額等は，資産，負債および株主資本のいずれにも含まれなかった項目（新株予約権を除きます）ですが，企業の任意によって計上できるものではなく，限定された項目のみが掲記されます。現状では，その他有価証券評価差額金と繰延ヘッジ損益が定められており，このほかに土地再評価差額金が限定的に計上されます（土地再評価差額金については，後述の「Q1-5　土地再評価差額金の取扱い」をご参照ください）。

1．評価・換算差額等の性質

　会計基準上，評価・換算差額等の性質は積極的に定義されていませんが，資産，負債および株主資本のいずれにも該当しない項目が，この区分に表示されます。なお，新株予約権は，純資産の部に別途新株予約権として掲記されるため，評価・換算差額等には含まれません。

2．その他有価証券評価差額金

　金融商品会計基準に基づき，その他有価証券に区分された有価証券は，原則として，毎期末に時価で評価されます。そして，評価差額については，損益計

算書を経由することなく，直接純資産の部に計上することとされています（金融商品会計基準18）。より具体的には，図表1-3のいずれかの方法を継続適用して，税効果会計を適用した上で，評価差額であるその他有価証券評価差額金を計上することとされています。

図表1-3　その他有価証券の評価差額の取扱い

会計方針の名称	方　　法
全部純資産直入法	評価差額の合計額を評価・換算差額等に計上する。
部分純資産直入法	時価が取得原価を上回る銘柄は評価差額を評価・換算差額等に計上し，時価が取得原価を下回る銘柄は評価差額を当期の純損失として処理する。

ここ注意！

　市場価格のない株式（非上場株式）については，時価評価は不要とされますが（金融商品会計実務指針63ただし書き），非上場株式であっても外貨建株式（在外投資）については，換算差額がその他有価証券評価差額金として計上される点に留意が必要です（外貨建取引実務指針16）。

　その他有価証券評価差額金に税効果会計を適用する場合，原則として，銘柄ごとに適用することとされています。すなわち，銘柄ごとに含み益（プラスの評価差額金）と含み損（マイナスの評価差額金）に分け，含み益に対しては繰延税金負債を，含み損については回収可能性を検討した上で繰延税金資産を計上します（回収可能性適用指針38柱書き本文）。ただし，原則的な取扱いに代えて，一括して税効果会計を適用できるとする定めも設けられています（回収可能性適用指針38柱書きただし書き，(1)，(2)，39，40）。なお，その他有価証券評価差額金に税効果会計を適用した場合，繰延税金資産または繰延税金負債の相手勘定は法人税等調整額ではなく，その他有価証券評価差額金となります（税効果適用指針11）。

3．繰延ヘッジ損益

　ヘッジ会計のうち，繰延ヘッジ処理の適用によって計上される繰延ヘッジ損

益は，税効果会計を適用した上で，評価・換算差額等に計上されます（金融商品会計基準32）。

　ここで，繰延ヘッジ損益に税効果会計を適用する場合，繰延ヘッジ利益と繰延ヘッジ損失に区分して，利益に対しては繰延税金負債を，損失に対しては回収可能性を検討した上で繰延税金資産を計上することになります（回収可能性適用指針46本文）。回収可能性の検討に際しては，回収可能性適用指針に定める企業の分類が（分類1）から（分類3）の企業については，その将来減算一時差異に係る繰延税金資産に回収可能性があると判断されます（回収可能性適用指針46なお書き）。なお，繰延ヘッジ損益に税効果会計を適用した場合，その他有価証券評価差額金と同じく，繰延税金資産または繰延税金負債の相手勘定は評価・換算差額等（繰延ヘッジ損益）となります（税効果適用指針12）。

　また，外貨建取引についてヘッジ取引を実行した場合（為替予約等の振当処理を採用しているケースを除きます），ヘッジ対象である外貨建債権債務が決算日相場で換算され，その一方で，ヘッジ手段である為替予約等が時価評価（評価差額は純損益計上）されることでヘッジ効果が財務諸表に表現されるため，ヘッジ会計は適用されません（金融商品会計実務指針168）。外貨建取引のヘッジ取引について繰延ヘッジ損益が計上されるのは，予定取引をヘッジ対象とするときのみとなります（金融商品会計実務指針169）。

Q1-4 その他の包括利益累計額の内容

Q 連結財務諸表にのみ計上されるその他の包括利益累計額には，どのような項目があるのでしょうか。個別財務諸表との違いや連結包括利益計算書との関係も含めて，教えてください。

A 連結財務諸表においてのみ計上されるその他の包括利益累計額には，為替換算調整勘定と退職給付に係る調整累計額があります。

解 説

個別財務諸表上は評価・換算差額等という区分で表示されるその他有価証券評価差額金や繰延ヘッジ損益等について，連結財務諸表ではその他の包括利益累計額という区分で表示されます。そして，連結財務諸表上においてのみ，為替換算調整勘定および退職給付に係る調整累計額という項目が計上されるとともに，連結財務諸表の１つとして，期中のその他の包括利益累計額の変動を示す連結包括利益計算書が作成されます。

1．その他の包括利益累計額の性質

会計基準上，個別財務諸表における評価・換算差額等と同じく，その他の包括利益累計額の性質は積極的に定義されていません。ただし，資産，負債および株主資本のいずれにも該当しない項目がこの区分に表示される点は，個別財務諸表における評価・換算差額等と同様です。なお，新株予約権および親会社以外の子会社の株主（当該子会社以外の他の子会社を含みません）である非支配株主の持分を示す非支配株主持分は，純資産の部に別途掲記されるため，その他の包括利益累計額には含まれません。

2．為替換算調整勘定

連結財務諸表においてのみ計上されるその他の包括利益累計額の項目として，まず，為替換算調整勘定が挙げられます。

為替換算調整勘定とは，在外連結子会社および在外持分法適用会社に対する

投資に係る為替の含み損益を表す項目です。すなわち、在外連結子会社等の貸借対照表の換算は、資産および負債が決算日相場で換算されるのに対して、資本項目が各項目の発生時相場の積上げで算定されるため、円換算時の差額が生じ、当該差額を為替換算調整勘定として表示するものです（外貨建取引会計基準三）（図表1-4参照）。

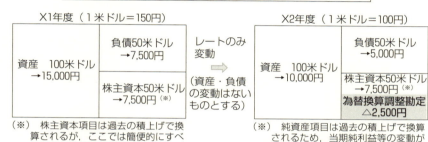

なお、個別財務諸表における評価・換算差額等はすべて原則として税効果会計の適用対象となりますが、為替換算調整勘定については、連結財務諸表上、投資に係る一時差異として、為替換算調整勘定が計上されている子会社に対する投資の売却の意思決定等がない場合には、将来加算一時差異であっても税効果を認識しない点に留意が必要です（税効果適用指針22、23）。また、繰延税金資産または繰延税金負債が計上される場合、その相手勘定は法人税等調整額ではなく、為替換算調整勘定となります（税効果適用指針27(1)④）。

3．退職給付に係る調整累計額

連結財務諸表では、退職給付会計が適用となる退職給付制度のうち、確定給付制度において、原則として退職給付債務の計算を年金数理計算に基づいて行い、年金資産の額との差額を退職給付に係る負債（または退職給付に係る資産）として計上します（退職給付会計基準13）。

これに対して、個別財務諸表では次頁の図表1-5に記載した項目について、発生時に直ちに資産または負債として認識しないこととされています（退職給

付会計基準11, 12, 39)。この場合, 発生時から一定期間にわたって徐々に費用（または費用戻し）処理を行い, 個別貸借対照表に計上していきますが, いまだ純損益として処理されていない部分（すなわち, 連結貸借対照表と個別貸借対照表の差額）を「未認識項目」といいます。この未認識項目が, 連結貸借対照表では, 退職給付に係る調整累計額として計上されます（退職給付適用指針33(2)）。

図表 1 - 5　退職給付会計の未認識項目

未認識項目	内　　容	費用化開始時点
数理計算上の差異	退職給付債務や年金資産の見積りと実績との差額および退職給付債務に係る見積数値の変更により生じた差異	発生年度または発生年度の翌期首
過去勤務費用	退職給付水準の改訂等に起因して生じた退職給付債務の増減額	発生時

　後述する連結包括利益計算書においては, 退職給付に係る調整額という科目で掲記される（連結貸借対照表と科目が異なる）点にも留意が必要です。

　また, この退職給付に係る調整（累計）額は, 為替換算調整勘定とは異なり, 投資の売却の意思決定等の有無にかかわらず, 税効果会計の適用対象となり, 繰延税金資産または繰延税金負債の相手勘定は退職給付に係る調整額となります（税効果適用指針27(1)③）。

4．連結包括利益計算書および個別財務諸表との関係

(1)　連結包括利益計算書

　連結財務諸表においては, 基本財務諸表の1つとして, 連結包括利益計算書[1]を作成することとされています（連規7の2）。なお, 会社法による連結計算書類では, 連結包括利益計算書の作成は求められていません。

1　包括利益の表示に際して2計算書方式を採用した場合（包括利益会計基準11(1)）。1計算書方式を採用した場合には, 連結損益及び包括利益計算書として作成されますが（包括利益会計基準11(2), 連規69の3）, 本書では連結包括利益計算書という表記で統一します。

連結包括利益計算書では，いわゆる資本取引を除く純資産の変動である包括利益のうち，当期純利益以外の「その他の包括利益」について，その内訳項目別に当期の変動額が示されることになります（包括利益会計基準4，5）。

(2) その他の包括利益累計額と連結包括利益計算書および個別財務諸表との関係

親会社において生じたその他の包括利益は，同額がその他の包括利益累計額に計上されることになります。また，この場合，同じ金額で個別財務諸表において評価・換算差額等が計上されていることになります（退職給付に係る調整累計額を除きます）。

これに対して，連結子会社，特に非支配株主が存在する連結子会社では取扱いが異なります。連結包括利益計算書におけるその他の包括利益は，非支配株主に係る部分も含めて表示されるのに対して，連結貸借対照表においては，非支配株主に係る部分は非支配株主持分に表示されるため，親会社持分のみがその他の包括利益累計額に表示されます（純資産の部会計基準7なお書き）。

また，持分法適用会社において計上される評価・換算差額等は，連結財務諸表においてはその持分比率相当のみが取り込まれます（持分法実務指針10-2）。なお，連結包括利益計算書においては，科目ごとではなく，持分法適用会社に対するものを一括して，「持分法適用会社に対する持分相当額」として掲記することになります（包括利益会計基準7，連規69の5Ⅲ）（図表1-6参照）。

| 図表1-6 | その他の包括利益（累計額）の開示 |

| | 親会社 | 子会社 | | 持分法適用会社（投資会社持分） |
		親会社持分	非支配株主持分	
その他の包括利益累計額	○	○	—（※1）	○
その他の包括利益	○	○	○	○（※2）

（※1）　「非支配株主持分」に含めて開示される。
（※2）　「持分法適用会社に対する持分相当額」として掲記される。

Q 1-5　土地再評価差額金の取扱い

Q　個別財務諸表の評価・換算差額等（連結財務諸表上はその他の包括利益累計額）に計上される土地再評価差額金の会計処理のポイントを教えてください。

A　土地再評価差額金が計上されている土地を売却，減損等したときに，評価差額を直接利益剰余金へと振り替える処理を行う点が特徴的です。

解 説

　土地再評価差額金は時限立法であった「土地の再評価に関する法律」（平成10年法律第34号）（以下「土地再評価法」といいます）に基づき行われた事業用土地の再評価によって生じた評価差額金であり，今後新たに計上されることはありません。また，土地再評価差額金の会計処理は，他の評価・換算差額等の会計処理と異なっており，該当の土地を売却したり，減損損失を計上したりした場合であっても，評価差額を純損益に計上することなく，直接利益剰余金へと振り替える処理が行われることになります。

1．土地再評価差額金とは

　土地再評価差額金は，時限立法であった土地再評価法に基づき行われた事業用土地の再評価により生じた評価差額金です。同法に基づく再評価可能期間はすでに経過しているため，同法に基づいて今後再評価を行うことはできず，新たに土地再評価差額金が計上されることはありません。ただし，複数の土地を再評価しており，含み益と含み損が混在しているようなケースでは，当該評価差額金の一部取崩しによって，プラスの評価差額金が増加したり，マイナスの評価差額金のマイナス幅が拡大したりするケースは考えられます（図表1-7参照）。

第1章 純資産の部の内訳 *15*

| 図表1-7 | 貸借対照表上で土地再評価差額金が「増加して見える」ケース |

	土地再評価差額金
土地A	1,000
土地B	△400
合計	600

土地B売却 ⇒

	土地再評価差額金
土地A	1,000
土地B	―
合計	1,000

（※） 簡便化のため，税効果は考慮していない。

2．土地再評価差額金と税効果会計

⑴ 土地再評価差額金の残高と税効果会計の関係

　土地再評価差額金は，その他有価証券評価差額金や繰延ヘッジ損益といった他の評価・換算差額等の項目と同様，税効果会計の適用を受けます。すなわち，会計上は土地再評価法に基づく再評価によって帳簿価額が変更されているものの，税務上は再評価前の帳簿価額のままとなっているため，当該差額が一時差異となり，税効果会計が適用されることとなります（税効果適用指針13）。

　具体的には，プラスの評価差額金は将来加算一時差異となって繰延税金負債が計上され，マイナスの評価差額金は将来減算一時差異として，繰延税金資産の回収可能性を検討した上で，回収可能性が認められる場合には，繰延税金資産が計上されます。

　なお，この繰延税金資産および繰延税金負債の表示ですが，財務諸表等規則等の規定上は，通常の繰延税金資産および繰延税金負債と区分して，「再評価に係る繰延税金資産」または「再評価に係る繰延税金負債」として表示することとされています（連規30の2，39，財規32の3，52の2）。なお，会社計算規則において同様の規定はありませんが，土地再評価法の趣旨に鑑み，同じく通常の繰延税金資産および繰延税金負債と区分して表示することも考えられます。

⑵ 税率変更等の取扱い

　法定実効税率に変更があった場合，繰延税金資産および繰延税金負債の変動額は，土地再評価差額金に加減されます（税効果適用指針54）。また，将来減

算一時差異に係る繰延税金資産の回収可能性が変動したときも同様と考えられます。

これらは，再評価に係る繰延税金資産および繰延税金負債の金額が変動した場合に，再評価差額金を計上し直すこととされていることによります（土地再評価法7Ⅲ）。

3．土地再評価差額金の取崩しとその会計処理

前述のように，新たに土地再評価差額金を計上することはありませんが，一方で，土地再評価差額金を取り崩すことはあり得ます。具体的に，土地再評価差額金を計上した土地を売却した場合，または減損した場合に限り，当該評価差額金の取崩しが行われます（土地再評価法8）。

この取崩しの処理は，通常の評価・換算差額等の処理と異なるため，留意が必要です。土地再評価差額金においては，改定後の帳簿価額が会計上の帳簿価額（取得原価）として位置付けられているため，改定前の帳簿価額と改定後の帳簿価額の差額である土地再評価差額金は，当期純利益に含められず，株主資本等変動計算書で直接利益剰余金へと振り替えられます。また，売却等により土地再評価差額金に係る一時差異が解消したときは，当該一時差異に係る繰延税金資産または繰延税金負債を法人税等調整額を相手勘定として取り崩すこととされています（税効果適用指針14）。

この点を，通常の評価・換算差額等との違いも含め，設例で確認してみます。

設例1-1　土地再評価差額金の取崩し

前提条件

①　A社は過年度に事業用土地の再評価を行っている。再評価前の帳簿価額は5,000，再評価後の帳簿価額は7,000，土地再評価差額金（税効果考慮前）は2,000となる。

②　A社は上場しているその他有価証券であるB社株式を保有している。B社株式の取得原価は5,000であり，X1年度期末の時価は7,000，税効果考慮前のその他有価証券評価差額金は2,000となる。

③　X2年度期首に，A社は①に記載した土地を7,000で売却するとともに，②に記載したその他有価証券を時価である7,000で売却した。なお，理解の便宜のために，

期末時価評価の翌期首の振戻しの仕訳は計上しない。

④　法定実効税率は30％とする。

（会計処理）

1．土地売却の仕訳

　前述のように，土地の帳簿価額（取得原価）は再評価後の価額である7,000になっているため，売却原価は7,000となります。そして，土地再評価差額金（税効果考慮後）は利益剰余金に直接加減されるとともに，繰延税金負債は法人税等調整額へ振り替えられます。

　当該売却によって，税務上は2,000の益金（売却価額7,000－税務上の帳簿価額5,000）が計上され，法定実効税率30％を乗じた600が法人税等に計上されますが，繰延税金負債の取崩しによって，土地再評価差額金に相当する部分の法人税等は相殺されることになります。

（借）	現 金 預 金	7,000	（貸）	土 　 　 地	7,000
（借）	法 人 税 等	600	（貸）	未 払 法 人 税 等	600
（借）	土地再評価差額金	1,400	（貸）	利 益 剰 余 金	1,400
（借）	繰 延 税 金 負 債	600	（貸）	法 人 税 等 調 整 額	600

2．その他有価証券売却の仕訳

　その他有価証券の売却の場合，時価評価前の取得原価が売却原価となるため，時価相当で売却した場合には，その他有価証券評価差額金（税効果考慮前）と同額の売却損益が計上されます。そして，その他有価証券評価差額金に対応する繰延税金負債も，当該評価差額金を相手勘定に戻し入れられるため，法人税等調整額は計上されません。

（借）	現 金 預 金	7,000	（貸）	投 資 有 価 証 券	5,000
				投資有価証券売却益	2,000
（借）	法 人 税 等	600	（貸）	未 払 法 人 税 等	600
（借）	その他有価証券評 価 差 額 金	1,400	（貸）	投 資 有 価 証 券	2,000
	繰 延 税 金 負 債	600			

Q1-6	**純資産の部と株主資本等変動計算書の関係**

Q	純資産の部の変動を示す計算書として，（連結）株主資本等変動計算書が開示されますが，（連結）貸借対照表との関係も含めて，当該計算書の内容をご教示ください。
A	（連結）株主資本等変動計算書は，年度の純資産の部の変動を示す計算書ですが，変動要因別に変動額を開示することが必須とされるのは株主資本のみとなっています。

解 説

　基本財務諸表の1つとして，貸借対照表，損益計算書，キャッシュ・フロー計算書などとともに作成されるのが，純資産の部の変動状況を示す「株主資本等変動計算書」（連結では，「連結株主資本等変動計算書」）になります。この計算書は，主として株主資本の各項目の変動事由を報告するために作成されるものであるため，株主資本については変動要因別に変動額が開示されますが，その他の項目（評価・換算差額等（連結ではその他の包括利益累計額），新株予約権および非支配株主持分（連結のみ））の変動要因別の表示は必須とはされていません。

1．株主資本等変動計算書とは

　株主資本等変動計算書は，貸借対照表の純資産の部の一会計期間における変動額のうち，主として，株主資本の各項目の変動事由を報告するために作成されるものです（株主資本等変動計算書会計基準1）。表示様式は，会計基準等（株主資本等変動計算書適用指針3）や連結財務諸表規則および財務諸表等規則で定められており，当期首残高，当期変動額，当期末残高という区分で表示されます。

　また，株主資本の各項目の変動事由を報告することが主眼であるため，株主資本以外の項目である評価・換算差額等（連結ではその他の包括利益累計額），新株予約権および非支配株主持分（連結のみ）については，当期変動額を純額

で表示することが原則とされています（株主資本等変動計算書会計基準8）。

2．貸借対照表との整合性

⑴　原則的な取扱い

　株主資本等変動計算書は純資産の部の一会計期間中の変動を表すものである
ため，当期首残高および当期末残高は，それぞれ前期末および当期末の貸借対
照表の純資産の部と整合的になります（株主資本等変動計算書会計基準5本文）。

　このため，作成に際しては，前期末および当期末の貸借対照表の各項目との
整合を確認することが有用です。

⑵　期首残高に調整が加えられるケース

　株主資本等変動計算書は，当期首残高からスタートしますが，当期首残高に
調整が加えられるケースがあるため，留意が必要です。

①　会計方針の変更（遡及適用）による調整

　会計方針を変更した場合，過去から変更後の会計方針を適用していたかのよ
うに処理する「遡及適用」が原則です。この場合，変更による累積的影響額は，
表示される一番古い期間の期首の利益剰余金等に加減されることになります
（株主資本等変動計算書会計基準5なお書き）。すなわち，有価証券報告書であ
れば比較情報である前期首の残高に加減して（連規様式第六号（記載上の注
意）5，財規様式第七号（記載上の注意）6，様式第七号の二（記載上の注
意）3），会社法計算書類であれば当期首の残高に加減して（会計規96Ⅶ①
かっこ書き），調整が行われます。

②　会計基準等における特定の経過的な取扱い

　会計基準の改正や新たな会計基準が策定された場合，経過措置として，過去
に遡るのではなく，会計方針の変更による影響額を適用初年度の期首の残高に
加減することが定められるケースがあります。このようなケースでは，会計方
針の変更による影響額を，当期首の残高に加減して表示することになります
（株主資本等変動計算書会計基準5-2）（次頁の図表1-8参照）。

図表 1-8　会計方針の変更による累積的影響額の当期首残高への加減

	株主資本										〜中略〜	純資産合計
		資本剰余金			利益剰余金							
							その他利益剰余金					
	資本金	資本準備金	その他資本剰余金	資本剰余金合計	利益準備金	別途積立金	繰越利益剰余金	利益剰余金合計	自己株式	株主資本合計		
当期首残高	×××	×××	×××	×××	×××	×××	×××	×××	△×××	×××		×××
会計方針の変更による累積的影響額							△×××	△×××		△×××		△×××
会計方針の変更を反映した当期首残高	×××	×××	×××	×××	×××	×××	×××	×××	△×××	×××		×××
当期変動額											〜中略〜	
・・・・・・・												×××
株主資本以外の項目の当期変動額（純額）												×××
当期変動額合計	×××	×××	−	×××	×××	−	×××	×××	×××	×××		×××
当期末残高	×××	×××	×××	×××	×××	×××	×××	×××	△×××	×××		×××

　なお，この取扱いは，当期首残高への加減算であるため，有価証券報告書，会社法計算書類のいずれも変わりはありません（連規様式第六号（記載上の注意）6，財規様式第七号（記載上の注意）7，様式第七号の二（記載上の注意）4，会計規96Ⅶ①かっこ書き）。

③　暫定的な会計処理の確定

　企業結合において，企業結合時に取得原価の配分を確定できないケースでは，企業結合から1年以内に配分する「暫定的な会計処理」という定めがあります（企業結合会計基準28，（注6））。

　会社法計算書類の開示において，この暫定的な会計処理の確定が企業結合年度の翌年度となった場合には，暫定的な会計処理を反映する比較情報の開示がないため，暫定的な会計処理の確定による影響額を株主資本等変動計算書の当期首残高に加減することとされています（株主資本等変動計算書会計基準5-3，会計規96Ⅶ①かっこ書き）。

　なお，有価証券報告書では，企業結合年度翌年度の暫定的な会計処理の確定

は比較情報へと反映されるため（企業結合会計基準（注6）なお書き），株主資本等変動計算書への影響はありません。

④　誤謬の訂正

過去の財務諸表の誤謬が発見された場合，会社法計算書類においては，実務上，以下の2つの方法で当期以降の計算書類を適法な状態とすることができます[2]。

- 改めて過年度分の計算書類の確定手続（監査および株主総会等の承認等）を行う。
- 当期首において誤謬の訂正に係る影響を反映する。

後者の方法によった場合，会社法計算書類の株主資本等変動計算書の当期首残高の下に，「誤謬の訂正による累積的影響額」などの科目で影響額を区分表示することになります（会計規96Ⅶ①かっこ書き）。

なお，有価証券報告書においては，重要性がない誤謬を除いて，検出された誤謬に関してはすべて訂正報告書が提出されることになるため（新起草方針に基づく改正版「監査基準委員会報告書第63号『過年度の比較情報—対応数値と比較財務諸表』」の公表について　前書文），株主資本等変動計算書の期首残高で調整が行われるようなことはありません。したがって，制度上設けられている「修正再表示」に係る取扱い（過年度遡及会計基準21，連規様式第六号（記載上の注意）5，財規様式第七号（記載上の注意）6，様式第七号の二（記載上の注意）3）は用いられることがないため，留意が必要です。

ここまでに記載した株主資本等変動計算書の期首残高に調整を加える定めが，どのようなケースで適用になるのかをまとめたものが次頁の図表1-9になります。

2　新日本有限責任監査法人，森・濱田松本法律事務所，新日本アーンスト アンド ヤング税理士法人編『過年度遡及処理の会計・法務・税務（第2版）』（中央経済社，2012年）295〜299頁

	有報		会社法	
	連結	個別	連結	個別
①会計方針の変更（遡及適用）	○ 前期首	○ 前期首	○ 当期首	○ 当期首
②会計基準等の経過措置	○ 当期首	○ 当期首	○ 当期首	○ 当期首
③暫定的な会計処理の確定	－	－	○ 当期首	○ 当期首
④誤謬の訂正	－	－	○ 当期首	○ 当期首

図表1-9　株主資本等変動計算書の期首残高への調整

3．株主資本等変動計算書の株主資本の変動事由

　株主資本等変動計算書の株主資本の変動事由として，以下のようなものが挙げられています（株主資本等変動計算書適用指針6）。

- 当期純利益（または当期純損失）（個別のみ）
- 親会社株主に帰属する当期純利益（または親会社株主に帰属する当期純損失）（連結のみ）
- 新株の発行
- 剰余金の配当
- 自己株式の処分
- 自己株式の取得
- 自己株式の消却
- 企業結合による増加（または減少）
- 資本金から準備金（または剰余金）への振替
- 準備金から剰余金（または資本金）への振替
- 剰余金から資本金（または準備金）への振替
- 剰余金間の振替
- 連結範囲の変動
- 持分法の適用範囲の変動
- 非支配株主との取引に係る親会社の持分変動

　なお，新たな変動事由が生じた際，科目名を決定するに際しては，EDINET

タクソノミを参照することも有用であると思われます。

Q1-7 純資産の部に係る税務上の取扱いの基礎

Q	会計上の株主資本および評価・換算差額等に係る税務上の取扱いの概要はどのようになっているのでしょうか。
A	会計上の払込資本（資本金および資本剰余金）を税務上は資本金等の額，会計上の利益剰余金を税務上は利益積立金額といいますが，両者は完全には一致せず，調整が必要となるケースがあります。 また，評価・換算差額等に係る税務上の取扱いも，会計上の取扱いとは一致しません。

解 説

　税務上の純資産の金額は，会計上と同じくその源泉によって区分され，資本取引から生じる資本金等の額と，損益取引から生じる利益積立金額に分けられます。前者が会計上の資本金および資本剰余金と，後者が会計上の利益剰余金と大まかに対応しますが，その金額は完全には一致しませんので，適宜必要な調整が求められます。

　また，評価・換算差額等に含まれる項目（その他有価証券評価差額金および繰延ヘッジ損益等）についても，その税務上の処理は，会計処理とは一致しません。

1．資本金等の額

　資本金等の額とは，法人が株主から出資を受けた金額を指すこととされています（法法2⑯）。

　また，以下の取引を資本等取引として定義し（法法22Ⅴ），これらに含まれない取引が税務上の課税所得の計算に含まれることになります（法法22Ⅱ，Ⅲ）。

24

> - 法人の資本金等の額の増加または減少を生ずる取引
> - 法人の行う利益または剰余金の分配
> - 残余財産の分配または引渡し

　そして，資本金等の額の増減事由が別途規定されており（法令8Ⅰ），そのうち主たるものを図表1-10に掲げています。

図表1-10　税務上の資本金等の額の主たる増減理由

増減の別	取　　引
増加	- 株式の発行 - 自己株式の譲渡 - 各種組織再編
減少	- 資本の払戻し - 自己株式の取得 - 分割型分割

　会計上の計上額との申告調整が必要な場合には，法人税申告書別表五（一）の「Ⅱ　資本金等の額の計算に関する明細書」に記入されます。

2．利益積立金額

　利益積立金とは，法人の所得の金額で留保している金額を指すこととされています（法法2⑱）。

　基本的には，会計上の利益剰余金と一致しますが，会計上の収益・費用と税務上の益金・損金には計上のタイミングが異なるものがあり，このようなケースでは，法人税申告書別表五(一)の「Ⅰ　利益積立金額の計算に関する明細書」に記入されます。

　例えば，ある年度に会計上の退職給付引当金（退職給付費用）が100計上されたものとします。税務上は，退職給与引当金の計上は認められておらず，その退職時または退職金支給時に損金算入されるため，上記の100は別表四で加算・留保され，別表五(一)で会計上の利益剰余金と税務上の利益積立金の差額として繰り越されていくことになります。

第1章　純資産の部の内訳　　*25*

3．税務上の資本剰余金と利益剰余金の振替え

　会計上，繰越利益剰余金がマイナスとなった場合，資本剰余金によって当該マイナスを補てんするいわゆる「欠損てん補」という処理が認められています（自己株式等会計基準61ただし書き）。

　ただし，税務上はこのような振替えが認められていないため，会計上で行った欠損てん補は，別表五（一）で調整する必要があります。

4．評価・換算差額等に係る税務上の取扱い

⑴　その他有価証券評価差額金

　会計上は時価評価が求められるその他有価証券ですが，税務上は取得原価によって評価され，特に時価評価は行われません。このため，例えば取得原価が1,000，時価が1,200であったとすると，会計上の投資有価証券の帳簿価額は1,200（純資産の部に計上されるその他有価証券評価差額金（税効果考慮前）が200）となりますが，税務上の投資有価証券の帳簿価額は申告調整によって1,000となり，200の差額（将来加算一時差異）が生じることになります。

　なお，土地再評価差額金についても，税務上は評価替えが認められないため，純資産の部に計上される土地再評価差額金（税効果考慮前）の金額分，一時差異が生じることになります（前述の「Q1-5　土地再評価差額金の取扱い」参照）。

⑵　繰延ヘッジ損益

　繰延ヘッジ損益は多くのケースでヘッジ手段であるデリバティブより生じますが，このデリバティブ取引は，前述のその他有価証券と異なり，税務上でも時価評価されます。

　ただし，ヘッジ会計が適用された場合，会計上は繰延ヘッジ損益を純資産の部に計上するのに対して，税務上はヘッジ手段（デリバティブ）の損益を資産または負債で繰り延べます（法法61の6Ⅰ）。このため，当該税務上の資産または負債の金額が税効果会計の適用対象となる一時差異に該当します。

Q1-8 資本に関する財務指標

Q 資本（純資産）の金額を用いた財務指標にはどのようなものがあるのでしょうか。

A 資本（純資産）の金額を用いた主要な財務指標として，自己資本比率や自己資本利益率（ROE）が挙げられます。

解説

資本の額（純資産の額）を用いる主要な財務指標として，企業の安全性を示す自己資本比率や，企業の収益性および資本効率性を示す自己資本利益率（いわゆるROE）が挙げられます。

1．自己資本比率

自己資本比率は，以下の算式で算出される企業の安全性を示す指標です。

$$自己資本比率 = \frac{自己資本^{（※）}}{総資産}$$

すなわち，資金調達に際して，他人資本である借入金や社債を多く用いると，自己資本比率が悪化することになり，当該債務は返済の義務があることから，過度に他人資本に依存することは，企業の安全性を害することになります。他方，自己資本は通常他人資本に比して資本コストが高いことから，自己資本比率の上昇は資本コストの上昇をもたらすとともに，後述の自己資本利益率の低下を招くことになります。

なお，有価証券報告書においては，主要な経営指標等の推移で自己資本比率を開示することとされており，この場合，前掲の算式の（※）で示した自己資本について，以下のように算出することとされています（開示府令第三号様式（記載上の注意）(5)a，同第二号様式（記載上の注意)(25)a(j)，b(m)）。

● 連結財務諸表：純資産額 − 新株予約権 − 非支配株主持分

第1章　純資産の部の内訳　　*27*

> ● 個別財務諸表：純資産額 − 新株予約権

2．自己資本利益率

　自己資本利益率とは，以下の算式で算出される企業の収益性と資本効率性を示す指標です。

$$自己資本利益率 = \frac{当期純利益^{(※2)}}{自己資本^{(※1)}}$$

　すなわち，株主から預かった資本を元手にどれだけの利益を生み出したかを示す指標であり，分母の自己資本には，払込資本のみならず，利益のうちいまだ配分されていない留保利益も含むことになります。

　なお，有価証券報告書においては，主要な経営指標等の推移で自己資本利益率を開示することとされており，この場合，前掲の算式の（※1）で示した自己資本については，自己資本比率の算出の際と同様に算出することとされています。

　また，前掲の算式の（※2）で示した分子の当期純利益について，連結ベースにおいては「親会社株主に帰属する当期純利益」を用いることになります（開示府令第三号様式（記載上の注意）(5) a，同第二号様式（記載上の注意）(25) a (k)，b (n)）。

> ┣━ **ここ注意！**
>
> 　自己資本利益率を算出する際の自己資本は，自己資本比率を算出するときとは異なり，期首と期末の平均値を用いることが考えられます。

第2章

株式会社の設立

Point

- 現在では，会社の設立に際して，最低資本金の規定はなく，資本金1円でも設立することができるとされています。
- 株式はすべて無額面株式として発行され，また，原則として株券は発行されません。
- 会社設立に際して，金銭以外の出資（現物出資）によることが認められています。
- 会社設立等に要した費用（創立費，開業費）は，原則として発生時に費用処理されますが，資産計上も認められます。

Q2-1 株式会社の設立手続

Q	株式会社の設立手続について，その概要を教えてください。
A	株式会社の設立方法には，発起設立と募集設立とがあり，それぞれにおいて所定の会社法上の手続が規定されています。

解 説

　株式会社の設立方法には，発起設立と募集設立の2種類があります。

　発起設立は，発起人自らが設立時の株主となる形態の設立方法であり，一方，募集設立は，発起人に限らず，設立時募集株式を引き受ける者の募集をする設立方法です。

　いずれも，設立の際の詳細な手続は会社法に規定されています。

1．株式会社の設立手続

　株式会社の設立方法には，「発起設立」と「募集設立」の2種類があります。

　発起設立とは，会社の設立に際し，発起人が設立時発行株式の全部を引き受けることにより会社を設立する方法をいいます。

　一方，募集設立は，会社の設立に際し，発起人が設立時発行株式を引き受けるほか，設立時発行株式を引き受ける者の募集をすることにより会社を設立する方法をいいます。

2．発起設立の際の手続

　株式会社の設立を発起設立で行う場合に，会社法で規定されているスケジュールは，以下のようになっています。

(1) 定款の作成

　まず，発起人により書面または電磁的記録をもって，会社の基本原則である定款が作成され（会26），作成した定款は公証人の認証を受けなければなりません（会30Ⅰ）。発起人の人数制限はないため，株主1人だけの会社を設立す

第2章　株式会社の設立　　*31*

ることも可能です。

(2)　設立時の発行株式に関する事項の決定等

　次に，発起人は，発起人全員の同意を得て（定款に定めがある場合を除きます），設立時発行株式に関する事項を決定します（会32）。さらに，変態設立事項，すなわち現物出資や発起人の報酬，会社が負担する設立費用等（会28）を，作成した定款のなかに記載した場合には，定款の認証の後遅滞なく，当該事項を調査させるために，発起人は裁判所に検査役の選任の申立てをします（会33）。

(3)　出資金の払込み等および設立時取締役の選任

　そして，発起人は，設立時発行株式を引き受けた後遅滞なく，金銭または金銭以外の財産を全額払い込み（会34 I），その完了後，定款に記載がある場合を除いて，遅滞なく設立時取締役その他の役員を選任します（会38 I，II）。設立時取締役は，選任後遅滞なく，出資の履行が完了していることや，設立手続が法令・定款に違反していないこと，現物出資がなされたが，少額であるために検査役の調査が不要とされた場合（会33 X ①）等には，当該現物出資の評価が相当であること等を調査します（会46 I）。

(4)　設立登記

　最後に，設立の登記をもって設立手続は完了します（会49）。

3．募集設立の際の手続

　株式会社の設立を募集設立で行うにあたり，会社法で規定されているスケジュールは，以下のようになっています。

(1)　定款の作成

　まず，発起人により書面または電磁的記録をもって，会社の基本原則である定款が作成され（会26），作成した定款は公証人の認証を受けなければなりません（会30 I）。発起人の人数制限はなく，発起人1人だけの会社を設立する

ことも可能です。

(2) 設立時の発行株式に関する事項の決定等

次に，発起人は，発起人全員の同意を得て，募集設立をする旨および設立時募集株式に関する事項を決定します（会57，58）。その後，設立時募集株式の引受けの申込みをしようとする者に対して，設立時募集株式に関する事項およびその他の事項を通知します（会59Ⅰ）。設立時募集株式の引受けの申込みは書面で行い，発起人は申込人に株式を割り当て，株式の引受けが確定します（会59Ⅲ，60Ⅰ）。

(3) 出資金の払込み

そして，割当を受けた設立時募集株式の引受人は，発起人が定めた銀行等の払込取扱機関に払込金額の全額を払い込みます（会63Ⅰ）。

(4) 創立総会の開催

さらに，発起人は，設立時募集株式の払込期日後遅滞なく，創立総会を招集しなければなりません（会65Ⅰ）。創立総会において，発起人は株式会社の設立に関する事項を報告し，設立時取締役等を選任します（会87，88）。選任された設立時取締役は，発起人や設立時募集株式の引受人からの払込みが完了していること，会社設立の手続が法令または定款に違反していないこと等を調査して，創立総会に報告します（会93Ⅰ，Ⅱ）。会社法第28条における現物出資等の変態設立の場合の検査役による調査は発起設立の場合と同様で，現物出資等の額が妥当であったかの報告もこのなかに含まれます。

(5) 設立登記

最後に，設立の登記をもって設立手続は完了します（会49）。

第2章　株式会社の設立　　*33*

Q2-2　資本に関する会社法上の規制

Q	会社設立時および設立後の資本に関する会社法上の規制はどのようになっているのでしょうか。
A	現行の会社法では，最低資本金規制は設けられておらず，資本金1円で会社を設立することができます。また，過去に存在した額面株式という制度も，現在では採用されていません。

解説

　現行の会社法では，過去に商法において設けられていた最低資本金規制は撤廃され，資本金1円で会社を設立することができるとされています。また，額面株式制度も廃止されており，すべて無額面株式として発行されるとともに，1株当たりの発行価額も自由に決定できます。

　そして，設立（または株式の発行）に際し払込みまたは給付をした財産の額を資本金の額とすることが原則ですが，その2分の1を超えない額は，資本準備金とすることができます。

1．最低資本金規制

　現行会社法では，株式会社の最低資本金規制は設けられておらず，資本金1円で株式会社を設立することが可能となっています。

　会社法上で最低資本金を規定することの意味は，資金を確保して債権者を保護することや，ペーパーカンパニー等を容易に設立することがないようにする等，会社設立や経営の健全化を図るものでした。しかしながら，実態として最低資本金を規定してもその額を維持することにはなっていないことや経済情勢の変化等により，会社法において撤廃されました。最低資本金規制がないことにより，株式会社の設立あるいは分社化が容易になって，起業しやすくなりますが，一方で，債権者保護の観点から，純資産の額が300万円未満の場合には，たとえ剰余金が存在しても株主に配当ができないという規制が課されています（会458）。

34

２．資本組入額および株券等に関する規制

(1) 株式の「額面」

　現行会社法では，額面株式という概念はなく，すべて無額面株式とされています。また，１株当たりの金額についての定めも撤廃されました。このため，設立において株式の発行価額は，自由に定めることができます。

(2) 資本金および資本準備金の額

　株式発行時の資本金および資本準備金の額についても，会社法では最低発行価額等の定めはなく，原則として設立（または株式の発行）に際し払込みまたは給付をした財産の額を資本金の額とすると規定されています（会445Ⅰ）。この払込みまたは給付をした財産の額の２分の１を超えない額は資本金としないことができ，資本金としなかった額は資本準備金として計上することになります（会445Ⅱ，Ⅲ）。

　なお，設立に要した費用の額のうち，設立に際して資本金または資本準備金から減ずることを定めている場合には，その額を資本金等から控除するという規定が設けられています（会計規43Ⅰ③）。この規定は，募集株式の発行の際の規定（会計規14Ⅰ③）と平仄を合わせたものであり，いわゆる創立費や株式交付費を払込資本から減額する規定となります。しかしながら，現行の会計基準上では，創立費を資本から控除することは認められておらず（詳細については，後述の「Ｑ２-４　会社設立に要した費用の会計上の取扱い」を参照のこと），これを踏まえて，会社計算規則の原始附則でも，会社計算規則第43条第１項第３号の規定に掲げる額（設立に際して資本金または資本準備金から減ずる設立に要した費用の額）はゼロとするとされています（会計規附則11⑤）。

(3) 株券の発行

　会社法では，株券は原則として不発行となり，定款の定めがある場合のみ発行することができるとされています（会214）。

３．資本金額と会社の設立

　法人税法においては，中小企業を優遇するため，ある一定の資本金額以下の

第2章 株式会社の設立 35

法人について，軽減税率を設けたり，交際費の損金算入を一部可能にする等の措置を講じています。会社法においても，資本金5億円以上（または負債200億円以上）の会社は大会社とされ，会計監査人による監査が義務付けられるなどとしています。このように，会社の規模を把握し，法律の適用をするかどうかの判断をする際に，資本金が規準とされる場面が多くみられます。

　一方，財務面から見た資本金ですが，通常資本金は，現物出資の場合を除いて現金（預金）の形で会社に入り，会社としてはこれを事業のために運用していくことになります。そこで，設立しようとする会社の将来の事業計画や事業規模等を勘案して，設立時の資本金の額が決定されることになります。事業資金を借入金でまかなうことも可能ですが，その場合は借入金利息および返済元本を含めた資金収支を考慮する必要があります。ベンチャー企業の場合には，最低資本金規制が撤廃されたものの，安定した資金調達確保の1つとして，資本金を充実させることが必要となります。

　また，対外的には，資本金は1つの信用を形成するものであり，一般的には資本金の額が大きいほど，信用度も大きいと考えられますが，会社設立時には，事業規模に応じた資本金の額を決定することが必要です。また，ある会社が特定の企業グループに属するような場合には，グループ内の他社および親会社とのバランスを見て資本規模を定める必要があると考えられます。

Q2-3　設立時の現物出資に係る会社法上の取扱い

Q	現物出資によって会社設立が行われる場合の会社法上の取扱いを教えてください。
A	金銭出資と異なり，出資額が過大に評価され得ることから，出資財産の評価のために，原則として，検査役の検査が必要とされています。

解説

　会社設立に際しても，金銭出資以外に金銭以外の財産を出資する「現物出

資」が認められています。しかしながら，金銭による出資のケースと異なり，その出資額が過大に評価され得ることから，出資財産の評価のために，検査役の調査を受ける必要があります。ただし，少額出資など一定の場合には，検査役の調査を省略できるとも規定されています。

1．会社設立時における現物出資

(1)　会社設立時の現物出資手続の概要

　会社設立時には，金銭による払込みのほか，金銭以外の財産を出資することも認められています。これを「現物出資」といい，動産・不動産・債権・有価証券・無体財産権のほか，事業の全部または一部も現物出資の目的物とすることができます。設立時の現物出資の場合は，その財産を出資する者の氏名（名称），当該財産名，財産の価額および出資者に対して割り当てる設立時発行株式の数を定款に記載しなければ，その効力が生じないこととされています（会28）。

(2)　通常の金銭出資との相違点

　現物出資が金銭出資と異なる点は，その出資の目的物が，金銭のように容易に評価することができない点にあります。もし，受け入れる財産が過大に評価された場合，それ以外の株主や債権者の利益が害される場合があるため，現物出資の際には，原則として，裁判所が選任した検査役の調査が必要となります（会33）。

(3)　検査役による調査の流れ

　検査役による調査の流れは，以下のようになります。

---

①　検査役は会社法第28条の事項を調査し，それらの結果を裁判所に報告する（会33Ⅳ）。
②　裁判所は検査役の報告を受け，①の事項について不当と認めたときはこれを変更する決定をする（同Ⅶ）。
③　この変更に不服な発起人は，その決定の確定後1週間以内に限り株式の引受けを取り消すことができる（同Ⅷ）。

　ただし，検査役の調査には費用と時間を要することから，一定の場合には検

査役の調査を省略することができます。その例外要件は，以下のとおりです（会33X）。

(i) 現物出資財産等の定款で定めた価額の総額が500万円以下の場合
(ii) 現物出資財産等が市場価格のある有価証券で，定款に定めた価額が相場以下の場合
(iii) 現物出資財産等が定款に記載され，その価額が相当であることについて弁護士，税理士，監査法人等の証明を受けた場合（ただし，目的財産が不動産であるときは，これらの者の証明に加え，不動産鑑定士の鑑定評価が必要）

---

2. 現物出資における受入価額

　現物出資における受入価額が目的物の価値に比して妥当なものであれば，資本充実の観点からも問題はありませんが，本来の価値よりも高い価額で受け入れた場合は財産的基礎を危うくし，ひいては債権者の保護面でマイナスとなります。

　よって，受入価額は少なくとも適正な時価以下でなければなりません。もっとも，現物出資の際には，検査役の調査が必要とされていることから，受入価額が時価を超えるということはあり得ないといえます。

　それでは，時価以下ならばどんなに低くとも問題は生じないかというと，会計上，税務上は以下のような問題が生じます。

• 減価償却資産の場合には，償却の対象となる金額が少なくなり，利益が過大に計上され，そして税務上も不利となる。
• 非減価償却資産の場合には，売却の際の原価の金額が少なくなることから，同様に利益が過大に計上され，そして税務上も不利となる。

　ところで，現物出資する出資者側は，個人の場合も法人の場合も，時価で譲渡があったものとして税務上は取り扱われます。つまり，受入価額を低くしてもその受入価額に関係なく時価で譲渡があったものとされるわけです。これらのことからも，低額受入れは，会計上，税務上は好ましくないといえます。

　なお，現物出資の会計処理については，後述の第3章「Q3-7　現物出資」をご参照ください。

Q2-4 会社設立に要した費用の会計上の取扱い

Q	会社設立に際して要した費用は，発生時にすべて費用処理する必要があるのでしょうか。
A	会社設立に際して要した費用のうち，いわゆる創立費，開業費と呼ばれるものは，原則として発生時に費用処理されます。ただし，繰延資産として資産計上することが認められています。

解 説

　会社設立に際して要した費用は，原則としてその発生時に費用処理されます。ただし，創立費，開業費として定められている一定の費用については，将来の収益との対応関係を重視して，繰延資産として資産計上し，将来にわたって費用処理することが認められます。

1．創立費の会計処理

(1) 創立費に含まれるもの

　創立費とは，会社の負担に帰すべき設立費用を指し，以下のものが例示されています（繰延資産実務対応報告3(3)後段）。

- 定款および諸規則作成のための費用
- 株式募集その他のための広告費
- 目論見書・株券等の印刷費
- 創立事務所の賃借料
- 設立事務に使用する使用人の給料
- 金融機関の取扱手数料
- 証券会社の取扱手数料
- 創立総会に関する費用
- その他会社設立事務に関する必要な費用
- 発起人が受ける報酬で定款に記載して創立総会の承認を受けた金額
- 設立登記の登録免許税　等

第2章　株式会社の設立　　*39*

(2)　創立費の会計処理

①　原則的な取扱い

　これらの創立費は，原則としてその発生時に費用処理することとされています。また，当該費用は営業外費用として表示されます（繰延資産実務対応報告3(3)前段本文）。

　なお，会社法の規定では，創立費を資本金および資本準備金から減額して処理することが可能とされています（会計規43Ⅰ③）。ただし，現行の会計基準では，創立費が株主との間の資本取引として直接的に発生するものではないことから，原則として費用処理することとされています。この取扱いを受けて，会社計算規則においても，その原始附則にて会社計算規則第43条第1項第3号の規定に掲げる金額はゼロとする旨が規定されています（会計規附則11⑤）。

②　繰延資産として処理する方法

　前述の①の原則的な方法のほか，発生（支出）した創立費を繰延資産として資産の部に計上し，会社の成立のときから5年以内のその効果の及ぶ期間にわたって，定額法により償却ができることとされています（繰延資産実務対応報告3(3)前段ただし書き）。

　これは，企業会計原則注解（注15）における，既発生の費用の効果が将来にわたって発現すると期待されるときに，将来の収益と対応させるために資産の部において繰り延べるとしていた定めを踏襲したものです（繰延資産実務対応報告2(1)）。

2．開業費の会計処理

(1)　開業費に含まれるもの

　開業費とは，会社の成立後，営業開始時までに支出した開業準備のための費用を指し，以下のものが例示されています（繰延資産実務対応報告3(4)後段）。

- 土地，建物等の賃借料
- 広告宣伝費
- 通信交通費
- 事務用消耗品費

- 支払利子
- 使用人の給料
- 保険料，電気・ガス・水道料　等

(2)　開業費の会計処理

①　原則的な取扱い

これらの開業費は，原則としてその発生時に費用処理することとされています。また，当該費用は，原則として営業外費用として表示されます。ただし，営業活動と密接であることおよび実務の便宜を考慮して販売費及び一般管理費として処理することもできます（繰延資産実務対応報告3(4)前段本文，また書き）。

②　繰延資産として処理する方法

前述の①の原則的な方法のほか，発生（支出）した開業費を繰延資産として資産の部に計上し，開業のとき（営業の一部を開業したときも含みます）から5年以内のその効果の及ぶ期間にわたって，定額法により償却ができることとされています（繰延資産実務対応報告3(4)前段ただし書き）。その趣旨は，創立費のケースと同様のため，ここでは割愛します。

> **ここ注意！**
>
> 親会社が子会社を設立するようなケースで，子会社の設立に先立って親会社が子会社の設立費用を立て替えたような場合，当該子会社設立事務執行のための設立費用（事務所賃料，事務員給与，創立総会費用など）については，定款に記載した金額の範囲内で発起人から設立された会社へと請求できることとされています（会28Ⅳ）。また，開業費用についても，子会社の設立前に親会社が立替払いしたものについて，一定の手続（例えば，会社法第28条第2号の財産引受）を経たものについては，子会社に帰属することになります。これら子会社に帰属するものについては，いったん親会社が支払ったものについても，繰延資産として計上するものと考えられます。

第2章　株式会社の設立　*41*

Q2-5 会社設立の際の開示規制

Q	組織再編を含む，会社が設立される際の金融商品取引法上の開示規制について教えてください。
A	会社設立に際しては，その発行する株式の金額規模により，有価証券届出書または有価証券通知書を発行する必要があるケースが出てきます。

解 説

　金商法上，会社設立に際して，一定規模以上の株式の発行を伴う場合には，有価証券届出書または有価証券通知書の提出が必要となる場合があります。

　また，組織再編により会社が設立されるとき（新設合併，新設分割，株式移転）にも，同種の開示規制が規定されているとともに，一定のケースでは臨時報告書の提出が求められます。

1．設立時の金商法上の開示書類

　会社設立に際し，一定規模以上の会社の場合，以下のような金商法上の届出が必要となる場合があります。

(1) 有価証券届出書

　株式の発行価額の総額が1億円以上で，応募者が50人以上の会社の設立の場合，有価証券届出書の提出が必要となります（金商法4Ⅰ）。ただし，発起設立の場合には，有価証券届出書を提出する必要はありません（開示ガイドライン2−4①）。

　有価証券届出書は，提出会社の本店を管轄する財務局長宛に提出します。ただし，資本金の額が50億円以上の上場会社は，関東財務局長へ提出することとされています（開示府令20）。届出の効力は，内閣総理大臣が届出書を受理した日から15日を経過した日に生じ（金商法8Ⅰ），この日までは有価証券を投資者に取得させることはできません（金商法15）。

　有価証券届出書の記載内容は以下のとおりです（金商法5Ⅰ，開示府令第二

42

号様式)。

①	募集または売出しに関する事項
②	会社の商号，会社の属する企業集団に関する事項
③	会社の経理の状況
④	その他事業の内容に関する重要な事項
⑤	その他の公益または投資家保護のため必要かつ適当な事項

　また，届出書への添付書類は，(i)定款，(ii)当該有価証券の発行につき，発起人全員の同意があったことを知るに足る書面またはその発行を決議した取締役会もしくは株主総会の議事録の写し等，金商法第5条第6項および開示府令第10条に詳細に規定されています。

　なお，提出された届出書は関東財務局および管轄財務局に備置され，公衆の縦覧（5年間）に供されるほか，発行会社の本店および主要な支店において公衆の縦覧に供することとされています（開示府令21，22）。また，有価証券届出書については，電子開示システム（EDINET）の利用が原則として義務付けられています。

(2)　有価証券通知書

　株式の発行価額の総額が1,000万円超1億円未満で応募者が50人以上，または応募者が50人未満で株式発行価額の総額が1億円以上の会社の設立にあたっては，有価証券通知書の提出が必要となります（開示府令4，6）。提出先は，有価証券届出書と同様です。

　有価証券通知書は，有価証券届出書制度の脱漏防止の行政上の監督を行う手段と解されています。このため，記載内容は有価証券届出書と比較し，大幅に簡略化されています。記載内容としては，以下のものが求められています。

①	新規発行（売出し）有価証券
②	有価証券の募集（売出し）の方法および条件
③	有価証券の引受けの概要
④	過去1年以内における募集または売出し等

　詳細は，開示府令第一号様式に規定されています。

　また，同一の種類の有価証券の募集を1年間に2回以上行っている場合で，

第2章　株式会社の設立　　*43*

発行価額の総額を通算して1億円以上となる場合には，有価証券届出書の提出が必要となるなどの通算規定があります。このため，設立時における提出書類については，法令関係の十分な確認が必要です。

2．組織再編の場合の取扱い

　一定の特定組織再編成発行手続または特定組織再編成交付手続を行う場合には，有価証券届出書（発行価額総額等が1億円以上の場合）または有価証券通知書（発行価額総額等が1億円未満，1,000万円超の場合）の提出が必要となります。このうち，有価証券届出書については，公衆縦覧に供される点も前述の「1．(1)　有価証券届出書」の記載と同様ですが，用いられる様式は，通常の第二号様式ではなく，第二号の六様式となります。

(1)　有価証券届出書

　有価証券届出書の提出が必要な募集には「特定組織再編成発行手続」が含まれ，売出しには「特定組織再編成交付手続」が含まれます。

　ただし，以下の場合には，有価証券届出書の提出が免除されます（金商法4Ⅰ）。

> ● 消滅する組織再編成対象会社が発行者である株券等に関して開示が行われている場合に該当しないとき
> ● 組織再編成発行手続に係る新たに発行される有価証券または組織再編成交付手続に係るすでに発行された有価証券に関して開示が行われているとき

「組織再編成」とは，合併，会社分割，株式交換および株式移転のことを指します（金商法2の2Ⅰ，金商法施行令2）。このうち，会社の設立を伴うケースは，新設合併，新設分割および株式移転となります。

　また，「組織再編成発行手続」とは，組織再編成により新たに有価証券が発行される場合における当該組織再編成に係る書面等の備置きその他政令で定める行為をいい（金商法2の2Ⅱ），「組織再編成交付手続」とは，組織再編成によりすでに発行された有価証券が交付される場合における当該組織再編成に係る書面等の備置きその他政令で定める行為をいいます（金商法2の2Ⅲ）。

　さらに，有価証券届出書等の提出の対象となる「特定組織再編成発行手続」

44

および「特定組織再編成交付手続」とは，前述の「組織再編成発行（交付）手続」のうち，金商法第2条第1項の有価証券または同条第2項の有価証券とみなされる有価証券表示権利に係るものである場合には，以下の①または②に該当するときを指し，同条第2項の有価証券とみなされる権利に係るものである場合には，以下の③に該当するときを指します（金商法2の2Ⅳ）。

---

① 組織再編成により吸収合併消滅会社または株式交換完全子会社，新設合併消滅会社，吸収分割会社（分割型会社分割の場合に限る），新設分割会社（分割型会社分割の場合に限る），株式移転完全子会社となる会社（組織再編成対象会社，金商法施行令2の2）が発行者である株券の保有者（組織再編成対象株主等）が50名以上（金商法施行令2の4）である場合
② ①の場合のほか，次のいずれにも該当しない場合
(i) 組織再編成対象株主等が適格機関投資家のみである場合であって，当該組織再編成発行（交付）手続に係る有価証券がその取得者から適格機関投資家以外の者に譲渡されるおそれが少ないものとして政令（金商法施行令1の4）で定める場合
(ii) 上記①および(i)の場合以外の場合（政令で定める要件に該当する場合を除く）であって，当該組織再編成発行（交付）手続に係る有価証券がその取得者から多数の者に譲渡されるおそれが少ないものとして政令（金商法施行令1の7）で定める場合
③ 組織再編成対象株主等が500名以上（金商法施行令2の5）である場合

---

(2) 有価証券通知書

発行（売出）価額の総額が1,000万円超，1億円未満の特定組織再編成発行（交付）手続を行う場合には，有価証券通知書の提出が必要となります（金商法4Ⅵ，開示府令4）。ただし，開示が行われている有価証券の特定組織再編成交付手続で，売出価額の総額が1億円未満のものについては，有価証券通知書の提出が免除されています。

(3) 臨時報告書の提出義務

提出会社またはその連結子会社が組織再編成（株式交換，株式移転，会社分割（吸収分割もしくは新設分割）または合併（吸収合併もしくは新設合併））または事業の譲渡もしくは譲受けの決定を行った場合には，臨時報告書の提出

が必要となります（金商法24の5Ⅳ，開示府令19Ⅱ⑥の2，⑥の3，⑦，⑦の2，⑦の3，⑦の4，⑧）。会社の設立を伴う組織再編成が，新設合併，新設分割および株式移転となる点は，前述の「(1)　有価証券届出書」と同様です。

　ただし，図表2-1の場合には，臨時報告書の提出は不要とされます（提出免除規定のうち，会社設立に関連するもののみを記載）。なお，提出会社が完全子会社となる株式交換または株式移転の場合，および提出会社が消滅会社となる吸収合併または新設合併の場合には，提出義務の免除規定は設けられていない点に留意が必要です。

図表2-1	組織再編成等の場合の臨時報告書の提出免除基準

提出会社の行う新設分割

- 提出会社の資産の減少見込みが提出会社の純資産の10%未満
- 提出会社の売上高の減少見込みが3%未満

連結子会社の株式交換，株式移転，吸収分割，新設分割，吸収合併，新設合併，事業譲渡，事業譲受

- 連結会社の資産の増減見込みが連結会社の純資産の30%未満
- 連結会社の売上高の増減見込みが10%未満

第3章

増 減 資

Point

- 増資については，主に募集株式の発行等として，会社法上の手続により実施されますが，会計処理は比較的単純です。
- 減資については，形式減資と実質減資があり，会社法上の手続も会計処理もそれぞれ異なります。

Q3-1 募集株式の発行等

Q	募集株式の発行等について教えてください。
A	会社法では，株式の発行と自己株式の処分とを募集株式の発行等と呼び，手続を規定しています。

解 説

1．募集株式の発行等とは

　株式会社は，会社成立後に，企業規模を拡大すること等を目的として，外部からの資金調達を実施することがあります。外部からの資金調達方法にはさまざまなものがありますが，そのうちの株式の発行と自己株式の処分（後述の「第6章　自己株式」参照）とについて，会社法では，募集株式の発行等（会199から213の3）と呼称し，整理しています。募集株式の発行等のうち，株式の発行は本章で取り扱いますが，自己株式の処分は後述の「第6章　自己株式」にて取り扱います。

　株式の発行には，新株を誰に割り当てるかにより，いくつかの類型に分類でき，また，払込みをどのような財産で行うかによっても分類できます。

(1)　新株を誰に割り当てるかによる分類…第三者割当増資，公募増資，株主割当増資
(2)　払込みをどのような財産で行うかによる分類…金銭出資，現物出資

2．会社法上の手続および会計処理

　上記株式の発行は，会社法上，いずれも「株式の募集」として整理されており，募集の手続に従うことになります（会199）。具体的な会社法上の手続と会計処理については，後述の「Q3-2　第三者割当増資」以降を参照してください。

第3章　増減資　　*49*

Q3-2 第三者割当増資

Q	第三者割当増資について教えてください。
A	株主に株式の割当てを受ける権利を与えない形式で実施される募集株式の発行等のうち，特定の者に対してのみ募集株式の申込みの勧誘および割当てを行う方法です。

解 説

1．第三者割当増資とは

　第三者割当増資とは，株主に株式の割当てを受ける権利を与えない形式で実施される募集株式の発行等のうち，特定の者（既存株主を含みます）に対して募集株式の申込みの勧誘および割当てを行う方法です。

2．第三者割当増資の会社法上の手続

⑴　募集事項の決定等

　まず，第三者割当増資を実施する場合には，その都度，以下の募集事項について決議する必要があります（会199Ⅰ）。

① 　募集株式の数（種類株式発行会社にあっては，募集株式の種類および数。以下同じ）
② 　募集株式の払込金額（募集株式1株と引換えに払い込む金銭または給付する金銭以外の財産の額をいう）またはその算定方法
③ 　金銭以外の財産を出資の目的とするときは，その旨ならびに当該財産の内容および価額
④ 　募集株式と引換えにする金銭の払込みまたは③の財産の給付の期日またはその期間
⑤ 　株式を発行するときは，増加する資本金および資本準備金に関する事項

　募集事項の決定は，公開会社でない会社（全株式譲渡制限会社）の場合，株主総会の特別決議による必要があります（会199Ⅱ，309Ⅱ⑤）。ただし，株主総会の特別決議により，募集事項の決定を取締役（取締役会設置会社にあっては，取締役会）に委任することができます（会200，309Ⅱ⑤）。これは，株主

の持分比率が変化し得る第三者割当増資による募集株式の発行等では，「募集株式の払込金額が安すぎると既存株主の経済的利益を害するが，全株式譲渡制限会社の場合，通常，株式の市場価格が存在しないので，公正な払込金額の決定が容易ではな」[1]く，したがって，「株主総会の特別決議による払込金額の決定は，既存株主の多数の承認を得ることによりその点を解決する意味を有している」[2]と考えられるためです。

　一方，公開会社の場合には，「既存株主は，通常，持株比率の維持に関心を有していない」[3]と考えられるため，払込金額が募集株式を引き受ける者に特に有利な金額である場合（後述の「Ｑ3-5　有利発行」参照）を除き，募集事項の決定は取締役会の決議によることとされています。

　募集事項の決定を受けて，公開会社の場合には，払込期日の2週間前までに株主に対して，当該募集事項を通知することが必要となります（会201Ⅲ）。ただし，公告をもって通知に代えることもできます（会201Ⅳ）。

(2)　募集株式の割当て

　次に，募集株式の引受けの申込みをしようとする者に対して，以下の事項を通知します（会203Ⅰ）。なお，通知の方法には定めはなく，金商法第2条第10項に規定する目論見書を交付している場合には通知は要しません（会203Ⅳ）。

---

① 　株式会社の商号
② 　募集事項
③ 　金銭の払込みをすべきときは，払込みの取扱いの場所（払込金融機関）
④ 　発行可能株式総数（種類株式発行会社にあっては，各種類の株式の発行可能種類株式総数を含む）
⑤ 　株式会社（種類株式発行会社を除く）が発行する株式の内容として譲渡制限，取得請求権および取得条項（会107Ⅰ）が定められているときは，当該株式の内容

1　江頭憲治郎『株式会社法（第7版）』（有斐閣，2017年）　741頁
2　江頭憲治郎『株式会社法（第7版）』（有斐閣，2017年）　741頁
3　江頭憲治郎『株式会社法（第7版）』（有斐閣，2017年）　742頁

⑥　株式会社（種類株式発行会社に限る）が種類株式を発行することとしている
　　ときは，各種類の株式の内容（ある種類の株式につき，定款の定めに基づき株
　　式会社が当該種類の株式の内容を定めていないときは，当該種類の株式の内容
　　の要綱）
⑦　単元株式数についての定款の定めがあるときは，その単元株式数（種類株式
　　発行会社にあっては，各種類の株式の単元株式数）
⑧　次に掲げる定款の定めがあるときは，その規定
　(i)　譲渡制限株式に関して，譲渡等の承認の決定等，指定買取人の指定または
　　　譲渡制限株式を取得することについて承認をしたとみなされる場合の規定に
　　　ついての定款の定め（会139Ⅰ，140Ⅴ，145①，②）
　(ii)　特定の株主からの自己の株式の取得に関して，特定の株主に自己をも加え
　　　たものを株主総会の議案とすることの請求についての定款の定め（会164Ⅰ）
　(iii)　取得請求権付株式の取得の請求に関して，1株に満たない端数に対する金
　　　銭の交付についての定款の定め（会167Ⅲ）
　(iv)　取得条項付株式の取得に関して，別に定める日が到来することをもって株
　　　式を取得する一定の事由とすることまたは一定の事由が生じた日に一部の株
　　　式を取得することについての定款の定め（会168Ⅰ，169Ⅱ）
　(v)　相続人等に対する売渡しの請求に関する定款の定め（会174）
　(vi)　種類株主総会における取締役または監査役の選任等に関する定款の定め（会
　　　347）
　(vii)　譲渡制限株式に関して，取得することについて承認をしたとみなされる場
　　　合の規定（(i)を除く）についての定款の定め（会施規26Ⅰ，Ⅱ）
⑨　株主名簿管理人を置く旨の定款の定めがあるときは，その氏名または名称お
　　よび住所ならびに営業所
⑩　定款に定められた事項（①から⑨を除く）であって，当該株式会社に対して
　　募集株式の引受けの申込みをしようとする者が当該者に対して通知することを
　　請求した事項

　当該通知により，募集株式の引受けの申込みをする者から申込みの書面によ
り申込みがなされると，会社は申込者の中から割当てを受ける者を決め，かつ，
その者に割り当てる募集株式の数を決めます。そして，払込期日の前日までに
申込者に対して割り当てる募集株式の数を通知する必要があります（会204Ⅲ）。
この通知については，募集株式を引き受けようとする者がその総数の引受けを
行う契約を締結する場合には，申込者に対する通知等の手続や割当ての決定の
手続は不要です（会205）。この規定により，証券会社に募集株式の総数をいっ
たん引き受けてもらう契約をする場合や割当先を特定して行う場合には，手続

52

が簡略化されています。

⑶ 出資の履行等

　募集株式の引受人は，募集事項に定められた期日または期間内に，株式会社が定めた銀行等の払込みの取扱いの場所において，それぞれの募集株式の払込金額の全額を払い込む必要があります（会208）。そして，当該引受人は，出資の履行を行うと，払込期日または払込みの期間中，出資の履行を行った日に募集株式の株主となります（会209）。

3．第三者割当増資の会計処理

　第三者割当増資をはじめとした募集株式の発行等を実施した場合，株式の発行に際して株主となる者が払込みまたは給付をした財産の額を資本金として計上します。ただし，払込みまたは給付に係る額の2分の1を超えない額は，資本金として計上せず，資本準備金として計上することができます（会445ⅠからⅢ）。

設例3-1　**第三者割当増資を実施した場合の会計処理**

（前提条件）

　A社は，X1年6月の株主総会において，以下の募集事項を決議および通知し，同年7月1日に，金銭による払込みを受けた。

　　［募集事項］

- 募集株式数：1,000株
- 払込金銭：100/株
- 払込期日：X1年7月1日
- 増加する資本金：50,000

（会計処理）

＜払込期日（X1年7月1日）＞

（借）現　金　預　金	(※1)100,000	（貸）資　　本　　金	(※2)50,000
		資　本　準　備　金	(※3)50,000

第3章 増減資　　53

- （※1）　100/株×1,000株＝100,000
- （※2）　増加する資本金
- （※3）　払込みに係る額の2分の1を超えない額は資本金として計上せず，資本準備金として計上することができます。

Q3-3　株主割当増資

Q	株主割当増資について教えてください。
A	株主に株式の割当てを受ける権利を与える形式で実施される募集株式の発行等です。

解 説

1．株主割当増資とは

　株主割当増資とは，株主に株式の割当てを受ける権利を与える形式で実施される募集株式の発行等であり，当該株主はその有する株式の数に応じて募集株式の割当てを受ける権利を有することになります（会202）。

2．株主割当増資の会社法上の手続

(1)　募集事項の決定等

　株主割当増資においても，第三者割当増資と同様に募集事項を決定する必要があります。ただし，株主割当増資の場合には，第三者割当増資における募集事項に加えて，以下に掲げる事項を定める必要があります。

① 　株主に対し，募集株式の引受けの申込みをすることにより募集株式（種類株式発行会社にあっては，当該株主の有する種類の株式と同一の種類のもの）の割当てを受ける権利を与える旨
② 　①の募集株式の引受けの申込みの期日

　なお，募集事項の決定は，公開会社（その発行する全部または一部の株式の内容として譲渡による当該株式の取得について株式会社の承認を要する旨の定款の定めを設けていない株式会社（会2⑤）。以下同じ）でない会社（全株式

54

譲渡制限会社）の場合であっても，第三者割当増資とは異なり，図表 3 - 1 に
示すように，会社の機関設計により決議機関が異なります（会202Ⅲ）。これは，
「全株式譲渡制限会社においては，通常，各株主が持株比率の維持に関心を有
しており，株主割当ての場合には，株主は，募集株式の申込みをすればその持
株比率を維持できるものの，本当は望まない募集株式の申込み・払込みを事実
上強制されるおそれがあることから，原則として株主総会の特別決議を要求し，
ただ，迅速な手続による決定を望む会社もあり得ることから，定款の定めによ
る柔軟化を認めた」[4] ためと考えられています。

図表 3 - 1　機関設計による募集事項決議機関の分類	
機関設計	決議機関
募集事項等を取締役の決定によって決めることができる旨の定款の定めがある場合（取締役会非設置会社の場合）	取締役の決定
募集要項等を取締役会の決定によって決めることができる旨の定款の定めがある場合（取締役会設置会社の場合，かつ株式譲渡制限会社の場合）	取締役会の決議
公開会社の場合	取締役会の決議
上記以外	株主総会の特別決議

(2)　募集株式の割当て

　募集株式の割当てについては，第三者割当増資と変わりありません。

(3)　出資の履行等

　出資の履行等についても，第三者割当増資と変わりありません。

3．株主割当増資の会計処理

　株主割当増資の会計処理は，第三者割当増資と変わりありません（前述の
「Ｑ 3 - 2　第三者割当増資」参照）。

4　江頭憲治郎『株式会社法（第 7 版）』（有斐閣，2017年）　739頁

第3章　増減資　　55

Q3-4　公募増資

Q	公募増資について教えてください。
A	株主に株式の割当てを受ける権利を与えない形式で実施される募集株式の発行等のうち，不特定多数の者に対して募集株式の申込みの勧誘および割当てを行う方法です。

解 説

1．公募増資とは

　公募増資とは，株主に株式の割当てを受ける権利を与えない形式で実施される募集株式の発行等のうち，不特定多数の者に対して募集株式の申込みの勧誘および割当てを行う方法です。

2．公募増資の会社法上の手続

　公募増資の会社法上の手続は，第三者割当増資と変わりありません（前述の「Q3-2　第三者割当増資」参照）。

3．公募増資の会計処理

　公募増資の会計処理は，第三者割当増資と変わりありません（前述の「Q3-2　第三者割当増資」参照）。

Q3-5　有利発行

Q	有利発行について教えてください。
A	募集株式の払込金額が募集株式を引き受ける者に特に有利な金額である場合の募集株式の発行等です。

解 説

1．有利発行とは

　有利発行とは，募集株式の払込金額が募集株式を引き受ける者に特に有利な金額である場合の募集株式の発行等です（会199Ⅰ，199Ⅲ）。ここでいう「特に有利な金額」については明確な規定はありませんが，判例によれば，「有利な発行価額とは通常新株を発行する場合に発行価額とすべき価額，つまり公正な発行価額と比較して特に低い価額をいい，しかして公正な発行価額というのは，新株の発行が会社の資金調達のために行われ，従つて新株の全部について引受および払込がなされることを要する反面，新株の発行によつて旧株主の有する株式の価額が低落し旧株主が不利益を被ることを極力防止することを要する点にかんがみるときは，新株の発行により企図される資金調達の目的が達せられる限度で旧株主にとり最も有利な価額であると解される」（東京高裁昭和46年1月28日判例）とされています。

2．有利発行の会社法上の手続

　有利発行を実施する場合には，募集株式の払込金額について，株主総会の特別決議を必要とします。これは，公開会社であっても同様です。また，当該株主総会の招集通知にこの概要を記載するとともに，株主総会において，当該払込金額で募集をすることを必要とする理由を説明する必要があります（会199Ⅲ）。その他の手続は，他の募集株式の発行等と変わりありません。

3．有利発行の会計処理

　有利発行を実施した場合，新株を引き受ける者が当該株式の時価と払込金額との差額分の利益を享受する反面，既存株主にはこれに相当する持分の希薄化が生じ，新旧株主間で富の移転が生じます。しかしながら，このような場合，現行の会計基準の枠組みの中では，企業の株主持分の内部で富の移転が生じたにすぎないと考え，時価と払込金額との差額については特に会計処理を行わないとされています（自己株式等適用指針42，ストック・オプション会計基準37）。したがって，払込金額を基礎として，通常の増資の会計処理を行います。

第3章 増減資 *57*

> **ここ注意！**
>
> 　募集株式の発行が有利発行に該当する場合には，有利発行に該当しない場合の募集株式の発行と異なり，たとえ公開会社であっても，募集事項の決定に際して株主総会の特別決議が必要となります。

Q3-6 スプレッド方式の会計処理

Q	スプレッド方式について教えてください。
A	公募増資において，引受証券会社による引受価格と募集価格との間で生じる差額を引受手数料とする方法をスプレッド方式と呼びます。スプレッド方式における引受手数料は会計処理しないことが一般的と考えられます。

解 説

1．スプレッド方式とは

　公募増資の際に，株式の発行会社は，引受証券会社との株式引受契約に定められた引受価格により株式を引き受けてもらう一方で，引受証券会社は，当該株式について投資家の需要に応じた募集価格の決定（ブックビルディング方式）を行い，投資家に募集する場合があります。募集価格と引受価格との差額は，株式の発行会社における引受証券会社に対する引受手数料に相当することになり，このような引受手数料の支払方法はスプレッド方式と呼ばれています。

2．スプレッド方式の会計処理

　株式の発行会社において，スプレッド方式による引受手数料の会計処理については，以下の2つの方法が考えられます。

> ① 引受証券会社による引受価格に基づき新株発行の会計処理を行い，引受手数料については会計処理しない。

② 「ブックビルディング方式」により決定した募集価格に基づき新株発行の会計
　処理を行い，引受手数料は株式交付費として会計処理する。

　①の方法は，株式の発行会社における払込額は引受証券会社による引受価格
に基づくものであり，当該払込額を新株発行による払込資本の増加とする方法
と考えられます（会計規14Ⅰ①）。

　一方で，②の方法は，引受証券会社における引受手数料は，資金調達を行う
ために要する支出額であるため，投資家に有用な情報を提供する目的で，財務
費用として会社の業績に反映させる方法と考えられます（繰延資産実務対応報
告3(1)）。

　実務上は，①の方法により会計処理されることが一般的と考えられます。

設例3-2　スプレッド方式の会計処理

前提条件

　A社は，X1年6月に引受証券会社と株式引受契約を締結し，引受証券会社を通
じた新株式の発行を行い，同年7月1日に金銭による払込みを受けた。

　［株式発行の諸条件］

- 発行株式数：1,000株
- 引受価格：100/株
- 募集価格：110/株
- 払込期日：X1年7月1日
- 増加する資本金：50,000

会計処理

＜払込期日（X1年7月1日）＞

（借）現 金 預 金	(※1)100,000	（貸）資　　本　　金	(※2)50,000
		資 本 準 備 金	(※3)50,000

（※1）　100/株×1,000株＝100,000
（※2）　増加する資本金
（※3）　払込みに係る額の2分の1を超えない額は資本金として計上せず，資本準備金と
　　　　して計上することができます。

第 3 章　増減資　　*59*

Q3-7　現物出資

Q	現物出資について教えてください。
A	募集事項において金銭以外の財産を出資の目的とした場合の募集株式の発行等です。検査役の調査が必要となります。

解　説

１．現物出資とは

　現物出資とは，金銭以外の財産の出資です。募集株式の発行等では，募集事項において金銭以外の財産を出資の目的とすることにより実施されます（会199 I ③)。

２．現物出資の会社法上の手続

(1)　検査役の選任

　現物出資を実施する場合には，募集事項の決定後遅滞なく，出資される金銭以外の財産（現物出資財産）の価額を調査させるために裁判所に対して検査役の選任の申立てをする必要があります。

(2)　検査役の報告

　選任された検査役は，必要な調査を行い，当該調査の結果を記載または記録した書面または電磁的記録を裁判所に提供し報告するとともに，会社に対して，当該書面の写しまたは電磁的記録に記録された事項を提供します。

(3)　現物出資財産に関する払込金額が不当と認められた場合

　検査役の報告により，現物出資財産に関する払込金額が不当と認められた場合には，裁判所により払込金額を変更する決定がなされます。また，当該変更が行われた場合には，募集株式の引受人は，当該決定の確定後 1 週間以内に限り，その募集株式の引受けの申込みを取り消すことができます（会207Ⅶ，Ⅷ)。

3．現物出資の会計処理

　現物出資の受入れは，当該現物出資の対象財産が，事業に該当するか否かにより会計処理が異なります。

(1)　事業に該当する場合

　現物出資の対象財産が事業に該当する場合の現物出資の受入れは，企業結合に該当するため，当該企業結合が取得，逆取得，共同支配企業の形成または共通支配下の取引のいずれに該当するかにより，図表3-2のように整理できます（企業結合会計基準5，28，35，38，41）。

図表3-2　企業結合に該当する現物出資の受入れ

企業結合の分類	会計処理
取得	受け入れた資産および引き受けた負債を現物出資時の時価により計上する。なお，増加資本については後述の「第11章　組織再編」を参照。
逆取得	受け入れた資産および引き受けた負債を現物出資直前の適正な帳簿価額により計上する。なお，増加資本については後述の「第11章　組織再編」を参照。
共同支配企業の形成	
共通支配下の取引	

(2)　事業に該当しない場合

　現物出資の対象財産が事業に該当しない場合の現物出資の受入れは，各対象財産ごとに個別の会計基準に従うことになると考えられます。

①　現物出資の対象財産が固定資産である場合

　現物出資の対象財産が固定資産である場合には，当該現物出資を受け入れた企業は，出資者に対して交付された株式の発行価額をもって固定資産の取得原価とし（連続意見書第三「有形固定資産の減価償却について」第一　四3），同額を資本金または資本準備金として計上します。

第3章　増減資　　*61*

②　現物出資の対象財産が金融資産である場合

　現物出資の対象財産が金融資産である場合には，当該現物出資を受け入れた企業は，当該金融資産を現物出資時の時価により計上し（金融商品会計実務指針29），同額を資本金または資本準備金として計上します。

　ただし，現物出資の対象財産が子会社株式または関連会社株式であり，かつ，現物出資の当事企業が共通支配下関係にある場合には，当該現物出資の対象財産が事業投資である（金融商品会計基準73, 74）ことに鑑みて，現物出資の対象財産が事業に該当する場合と同様の会計処理を行うことが考えられます。

> **ここ注意！**
>
> 　現物出資の対象資産が事業に該当するか否かにより，会計処理が大きく異なり得ますので，現物出資の対象資産が事業に該当するか否かを事前に確認する必要があります。

Q3-8　現物出資に係る税務上の取扱い

Q　現物出資に係る税務上の取扱いについて教えてください。

A　現物出資時の税務上の取扱いは，当該現物出資が適格現物出資に該当するか否かにより異なります。

解　説

1．適格現物出資とは

　適格現物出資とは，以下のいずれかに該当する現物出資をいいます（法法2⑫の14）。

- 現物出資法人と被現物出資法人との間にいずれか一方の法人による完全支配関係その他の政令で定める関係がある場合の当該現物出資
- 現物出資法人と被現物出資法人との間にいずれか一方の法人による支配関係そ

の他の政令で定める関係がある場合の当該現物出資のうち，次に掲げる要件の
すべてに該当するもの

——当該現物出資により現物出資事業（現物出資法人の現物出資前に行う事業の
うち，当該現物出資により被現物出資法人において行われることとなるもの
をいう）に係る主要な資産および負債が当該被現物出資法人に移転している
こと

——当該現物出資の直前の現物出資事業に係る従業者のうち，その総数の概ね
100分の80以上に相当する数の者が当該現物出資後に当該被現物出資法人の
業務（当該現物出資後に行われる適格合併により当該現物出資事業が当該適
格合併に係る合併法人に移転することが見込まれている場合には，当該合併
法人の業務を含む）に従事することが見込まれていること

——当該現物出資に係る現物出資事業が当該現物出資後に当該被現物出資法人
（当該現物出資後に行われる適格合併により当該現物出資事業が当該適格合
併に係る合併法人に移転することが見込まれている場合には，当該合併法人
を含む）において引き続き行われることが見込まれていること

• 現物出資法人と被現物出資法人（当該現物出資が法人を設立する現物出資であ
る場合にあっては，当該現物出資法人と他の現物出資法人）とが共同で事業を
行うための現物出資として政令で定めるもの

2．現物出資の税務上の取扱い

(1)　適格現物出資に該当する場合

　適格現物出資に該当する場合，税務上，受け入れた現物出資財産は，出資元
の帳簿価額により計上され，資本金等の額の増加額も当該帳簿価額によります
（法令123の5）。

(2)　適格現物出資に該当しない場合

　適格現物出資に該当しない場合，税務上，受け入れた現物出資財産は，出資
時に発行した株式の時価により計上され，資本金等の額の増加額も当該時価に
よります。

第3章 増減資　　63

Q3-9 株式分割と株式無償割当て

Q 株式分割と株式無償割当てについて教えてください。

A 発行済株式を細分化することを株式分割と呼び，また，株主に対して新たに払込みをさせないで株式を割り当てることを株式無償割当てと呼びます。

解 説

1．株式分割と株式無償割当てとは

株式分割とは，発行済株式を細分化することです（会183）。また，株式無償割当てとは，株主に対して新たに払込みをさせないで株式を割り当てることです（会185）。株式の市場価格が大きい会社が1株当たりの市場価格を引き下げることにより株式の流動性を高めること等を目的として，株式分割または株式無償割当てが実施されることがあります。このように株式分割と株式無償割当ての経済的効果は非常に似通っていますが，株式無償割当ては，株式分割とは異なり一種の株式発行であるため，以下の点で異なっています。

- 株式無償割当てでは，ある種類株主に対して異なる種類株式を交付することができること（会185）
- 株式無償割当てでは，自己株式を交付することができること
- 自己株式に対しては，株式無償割当てをすることができないこと（会186Ⅱ）

2．株式分割と株式無償割当ての会社法上の手続

株式分割と株式無償割当てとは，その会社法上の手続においても似通っています。まず，株式の分割をしようとするときは，その都度，以下に掲げる事項を定める必要があります（会183Ⅱ）。

①　株式の分割により増加する株式の総数の株式の分割前の発行済株式（種類株式発行会社にあっては，③の種類の発行済株式）の総数に対する割合および当該株式の分割に係る基準日
②　株式の分割がその効力を生ずる日
③　株式会社が種類株式発行会社である場合には，分割する株式の種類

一方，株式無償割当てをしようとするときは，その都度，以下に掲げる事項を定める必要があります（会186 I）。

> ① 株主に割り当てる株式の数（種類株式発行会社にあっては，株式の種類および種類ごとの数）またはその数の算定方法
> ② 当該株式無償割当てがその効力を生ずる日
> ③ 株式会社が種類株式発行会社である場合には，当該株式無償割当てを受ける株主の有する株式の種類

株式分割の場合も株式無償割当ての場合も，これらの事項の決定は，取締役会設置会社にあっては取締役会の決議，そうでない場合には株主総会の普通決議による必要があります（会183 II，186 III）。株式併合（後述の「Q 3-14 株式併合」参照）の場合と比して，手続が異なる理由は，株式分割や株式無償割当てでは，「既存の株式が1株未満の端数となり株主の利益を害することがない」[5]ためと考えられています。

3．株式分割および株式無償割当ての会計処理

株式分割および株式無償割当てが実施された場合，特に会計処理は不要ですが，財政状態や経営成績に影響なく，株式数が増加するため，1株当たり当期純利益や1株当たり純資産額に影響が及びます（後述の第9章「Q 9-1 1株当たり当期純利益」参照）。

決算日の翌日以降，監査報告書日以前に株式分割が実施された場合には，1株当たり情報の注記において，当該株式分割の影響を反映した記載が必要となります（後述の第9章「Q 9-1 1株当たり当期純利益」参照）。ただし，株式分割の目的や時期など，1株当たり情報以外の情報について重要性がある場合には，それらの情報を開示後発事象として注記することが考えられます。

---

5 江頭憲治郎『株式会社法（第7版）』（有斐閣，2017年） 294頁

第 3 章　増減資　　*65*

Q3-10 ｜ デット・エクイティ・スワップ

Q	デット・エクイティ・スワップについて教えてください。
A	債権者と債務者の事後の合意に基づき，債権者側から見て債権を株式とする取引です。

解 説

1．デット・エクイティ・スワップとは

　デット・エクイティ・スワップとは，債権者と債務者の事後の合意に基づき，債権者側から見て債権を株式とする取引です。債務者が財務的に困難な場合に，債権者の合意を得た再建計画等の一環として行われる場合が多いといわれています（実務対応報告第 6 号「デット・エクイティ・スワップの実行時における債権者側の会計処理に関する実務上の取扱い」1）。

2．デット・エクイティ・スワップの会社法上の手続

　会社が実施する募集株式の募集等において，現物出資財産が当該会社に対する金銭債権である場合がデット・エクイティ・スワップ（現物出資型デット・エクイティ・スワップ）といわれます。ただし，金銭債権を有する者がいったん金銭により出資し，当該出資を受けた会社が当該金銭により金銭債務を弁済することにより，同一の結果を得ることもできます（疑似デット・エクイティ・スワップと呼ばれます）。

　現物出資型デット・エクイティ・スワップの場合，現物出資財産である金銭債権の弁済期が到来しており，当該金銭債権について定められた現物出資財産の価額が当該金銭債権に係る負債の帳簿価額を超えない限り，当該金銭債権についての現物出資財産の価額については，検査役の調査を必要としません（会207Ⅸ⑤）。

　その他の手続は，現物出資と変わりありません。

3．デット・エクイティ・スワップにおける債務者側の会計処理

デット・エクイティ・スワップにより受け入れた現物出資財産（金銭債権）の評価，すなわち払込資本としての計上額については，実質価値とする説（評価額説）と名目額とする説（券面額説）とがあります。

評価額説には，財務的に困難な状況に陥っている会社の金銭債権の価値は，券面額よりも低下していると考えられるため，当該券面額を払込資本の額とする処理が資本充実の原則に反する等の考え方が基礎にあります。一方，券面額説には，減少する金銭債務は額面であるため，払込資本の額も額面として処理するという考え方が基礎にあります。

(1) 評価額説

評価額説の場合，財務的に困難な状況に陥っている会社における金銭債権の価値は，券面額よりも低下していると考えられるため，債務免除益が発生します。

（借） 金 銭 債 権	(※1)×××	（貸） 払 込 資 本 (※2)×××
		債 務 免 除 益 (※3)×××
（借） 金 銭 債 務	(※4)×××	（貸） 金 銭 債 権 (※4)×××

- （※1） 金銭債権の券面額
- （※2） 現物出資財産（金銭債権）の実質価値
- （※3） 金銭債務と現物出資財産（金銭債権）の実質価値との差額
- （※4） 混同により消滅

(2) 券面額説

一方で，券面額説の場合，債務免除益は発生しません。

（借） 金 銭 債 権	(※1)×××	（貸） 払 込 資 本 (※2)×××
（借） 金 銭 債 務	(※3)×××	（貸） 金 銭 債 権 (※3)×××

- （※1） 金銭債権の券面額
- （※2） 現物出資財産（金銭債権）の券面額
- （※3） 混同により消滅

第3章　増減資　　*67*

> **ここ注意！**
>
> 　企業再建の手法には，デット・エクイティ・スワップ以外にも，さまざまな手法（例えば，100％減資（後述の「Q3-15　100％減資」参照））がありますので，それぞれの手法を比較考量し，採用する手法を選択することになります。

Q3-11 デット・エクイティ・スワップに係る税務上の取扱い

Q	デット・エクイティ・スワップに係る税務上の取扱いについて教えてください。
A	通常は，現物出資財産である金銭債権の実質価値により資本金等の額の増加額を算定します。

解　説

1．増加する資本金等の額

　デット・エクイティ・スワップの実施により株式を発行した場合，給付を受けた金銭以外の資産の価額その他の対価の額に相当する金額により，資本金等の額が増加します（法令8Ⅰ①）。このため，金銭債権の実質価値により，資本金等の額の増加額が算定されます。

　デット・エクイティ・スワップを実施した場合，一般に，金銭債権の実質価値は券面額よりも低くなっていると考えられるため，当該実質価値と券面額との差額（債務消滅差益）は，税務上，益金の額に算入されます。したがって，会計上，券面額説により会計処理を実施していた場合には，税務調整が必要になります。

　ただし，デット・エクイティ・スワップによる現物出資が適格現物出資（前述の「Q3-8　現物出資に係る税務上の取扱い」参照）に該当する場合には，移転資産に係る現物出資法人の移転直前の帳簿価額により，資本金等の額が増加するため，債務消滅差益は発生しません。

２．欠損金の損金算入

会社更生法，民事再生法その他これらに準ずる一定の場合には，期限切れ欠損金を債務消滅差益に相当する額につき損金算入が認められます（法法59 I ①，Ⅱ①）。

Q3-12 　増資に関する開示

Q	増資に関する開示について教えてください。
A	計算書類等および有価証券報告書のそれぞれにおいて開示が必要となります。

解　説

１．計算書類等における開示

(1)　事業報告

公開会社（その発行する全部または一部の株式の内容として譲渡による当該株式の取得について株式会社の承認を要する旨の定款の定めを設けていない株式会社（会２⑥））である株式会社は，株式会社の現況に関する事項として，重要な資金調達についての状況を事業報告の内容に含める必要があります（会施規120 I ⑤）。このため，増資により重要な資金調達を実施している場合には，その内容を記載する必要があります。

(2)　計算書類および連結計算書類

株式会社は，各事業年度に係る計算書類として，貸借対照表，損益計算書，株主資本等変動計算書および個別注記表を作成する必要があります（会435Ⅱ，会計規59 I ）。また，大会社であって有価証券報告書を内閣総理大臣に提出しなければならない場合には，各事業年度に係る連結計算書類として，連結貸借対照表，連結損益計算書，連結株主資本等変動計算書および連結注記表を作成する必要があります（会444 I ，Ⅲ，会計規61①）。

第3章　増減資　　*69*

①　株主資本等変動計算書および連結株主資本等変動計算書

株主資本等変動計算書および連結株主資本等変動計算書において，資本金，資本剰余金，利益剰余金および自己株式に係る項目は，当期首残高，当期変動額および当期末残高を明らかにする必要があります（会計規96Ⅶ）。このため，増資を実施した場合，増資に伴う資本金の増加を当期変動額として記載する必要があります。

②　個別注記表または連結注記表

個別注記表または連結注記表において，株主資本等変動計算書または連結株主資本等変動計算書に関する注記として，事業年度または連結会計年度の末日における発行済株式の数（種類株式発行会社にあっては，種類ごとの発行済株式の数）を注記する必要があります。ただし，連結注記表を作成する株式会社は，個別注記表における当該注記を省略することができます（会計規105, 106）。

なお，指定国際会計基準，修正国際基準および米国基準で連結計算書類を作成する場合には，それぞれの基準に従うこととなります。

２．有価証券報告書における開示

(1)　提出会社の状況

有価証券報告書を提出すべき会社は，提出会社の状況として株式等の状況において，資本金等の推移を記載する必要があります。このため，増資を実施した場合，増資に伴う資本金の増加を記載する必要があり，また，新株の発行による発行済株式総数，資本金および資本準備金の増加については，新株の発行形態（有償・無償の別，株主割当・第三者割当等の別，株主割当の場合には割当比率等），発行価格および資本組入額を記載する必要があります（開示府令第三号様式（記載上の注意）⑵）。

(2)　経理の状況（財務諸表および連結財務諸表）

経理の状況として株主資本等変動計算書および連結株主資本等変動計算書を

記載する必要があります。そして，株主資本等変動計算書および連結株主資本等変動計算書において，株主資本の各項目は，当期首残高，当期変動額および当期末残高に区分し，当期変動額は変動事由ごとにその金額を表示する必要があります（財規101）。

また，発行済株式の種類および総数について，以下の事項を注記する必要があります。ただし，財務諸表提出会社が連結財務諸表を作成している場合には，連結財務諸表における同様の注記が必要となり，財務諸表における注記は省略することができます（財規106，連規77）。

- 発行済株式の種類ごとに，当事業年度期首および当事業年度末の発行済株式総数ならびに当事業年度に増加または減少した発行済株式数
- 発行済株式の種類ごとの変動事由の概要

3．四半期報告書における開示

四半期報告書では，株主資本等変動計算書および連結株主資本等変動計算書の記載が求められていません。ただし，増資によって，株主資本の金額に前事業年度末（前連結会計年度末）に比して著しい変動が生じた場合には，主な変動事由を注記する必要があります（四半期財規82，四半期連規92）。

Q3-13 有償減資と無償減資

Q	有償減資と無償減資について教えてください。
A	資本金の額の減少のうち，会社の財産の減少を伴うものを有償減資と呼び，伴わないものを無償減資と呼びます。

解 説

1．減資とは

減資とは，通常，資本金の額を減少させることと理解されています。旧商法

では，減資には，資本金の額を減少させるのみである「無償減資」と，資本金の額を減少させると同時に株主に金銭を交付する「有償減資」とがありました。会社法では，減資は資本金の額を減少させる手続（従来の「無償減資」）と整理されました。ただし，資本金の額の減少とその後の剰余金の配当とを一連の取引として実施することにより，従来の「有償減資」と同様の効果を得ることもできます。

(1) 減資の決議

資本金を減少させる場合には，株主総会の特別決議により，以下の事項を定める必要があります（会447Ⅰ，309Ⅱ）。

> ① 減少する資本金の額
> ② 減少する資本金の額の全部または一部を準備金とするときは，その旨および準備金とする額
> ③ 資本金の額の減少がその効力を生ずる日

①の額は，③の時点における資本金の額を超えてはならないとされています（会447Ⅱ）。

減資において株主総会の特別決議が求められるのは，「基本的に株主の払込財産から成っている資本金を株主に対する分配が可能なその他資本剰余金に変えることは，事業規模の縮小等，会社の基礎に係わる事態が生じていることが多いため」[6]と考えられています。このため，欠損の填補を目的として欠損の額を超えない範囲で資本金の額を減少する場合には，株主総会の普通決議によります（会309Ⅱ）。また，資本金の額の減少と同時に株式の発行を実施し，資本金の減少の効力発生日後の資本金の額が，効力発生日前の資本金の額を下回らない場合には，取締役の決定または取締役会の決議によります（会447Ⅲ）。

(2) 債権者の異議手続

株式会社が資本金の額を減少する場合には，当該株式会社の債権者は，当該株式会社に対し，資本金等の額の減少につき異議を述べることができます。こ

---

6 江頭憲治郎『株式会社法（第7版）』（有斐閣，2017年） 695頁

の場合には，株式会社は，以下に掲げる事項を官報に公告し，かつ，知れている債権者には各別に催告する必要があります（会449Ⅰ，Ⅱ，会計規152）。

① 資本金の額の減少の内容
② 株式会社の計算書類に関する以下の事項
 • 最終事業年度に係る貸借対照表を公告している場合にはその検索方法
 • 特例有限会社であるために公告等を要しない場合にはその旨
 • 最終事業年度がない場合にはその旨
 • これら以外の場合には最終事業年度に係る貸借対照表の要旨の内容
③ 債権者が一定の期間内に異議を述べることができる旨

債権者が③の期間内に異議を述べなかったときは，当該債権者は，当該資本金の額の減少について承認をしたものとみなされます（会449Ⅳ）。しかし，異議を述べたときは，株式会社は，資本金を減少しても債権者を害するおそれがないときを除き，当該債権者に対し，弁済し，もしくは相当の担保を提供し，または当該債権者に弁済を受けさせることを目的として信託会社等に相当の財産を信託する必要があります（会449Ⅴ）。

(3) 有償減資

資本金の額の減少に関する決議と同時に，当該減少によって生じる分配可能額を利用した剰余金の配当の決議をすることにより，従来の有償減資と同様の効果を得ることもできます。ただし，当該剰余金の配当の効力発生日は，前述の債権者異議手続の終了後に設定する必要があります（会449Ⅵ）。

2．有償減資と無償減資の会計処理

(1) 有償減資

有償減資の会計処理を設例で示すと，以下のとおりです。

| 設例3－3 | 有償減資の会計処理 |

（前提条件）

A社は，X1年6月の株主総会において，資本金の額を100減少しその他資本剰余金とすること，およびその効力発生日は7月1日とすることを決議した。なお，当

該資本金の額の減少の効力発生日において，増加した剰余金100を配当することも併せて決議した。

（会計処理）

＜効力発生日（X1年7月1日）＞

（借）資　本　金　　　　　(※)100　（貸）その他資本剰余金　　(※)100

（※）　決議した資本金の額の減少額

（借）その他資本剰余金　　(※)100　（貸）未　払　配　当　金　　(※)100

（※）　決議した剰余金の配当額

(2)　**無償減資**

一方，無償減資の会計処理を設例で示すと，以下のとおりです。

設例3-4　無償減資の会計処理

（前提条件）

　A社は，X1年6月の株主総会において，資本金の額を100減少しその他資本剰余金とすること，およびその効力発生日は7月1日とすることを決議した。

（会計処理）

＜効力発生日（X1年7月1日）＞

（借）資　本　金　　　　　(※)100　（貸）その他資本剰余金　　(※)100

（※）　決議した資本金の額の減少額

74

Q 3-14 株式併合

Q	株式併合について教えてください。
A	複数の株式を合わせてより少数の株式とすることです。

解 説

1．株式併合とは

株式併合とは，複数の株式を合わせてより少数の株式とすることです（会180）。株式併合は，出資単位の引上げによる株式の市場価格の引上げや，株主管理コストの削減のために実施されることがあります。また，近年では，企業買収後の残存少数株主の締出し等に用いられることがあります。

2．株式併合の会社法上の手続

株式の併合をしようとするときは，その都度，以下に掲げる事項を定める必要があります（会180Ⅱ）。

① 併合の割合
② 株式の併合がその効力を生ずる日（効力発生日）
③ 株式会社が種類株式発行会社である場合には，併合する株式の種類
④ 効力発生日における発行可能株式総数

なお，公開会社でない場合を除き，④効力発生日における発行可能株式総数は，効力発生日における発行済株式の総数の4倍を超えることはできません（会180Ⅲ）。

上記事項の決定は，株主総会の特別決議による必要があります（会309Ⅱ④）。また，以下の手続も必要となります。これらは，「株式の併合は，その結果端数が生ずる株主に対し不利に働く」[7]ためと考えられています。

---

7 江頭憲治郎『株式会社法（第7版）』（有斐閣，2017年） 284頁

第3章　増減資　　*75*

- 単元未満株式以外から1株未満の端数が生じない場合を除き，次に掲げる日のいずれか早い日から効力発生日後6か月を経過する日までの間に，上記①から④の事項その他法務省令で定める事項を記載し，または記録した書面または電磁的記録を本店に備え置く必要がある（会182の2）。
  ――株主総会の日の2週間前の日
  ――株主・登録株式質権者に対する通知の日または公告の日のいずれか早い日
- 単元未満株式以外から1株未満の端数が生じない場合を除き，効力発生日の20日前までに，株主・登録質権者に対して，上記①から④の事項を通知する必要がある（会181Ⅰ，182の4Ⅲ）。なお，この通知は，公告をもって代えることができる（会181Ⅱ）。
- 取締役は，上記①から④の事項を決議する株主総会において，株式の併合をすることを必要とする理由を説明する必要がある（会180Ⅳ）。

　株式会社が株式の併合をすることにより株式の数に1株に満たない端数が生ずる場合には，反対株主は，当該株式会社に対し，自己の有する株式のうち1株に満たない端数となるものの全部を公正な価格で買い取ることを請求すること（株式買取請求）ができます（会182の4Ⅰ）。

　ここでいう反対株主は，以下に掲げる株主を指します（会182の4Ⅱ）。

- 株主総会に先立って当該株式の併合に反対する旨を当該株式会社に対し通知し，かつ，当該株主総会において当該株式の併合に反対した株主
- 当該株主総会において議決権を行使することができない株主

　また，株式買取請求は，効力発生日の20日前の日から効力発生日の前日までの間に，その株式買取請求に係る株式の数（種類株式発行会社にあっては，株式の種類および種類ごとの数）を明らかにして実施する必要があります（会182の4Ⅳ）。

3．株式併合の会計処理

　株式併合が実施された場合，特に会計処理は不要ですが，財政状態や経営成績に影響なく，株式数が減少するため，1株当たり当期純利益や1株当たり純資産額に影響が及びます（後述の「第9章　1株当たり純利益・純資産額」参照）。なお，株式買取請求に応じて，株式を買い取る場合は，自己株式の取得

に該当します（後述の「第6章　自己株式」参照）。

　決算日の翌日以降，監査報告書日以前に株式併合が実施された場合には，1株当たり情報の注記において，当該株式併合の影響を反映した記載が必要となります（後述の第9章「Q9-1　1株当たり当期純利益」参照）。ただし，株式併合の目的や時期など，1株当たり情報以外の情報について重要性がある場合には，それらの情報を開示後発事象として注記することが考えられます。

> **ここ注意！**
>
> 　株式買取請求権を行使することができる反対株主に該当するためには，株主総会に先立って株式の併合に反対する旨を通知するとともに，実際に株主総会にて株式の併合に反対する必要があります。

Q3-15　100%減資

Q	100%減資について教えてください。
A	企業再建の手段として用いられる手法の1つです。

解　説

1．100%減資とは

　100%減資とは，財務的困難に陥った株式会社が無償減資を行うとともに，発行済株式のすべてを消滅させることです。発行済株式のすべてを全部取得条項付株式にし，当該全部取得条項付株式を株式会社が取得することにより実施されます。これと同時に，第三者割当増資を実施することにより，無償減資による欠損填補を図りつつ，株主を刷新することができるため，企業再建の手段として用いられることがあります。

2．100%減資の会社法上の手続

　全部取得条項付株式を取得すること以外は，通常の無償減資と変わりありま

第3章 増減資 77

せん（前述の「Q3-13 有償減資と無償減資」参照）。

3．100%減資の会計処理

　全部取得条項付株式の取得は自己株式の取得として会計処理されること以外は，通常の無償減資と変わりありません（前述の「Q3-13 有償減資と無償減資」参照）。

Q3-16 減資に係る税務上の取扱い

Q	減資に係る税務上の取扱いについて教えてください。
A	無償減資の場合には，みなし配当による課税関係は生じませんが，有償減資の場合にはみなし配当による課税関係が生じます。

解説

1．無償減資と有償減資の税務上の取扱い

　無償減資の場合，資本金等の額に変動はなく，また，資本の払戻しも生じないため，みなし配当による課税関係も生じません。

　有償減資の場合，減少した資本金の額は資本金等の額の増加となるため，資本金等の額に変動はありません。ただし，資本の払戻しが生じるため，払戻額が当該払戻株式に対応する額を上回る場合には，当該上回る部分がみなし配当となり，利益積立金を減算することとなります（法法24 I ④，法令23）。

2．みなし配当額の計算

　資本の払戻しの場合の株式に対応する額は，当該払戻し等を行った法人の払戻し直前の払戻等対応資本金額等（払戻し直前の資本金等の額に以下の①に掲げる金額のうち②に掲げる金額の占める割合を乗じて計算した金額）を当該払戻し等に係る株式の総数で除し，これに直前に有していた払戻し等に係る株式の数を乗じて計算します。

① 前事業年度終了時における資産の帳簿価額から負債の帳簿価額を減算した金額
② 資本の払戻しにより減少した資本剰余金の額

払戻等対応資本金額とみなし配当額を計算式で表すと以下のとおりです。

払戻等対応資本金額＝直前資本金等の額×減少資本剰余金の額（②）÷前事業年度終了時における純資産額
みなし配当額（利益積立金の減少額）＝払戻金額－払戻等対応資本金額

Q3-17 減資に関する開示

Q	減資に関する開示について教えてください。
A	計算書類等および有価証券報告書のそれぞれにおいて，開示が必要となります。

解 説

1. 計算書類等における開示

(1) 事業報告

　事業報告の内容に減資に関する情報を含めるべきとする規定は，明示的には存在していません。しかしながら，公開会社である株式会社は，株式会社の現況に関する事項として，株式会社の現況に関する重要な事項を事業報告の内容に含める必要があります（会施規120 I ⑤）。また，株式会社の株式に関する事項として，株式会社の株式に関する重要な事項を事業報告の内容に含める必要があります（会施規122②）。このため，重要な減資を実施している場合には，その内容の記載を検討する必要があると考えられます。

(2) 計算書類および連結計算書類

　株式会社は，各事業年度に係る計算書類として，貸借対照表，損益計算書，

株主資本等変動計算書および個別注記表を作成する必要があります（会435Ⅱ，会計規59Ⅰ）。また，大会社であって有価証券報告書を内閣総理大臣に提出しなければならない場合には，各事業年度に係る連結計算書類として，連結貸借対照表，連結損益計算書，連結株主資本等変動計算書および連結注記表を作成する必要があります（会444Ⅰ，Ⅲ，会計規61①）。

①　株主資本等変動計算書および連結株主資本等変動計算書

株主資本等変動計算書および連結株主資本等変動計算書において，資本金，資本剰余金，利益剰余金および自己株式に係る項目は，当期首残高，当期変動額および当期末残高を明らかにする必要があります（会計規96Ⅶ）。このため，減資を実施した場合，減資に伴う資本金の減少（および対応して増加する準備金や剰余金の増加）を当期変動額として記載する必要があります。

②　個別注記表または連結注記表

個別注記表または連結注記表において，株主資本等変動計算書または連結株主資本等変動計算書に関する注記として，事業年度または連結会計年度の末日における発行済株式の数（種類株式発行会社にあっては，種類ごとの発行済株式の数）を注記する必要があります。ただし，連結注記表を作成する株式会社は，個別注記表における当該注記を省略することができます（会計規105，106）。

なお，指定国際会計基準，修正国際会計基準および米国基準で連結計算書類を作成する場合には，それぞれの基準に従うこととなります。

２．有価証券報告書における開示

⑴　提出会社の状況

有価証券報告書を提出すべき会社は，提出会社の状況として株式等の状況において，資本金等の推移を記載する必要があります。このため，減資を実施した場合，減資に伴う資本金の減少を記載する必要があります（開示府令第三号様式（記載上の注意）㉓）。

⑵ 経理の状況（財務諸表および連結財務諸表）

　経理の状況として株主資本等変動計算書および連結株主資本等変動計算書を記載する必要があります。そして，株主資本等変動計算書および連結株主資本等変動計算書において，株主資本の各項目は，当期首残高，当期変動額および当期末残高に区分し，当期変動額は変動事由ごとにその金額を表示する必要があります（財規101）。

　また，発行済株式の種類および総数について，以下の事項を注記する必要があります。ただし，財務諸表提出会社が連結財務諸表を作成している場合には，連結財務諸表における同様の注記が必要となり，財務諸表における注記は省略することができます（財規106，連規77）。

- 発行済株式の種類ごとに，当事業年度期首および当事業年度末の発行済株式総数ならびに当事業年度に増加または減少した発行済株式数
- 発行済株式の種類ごとの変動事由の概要

3．四半期報告書における開示

　四半期報告書では，株主資本等変動計算書および連結株主資本等変動計算書の記載が求められていません。ただし，減資によって，株主資本の金額に前事業年度末に比して著しい変動が生じた場合には，主な変動事由を注記する必要があります（四半期財規82，四半期連規92）。

第4章

種類株式

Point

- 会社法上，配当や議決権等について，権利の異なる株式を発行することができますが，これらは種類株式と呼ばれます。
- 種類株式を発行した会社の会計処理・表示は，普通株式の会計処理等と特に変わりはありません。
- 一方，税務上では種類株式ごとに資本金等の額を管理することとされており，これを種類資本金額といいます。みなし配当が行われた場合など，株式の種類ごとに，この種類資本金額を基礎として計算が行われることになります。

Q4-1　会社法における種類株式制度の概要

Q	会社法において，普通株式と異なる内容の権利を有する株式が発行できるとのことですが，具体的な内容と手続を教えてください。
A	種類株式の発行に際しては，定款に定めるべき事項や決議要件が会社法に詳細に規定されているため，その内容を十分に確認する必要があります。

解　説

　資金調達，資本政策の観点などから，権利内容の異なる株式を発行することができるものとされており，これを通常の権利を有する「普通株式」に対して，「種類株式」といいます。種類株式の発行に際しては，一定の事項を定款に定めるとともに，既存株式の権利内容を変更する場合には，一定の決議が必要とされているケースもあるため，留意が必要です。

1．種類株式制度の概要

(1)　会社法において認められる種類株式

　現行の会社法では，各株式の権利の内容は同一であることを原則としつつ，その例外として一定の範囲と条件において，その発行する全部の株式の内容として特別なものを定めること（会107）と，権利内容の異なる複数の種類の株式を発行すること（会108）を認めています。

　まず，会社法第107条の規定は，1種類の株式のみ発行している会社の場合であり，その株式の内容として定められるものは，以下の3つとされています。

---

① 譲渡制限株式
② 取得請求権付株式
③ 取得条項付株式

　そして，会社法第108条の規定は，2種類以上の株式を発行する会社の場合であり，その内容として定められるものは，以下の9つとされています。

① 剰余金の配当（配当優先（劣後）株式）
② 残余財産の分配（残余財産分配優先（劣後）株式）
③ 議決権制限株式
④ 譲渡制限株式
⑤ 取得請求権付株式
⑥ 取得条項付株式
⑦ 全部取得条項付株式
⑧ 拒否権付株式（いわゆる「黄金株」）
⑨ 選解任種類株式

　会社法がこれらの株式の発行を認めているのは，会社の株式による資金調達および支配関係の多様化の機会を与えるためと考えられます。種類株式は，トラッキング・ストックによる資金調達や，全部取得条項付種類株式を利用した100％減資ないしスクイーズ・アウト等，会社および会社グループの資本戦略の設計においてさまざまな場面での活用が想定されます。

(2)　非公開会社の特例

　前述の「(1)　会社法において認められる種類株式」に記載した各種類株式の規定に加えて，会社法第109条の規定において，非公開会社においてのみ，定款で定めることによって剰余金の配当，残余財産の分配および株主総会における議決権について，株主ごとにその権利内容が異なる株式を発行することができるとされています。したがって，非公開会社では，株式数ではなく株主の頭割りでの剰余金の配当や，特定の株主についてのみ複数議決権を認めることなどが可能です。

　なお，株式会社は営利法人であるので，当該規定によっても剰余金の配当も残余財産の分配もまったく受けられない株主を設けることはできない点には注意が必要です（会105Ⅱ）。

2．発行の際の手続

　次頁の図表4-1では，それぞれの種類株式の発行に際して，定款に定めるべき事項をまとめています（会107，108）。

| 図表4-1 | 種類株式発行の際に定款に定めるべき事項 |

種類株式	定款に定めるべき事項
配当・残余財産の分配の優先（劣後）株式	• 当該種類株主に交付する配当財産・残余財産の価額の決定方法 • 剰余金の配当をする条件または交付する残余財産の種類その他剰余金の配当・残余財産の分配に関する取扱いの内容 • 発行可能種類株式総数
議決権制限株式	• 株主総会において議決権を行使することができる事項 • 当該種類株式について議決権行使の条件を定めるときにはその条件および発行可能種類株式総数
譲渡制限株式	• 株式の譲渡による取得について会社の承認を要する旨 • 発行可能種類株式総数
取得請求権付株式	• 株主が会社に対して取得請求権を有する旨 • 取得の対価 • 取得請求権の行使期間 • 発行可能種類株式総数
取得条項付株式	• 一定の事由が生じた日に当該株式を取得する旨およびその事由 • 会社が別に定める日が到来することをもって取得する事由とする場合にはその旨 • 一部の株式のみを取得することとする場合にはその旨および取得する株式の決定方法 • 取得の対価 • 発行可能種類株式総数
全部取得条項付株式	• 取得対価の決定方法 • 取得に関して株主総会の決議をすることができるか否かについて条件を定めるときはその条件 • 発行可能種類株式総数
拒否権付株式	• 当該種類株主総会の決議を必要とする事項 • 決議を必要とする条件を定めるときはその条件 • 発行可能種類株式総数
選解任種類株式	• 当該種類株主総会で取締役または監査役を選任することおよびその人数 • 一部を他の種類株主と共同して選任するときはその条件 • 上記2項目を変更する条件があるときはその条件と変更後の内容

第 4 章　種類株式　　*85*

> - 当該種類株主総会で社外役員を選任する場合にはその条件等
> - 発行可能種類株式総数

　なお，譲渡制限株式，取得請求権付株式，取得条項付株式については，発行する全部の株式の内容として定める場合には，発行可能種類株式総数の定めは不要です（会108Ⅱ④）。また，譲渡の承認請求があったときに，一定の場合について会社が承認をしたものとみなすときは，その旨および当該一定の場合を定款で定めなければならないとされています（会107Ⅱ①ロ）。さらに，種類株式発行会社が，ある種類の株式について譲渡制限を設ける旨の定款変更を行う場合には，その種類株式に係る種類株主総会，その種類株式を対価とする取得請求権付株式および取得条項付株式に係る種類株主総会の特殊決議を必要とします（会324Ⅲ①，111Ⅱ）。このとき，反対株主には株式買取請求権が認められています（会116Ⅰ②）。一方，種類株式発行会社以外の会社において，全部の株式について譲渡制限を設ける旨の定款変更を行う場合には，株主総会の特殊決議が必要です（会309Ⅲ①）。

　また，取得条項付株式について，種類株式発行会社以外の会社において，株式の全部を取得条項付株式とする定款の定めを設け，またはその内容を変更する定款変更を行う場合には総株主の同意を得ることが必要となります（会110）。

　さらに，全部取得条項付株式について，すでに種類株式を発行している会社がある種類の株式の内容として，全部取得条項付種類株式の定款規定を設けるときには，定款変更に係る株主総会決議のほかに，当該種類株主総会の特別決議を経なければならないとされています（会111Ⅱ，324Ⅱ①）。

Q4-2 種類株式発行会社の会計処理・表示

Q 種類株式を発行した場合，会計処理や表示について，普通株式との違いはあるのでしょうか。

A 種類株式を発行する側の会計処理や表示は，普通株式のケースと何ら変わりはありません。

解 説

種類株式を発行した場合，その会計処理は普通株式と変わるところはありません。表示科目についても同様です。

1．種類株式の会計処理

種類株式を発行した場合，払込資本として，会社法の規定に従い，資本金，資本準備金またはその他資本剰余金を計上することになります。この点，会社法上で，普通株式と異なる規定は設けられていません。

2．種類株式の表示

貸借対照表上，例えば，資本金を普通株式に係るものと種類株式に係るものに区分して表示するような規定は設けられておらず，普通株式に係る資本金等とまとめて表示することになると考えられます。

3．負債と資本の区分

種類株式の所有者では，一定の要件を満たすときに，その評価に際して債券に準じて処理することがあります（種類株式実務対応報告Q1）。ただし，発行者側では，株式として発行されたものは株主資本として計上することが我が国の現状の会計慣行であると考えられるため，負債として表示することにはなりません。

なお，現状では，発行者側の負債と資本の区分に係る包括的な会計基準は特段設けられていません。

第4章 種類株式 *87*

Q4-3 自己株式を取得する際の対価として他の種類の株式を交付する場合の会計処理

Q
自己株式を取得する際に，自社の他の種類の株式を交付した場合の会計処理を教えてください。

A
自社の他の種類の株式を発行して，自己株式を取得する場合，自己株式の取得原価はゼロになります。
他の種類の自己株式を交付して，自己株式を取得する場合，取得した自己株式の取得原価は交付した自己株式の帳簿価額となります。

解 説

　自己株式の取得の対価として，自社の株式（新株または自己株式）を交付した場合に，その取得原価として時価により測定する方法は採用されておらず，新株の発行および自己株式の交付のそれぞれで，以下のように会計処理されます（自己株式等適用指針8）。

1．新株を発行した場合

　自社の他の種類の株式を新たに発行して，自己株式を取得する場合，交付する株式の帳簿価額がそもそもないため，取得原価はゼロとなります。

2．自己株式を交付した場合

　他の種類の自己株式を交付して，自己株式を取得する場合，取得した自己株式の取得原価は，交付した自己株式の帳簿価額になるとされています。

Q4-4　種類株式発行会社における開示

Q　種類株式を発行した場合，有価証券報告書および会社法計算書類等において，どのような開示が必要でしょうか。

A　種類株式を発行した場合，株主資本等変動計算書の注記における各記載事項について，株式の種類ごとに記載する必要が出てきます。

解 説

　種類株式を発行している場合，株主資本等変動計算書の各注記項目について，種類株式に係る情報を含めて開示します。また，有価証券報告書の前段（経理の状況より前のいわゆる非財務セクション）においても，種類株式発行時の開示規定が適宜設けられています。

1．株主資本等変動計算書関係の注記

(1)　連結株主資本等変動計算書

　連結株主資本等変動計算書の注記事項は以下のとおりですが，種類株式を発行している場合には，いずれの事項も種類株式に係る情報を含めて開示される必要があります（株主資本等変動計算書会計基準9(1)，同適用指針13，連規77から80，財規109Ⅰ）。

> ①　発行済株式の種類および総数に関する事項（期首，期末，期中の増減数，変動事由の概要を株式の種類ごとに記載）
> ②　自己株式の種類および総数に関する事項（期首，期末，期中の増減数，変動事由の概要を自己株式の種類ごとに記載）
> ③　新株予約権等に関する事項（新株予約権の目的となる株式の種類を記載）
> ④　配当に関する事項（株式の種類ごとに配当に係る情報を記載）

　なお，連結計算書類においては，以下の事項のみが種類株式に係る注記事項として規定されています（会計規106①，③）。

> (ⅰ)　種類株式ごとの発行済株式の総数

第4章　種類株式　　*89*

(ii)　新株予約権の目的となる種類株式の種類および種類ごとの数

---

(2)　個別株主資本等変動計算書

　連結財務諸表を作成していない場合，個別株主資本等変動計算書において，前述の「(1)　連結株主資本等変動計算書」に記載した事項を注記する必要があります（株主資本等変動計算書会計基準9また書き，財規106から109，会計規105）。

　なお，連結財務諸表を作成しているケースでは，会社法開示において前述の「(1)　連結株主資本等変動計算書」②の自己株式に係る事項のみが注記対象として規定され，その他の事項に関して注記は必須とはされていません（財規106Ⅱ，107Ⅱ，108Ⅴ，109Ⅱ，会計規105柱書き後段）。

2．有価証券報告書の経理の状況以外の開示

　有価証券報告書の経理の状況以外の箇所（いわゆる非財務セクション）においても，種類株式を発行している場合には，普通株式のみを発行しているケースに比べて，記載事項が多くなります（開示府令第三号様式（記載上の注意），第二号様式（記載上の注意））。

　具体的な記載事項を次頁の図表4－2にまとめていますので，実務の参考としていただければと思います。

3．会社法事業報告における開示

　会社法の規定に基づき作成される公開会社の事業報告において，株式に関する事項として記載される大株主に関する情報（議決権の保有割合が上位となる10名の株主の氏名または名称，当該株主の有する株式の数）を記載する際，種類株式発行会社にあっては，株式の種類および種類ごとの数を含むものとされています（会施規119③，122Ⅰ①）。

| 図表4-2 | 種類株式発行会社の有報開示（非財務セクション） |

記載箇所	記載内容等
株価の推移	2以上の株式が上場している場合には種類ごと
株式の総数等	株式の種類ごとに異なる数の単元株式数を定めているとき，または議決権の有無もしくはその内容に差異があるときは，その旨およびその理由
所有者別状況	種類ごとの所有者別状況がわかるように記載
大株主の状況	株式の種類ごとに異なる数の単元株式数を定めているとき，または議決権の有無に差異があるときは，所有株式に係る議決権の個数の多い順に10名程度についても併せて記載
議決権の状況	株式の種類ごとの数がわかるよう記載
自己株式の取得等の状況	株式の種類ごとに記載
コーポレート・ガバナンスの概要	株式の種類ごとに異なる数の単元株式数を定めている場合または議決権の有無もしくはその内容に差異がある場合には，その旨およびその理由
役員の状況	役員の所有する株式数（種類ごと）を記載するとともに，種類株主総会で選任された役員はその旨

Q4-5　全部取得条項付株式を用いたスクイーズ・アウト

Q	全部取得条項付株式を用いたスクイーズ・アウトについて，その手続と会計処理について教えてください。
A	会計処理は通常の子会社株式の追加取得と変わらないものの，1株当たり情報の取扱いと，端数株式の買取りの会計処理に留意すべきと考えられます。

第4章 種類株式 *91*

解 説

　全部取得条項付株式を用いたスクイーズ・アウト（現金等の財産を対価とする既存子会社の完全子会社化）の会計処理は，子会社株式の追加取得と同様であり，追加取得の会計処理自体には論点はないと考えられます。他方，当該スクイーズ・アウトにおいて，1株当たり情報としてどういった情報を開示するのか，および少数株主（非支配株主）からの端数株式の買取りに係る会計処理のタイミングについては，論点となるものと思われます。

1．スクイーズ・アウトと種類株式

⑴　スクイーズ・アウトとは

　スクイーズ・アウトとは，親会社と少数株主（会計上の非支配株主）が存在する会社において，当該少数株主に金銭等の財産を交付することによって，完全子会社化を達成することをいい，キャッシュ・アウトともいいます。

　組織再編を用いた完全子会社化としては，株式を対価とする株式交換が一般的ですが，株式交換では親会社の株式を交付することで従前の子会社の少数株主が自社（親会社）の株主となります。これに対してスクイーズ・アウト（キャッシュ・アウト）の各スキームでは，現金等を対価とするため，企業グループとの関係が完全に遮断されるという特徴があります。

　現状の法制を前提に，スクイーズ・アウトの主な手法としては，以下のようなものが挙げられます。

- 現金等を対価とする吸収合併（会2㉗）
- 現金等を対価とする株式交換（会2㉛）
- 株式売渡請求（会179）
- 株式併合（会180）
- 全部取得条項付株式（会2⑲，108Ⅰ⑦）

⑵　全部取得条項付株式を用いたスクイーズ・アウト

　全部取得条項付株式とは，株主総会の特別決議によって，その種類の株式の全部を会社が取得できるという内容の種類株式を指します（会108Ⅰ⑦，171）。この種類株式を用いたスクイーズ・アウトにおいては，少数株主のみから株式

を取得することができないため，既存株式（普通株式）を全部取得条項付株式へと変更した上で，全部取得条項を行使することで少数株主に端数株式が交付されるようなスキームが構築されます（図表4-3参照）。

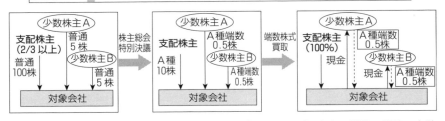

図表4-3　全部取得条項付株式を用いたスクイーズ・アウトのスキーム

（出典）　服部孝一，藤川武，大川淳子，加藤圭介「スクイーズアウトの法務・税務・会計－Ⅰ　スクイーズアウトの5つのスキーム」（『旬刊経理情報』（中央経済社），2017年11月20日号）12頁

> **ここ注意！**
>
> このスキームは，平成26年会社法改正前は少数株主排除のために用いられていましたが，相対的に容易に実行可能な株式売渡請求・株式併合の制度が設けられてからは，利用頻度が少なくなっているものと考えられます。

2．全部取得条項付株式を用いたスクイーズ・アウトの実務上の論点
(1) 基本的な会計処理

全部取得条項付株式を用いたスクイーズ・アウトでは，金銭と引換えに少数株主が保有している端数株式を取得します。これは，連結財務諸表上は非支配株主からの子会社株式の追加取得に該当し，対価と増加持分との差額が資本剰余金として処理されることになります（連結会計基準28）。

なお，子会社の個別財務諸表上は，自己株式の取得に係る会計処理が行われることになります（自己株式等会計基準7）（後述の第6章「Q6-1　自己株式の取得」参照）。

第4章　種類株式　　93

(2)　1株当たり情報における取扱い

　完全子会社化の対象となる子会社においては，少数株主が端数株主となるような種類株式が交付されることになります。

　この種類株式は，普通株式とは異なるものの，普通株式と同等の株式と捉えることが適当と考えられるため（1株当たり利益適用指針8），期末に存在する当該種類株式について，1株当たり情報が開示されることになると考えられます。

　また，当該スキームの実態は株式併合であると考えられることから，当期首（会社法開示の場合）または前期首（有価証券報告書における開示の場合）に株式併合が行われたものと仮定して，1株当たり情報を開示することになると考えられます（1株当たり利益会計基準30-2）（後述の第9章「Q9-1　1株当たり当期純利益」参照）。

(3)　端数株式の買取りの会計処理のタイミング

　子会社における端数株式の買取りは，子会社にとっては自己株式の取得となるため，子会社の個別財務諸表において金銭を支払うべき日に当該取引を認識することになります（自己株式等適用指針5）。

　また，裁判所の許可に基づいて端数株式を親会社に売却するような場合には，親会社の個別財務諸表において，非上場株式の取得取引となるため，株式の引渡日をもって子会社株式の追加取得を認識することになると考えられます（金融商品会計基準7）。

Q4-6　種類株式発行会社における税務上の取扱い

Q	種類株式を発行した場合，税務上で何らかの影響が生じるのでしょうか。
A	種類株式を発行している場合，税務上の資本金等の額は種類株式ごとに管理する必要があり，これらは種類資本金額と呼ばれます。

解 説

　種類株式を発行している場合，税務上の資本金等の額は各種類株式ごとに管理され，これを種類資本金額と呼びます。この種類資本金額の規定は，会社法の施行に併せて平成18年度税制改正によって整備され，自己株式の取得等によるみなし配当の算定に際しての計算基礎として用いられます。

1．種類資本金額

　種類株式を発行している場合，すなわち，2以上の種類の株式を発行している法人は，発行している株式の種類ごとに資本金等の額を算定し，それらを区分して管理しなければならないこととされています。その各種類株式ごとの資本金等の額を，種類資本金額と呼び（法令8Ⅱ），2以上の種類の株式を発行している法人は，「種類資本金額の計算に関する明細書」（別表五(一)付表）を作成することになります。

　この種類資本金額は，自己株式の取得等の際のみなし配当金額の算定のときに，その基礎として用いられることになります。

2．制度導入時の経過措置

　この種類資本金額の制度は，平成18年度税制改正により新たに導入されたものです。このため，平成18年4月1日の時点で2以上の種類の株式を発行している会社は，同日付で以下のいずれかの方法で種類資本金額を算定することとされています（平成18年政令第125号附則4Ⅳ）。

---

① 　発行価額控除方式（種類株式のいずれか1つの種類資本金額は残額として算定（資本金等の額から他の種類株式の種類資本金額を控除して算定）し，それ以外の種類株式の種類資本金額を発行価額により算定する方法）
② 　時価按分方式（資本金等の額を種類株式の時価で按分する方法）
③ 　その他合理的な方法

第5章

新株予約権

Point

- 新株予約権とは，その保有者にとっては，株式を一定の価格で購入できる権利です。一方，権利を発行した会社では，新株予約権者に対し，新株を発行または自己株式を交付する義務を負います。
- 新株予約権の活用にはさまざまな方法が考えられます。例えば，①資金調達としての発行，②インセンティブ（ストック・オプション）としての発行，③買収防衛策としての利用があります。
- 募集新株予約権の発行手続については，会社法上，募集株式の発行に関する条文を準用しており，新株発行の場合に似た手続が規定されています。

Q5-1 新株予約権の概要

Q	新株予約権の概要について教えてください。
A	新株予約権とは，その保有者にとっては，株式を一定の価格で購入できる権利です。 一方，権利を発行した会社では，新株予約権者に対し，新株を発行または自己株式を交付する義務を負います。

解 説

新株予約権は，取得者にとっては，新株予約権発行会社の株式を取得できる権利です。取得できる「権利」のため，実際に権利行使をして株式を取得することも選べますし，権利を放棄して，株式を取得しないことも選べます。また，ストック・オプションはこの新株予約権の枠内で発行されるものです。

1．新株予約権の概要

会社法において，新株予約権とは，「株式会社に対して行使することにより，その会社の株式の交付を受けることができる権利をいう」と定義されています（会2㉑）。つまり，新株予約権の保有者にとっては，株式を一定の価格で購入できる権利であり，株式を原資産としたコール・オプションの一種として位置付けられます。一方，その権利を発行した会社は，新株予約権者に対し，新株を発行または自己株式を交付する義務を負います（図表5-1参照）。

図表5-1　新株予約権の仕組み

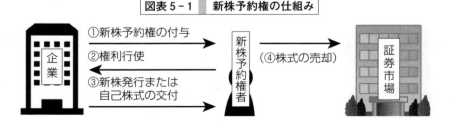

新株予約権を付与された者は，発行会社の株式の市場価格（時価）が権利行

使価格を上回る時期にオプションを行使し株式を取得することができ，取得した株式を証券市場で売却することによりキャピタル・ゲインを得ることができます（図表5-2参照）。

| 図表5-2 | 新株予約権の行使と株式の時価（数値例） |

■時価（1,000円）＞権利行使価格（400円）→1,000円−400円＝600円の利益
　　　　　　　　　　　　　　　➡権利行使（∵株式取得→売却）

■時価（1,000円）＜権利行使価格（1,200円）→1,000円−1,200円＝△200円の損失
　　　　　　　　　　　　　　　➡行使せず（∵権利放棄）

　新株予約権の発行会社側では，会社の業績に貢献する労働等のインセンティブを高めるという目的や，買収防衛策への利用，社債と組み合わせることによる有利な資金調達等，多様な利用方法が考えられます（後述の「Q5-2　新株予約権の活用」参照）。

2．新株予約権とストック・オプション

　この新株予約権を自社の取締役や従業員に報酬として付与するものをストック・オプションといいます。つまり，ストック・オプションは新株予約権の発行形態の1つといえます（後述の第10章「Q10-1　ストック・オプション制度の概要」参照）。

　ただし，会社法においては「新株予約権」としての規定しかないため，ストック・オプションも「新株予約権」という法律の規定の枠内で実行されることになります。また，ストック・オプションは，無償で発行されるケースが多いため，新株予約権の有利発行に該当するケースが多くなります（次頁の図表5-3参照）。

ここ注意！

　ストック・オプションは，新株予約権のうち，自社および子会社の取締役や従業員に報酬として付与するものであり，会社法の新株予約権の制度を利用して発行されるものです。

| 図表 5-3 | 新株予約権とストック・オプション |

新株予約権

ストック・オプション
新株予約権のうち自社の取
締役や従業員に報酬として
付与したもの

3．新株予約権と発行価額

　新株予約権は単独で発行することができますが，公正な価格（いわゆる時価）で発行しようとする際には，専門家に依頼するなどして発行価額を算定し決定することになります。無償で発行するなど有利発行（金銭の払込みを要しないこととすることが特に有利な条件に当たる場合や払込金額が特に有利な金額に当たる場合（会238Ⅲ））されるときも，有利発行か否かを判断するために，公正価格に比べてどの程度有利な価額になるかの算定が必要となります。

　有利発行に当たる場合には，取締役は株主総会において，その発行を必要とする理由を述べる必要があります（後述の「Q5-3　新株予約権の発行手続」の「1．(2)　新株予約権の有利発行」参照）。

Q5-2 新株予約権の活用

Q	新株予約権の活用方法について教えてください。
A	主に以下の3つの活用が考えられます。 ① 資金調達としての発行 ② インセンティブ（ストック・オプション）としての発行 ③ 買収防衛策としての利用

第5章 新株予約権 *99*

解 説

　新株予約権の発行目的はさまざまです。純粋な資金調達として発行する場合や，報酬の対価（インセンティブ報酬）として発行する場合や，買収防衛策の手段として発行される場合もあります。

1．資金調達

　新株予約権を有償で発行した場合，当該払込みによる資金調達効果があります。また，新株予約権の行使により新株の発行（または自己株式の処分）がされた場合には，それに見合う払込資本分の資金が会社に入るため，新株予約権の発行により将来的な資金調達効果を得ることもできます。

　さらに，新株予約権と他の資金調達手段を組み合わせることにより，資金調達を有利に行うことができます。例えば，新株予約権付社債として社債と組み合わせて新株予約権を発行することにより，新株予約権（普通株式への転換権）が付与されているメリットの分だけ社債の利率を下げて発行することができます。その上，新株予約権行使による転換後には会社の利息負担や，社債償還によるキャッシュ・アウトの必要性がなくなるなどのメリットがあります。

2．インセンティブ（ストック・オプション）

　新株予約権をストック・オプションとして発行することにより従業員等が会社の業績向上へ動機付けられるようなインセンティブ報酬として機能させることができます。ストック・オプションとは，一定の権利行使期間内に，あらかじめ定められた権利行使価格により，会社から株式を取得することができる権利（新株予約権）のうち，特にインセンティブ・プランとして会社の役員，従業員その他の者に付与される権利をいいます。新株予約権の発行目的として最も多く想定されるケースになります。特に資金力の乏しいベンチャー企業などにとっては，優秀な人材を高額な報酬で雇用することが難しいため，キャッシュ・アウト負担が生じないストック・オプションを報酬として付与することが多くなります。また，企業グループの経営全体を考えたときに，自社の従業員等だけでなく，子会社の従業員等に付与し，子会社の従業員等が提供した役務やサービスを，子会社を通じて享受しようとするケースなどにも利用するこ

とができます。

　近年では，役員退職金としていわゆる株式報酬型ストック・オプションを用いるケースがあります。株式報酬型ストック・オプションとは，株式を報酬として受け取ることを目的としてオプションの権利行使価格を1円のように非常に低く設定し，株式の経済的価値を報酬として付与対象者に与えるストック・オプションです。付与対象者はほぼ確実に経済的利益を得られますが，株価の変動により報酬額（経済的利益）が変動します。

　近年，業績に関係なく支給される退職慰労金制度については，成果主義の導入等により合理性の観点から廃止を行う企業が多くなっています。当該制度の代わりとして業績に連動する株式報酬型ストック・オプションの発行を行うことが多くなったためです。退職慰労金としての機能をもたせるため，行使条件を役員退任後などのように設定します。また，税務上も，権利行使期限が退職日の翌日から極めて短期間（10日間）に限定され，当該権利を一括して行使しなければならない場合には，権利行使時の所得区分は給与所得ではなく納税者にとって有利な退職所得として取り扱うことができるとされています。

　ストック・オプションの詳細については後述の第10章「Q10-1　ストック・オプション制度の概要」から「Q10-5　有償ストック・オプションの内容と会計処理」をご参照ください。

3. 買収防衛

　新株予約権を企業の買収防衛のため（ライツプラン）に活用することができます。すなわち，新株予約権を用いて買収者の議決権比率を低下させることができます。

　例えば，敵対的買収等が発生した場合に強制的に取得可能な新株予約権をあらかじめ発行しておき（会236 I ⑦），実際にそれが発生したら，会社が敵対的買収者以外（事前に付与対象者を限定しておく必要があります）から新株予約権を強制的に取得し，株式等（金銭，社債も可能です）を対価として交付することで議決権比率を低下させるという目的を達成します。この方法は，買収企業が対象会社を飲み込めば買収企業に毒が回るということで，俗に，ポイズンピル（毒薬）とも呼ばれています（図表5-4参照）。

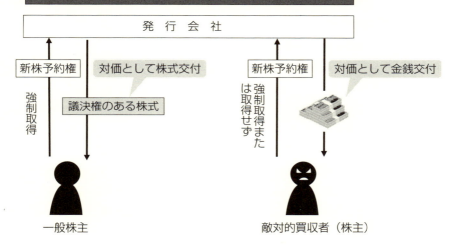

図表5-4　新株予約権を用いた買収防衛策

Q5-3　新株予約権の発行手続

Q	新株予約権の発行手続について教えてください。
A	募集新株予約権の発行手続は，会社法上，募集株式の発行に関する条文に準じており，新株発行の場合に似た手続が規定されています。 新株予約権の行使時までに権利行使による株式の増加分の発行可能株式の未発行枠が確保されていることが必要になります。 新株予約権を発行する場合は，新株予約権原簿の作成が必要になります。

解説

　新株予約権発行の決議は，有利発行の場合を除き，公開会社は取締役会で行い，公開会社以外は原則，株主総会決議（特別決議）で行います。有利発行の場合には，公開会社か否かにかかわらず，株主総会決議（特別決議）で決議し，

その募集をすることを必要とする理由を株主総会において説明する必要があります。

１．新株予約権の発行手続

(1) 新株予約権の募集と決議機関

まず，募集新株予約権を引き受ける者の募集をするためには，図表5-5に記載された募集事項を，定められた決議機関で決定する必要があります（会238Ⅰ）。

この募集事項決定のための決議は，有利発行の場合を除き，公開会社では取締役会，公開会社以外では株主総会決議（特別決議）によって行います。（会238Ⅰ，Ⅱ，240Ⅰ，309Ⅱ⑥）。

ただし，公開会社以外で，募集事項のうち募集新株予約権の内容，数の上限などを株主総会で定めた場合は，詳細の決定を取締役会に委任することができます（会239Ⅰ）。この場合，決議の日から割当日までの期間が１年間に限りその効力が発生します（同Ⅲ）。

図表5-5　新株予約権の募集事項

① 募集新株予約権の内容および数
② 募集新株予約権と引換えに金銭の払込みを要しないこととする場合は，その旨
③ 募集新株予約権と引換えに金銭の払込みを要する場合には，募集新株予約権の払込金額またはその算定方法
④ 募集新株予約権を割り当てる日
⑤ 募集新株予約権と引換えに金銭の払込みの期日を定めるときは，その期日
⑥ 募集新株予約権が新株予約権付社債に付されたものである場合には，会社法第676条各号に掲げる事項（募集社債に関する事項）
⑦ 新株予約権付社債に付された募集新株予約権に係る買取請求権の請求の方法について別段の定めをするときは，その内容

募集事項のうち，図表5-5の①の「募集新株予約権の内容」として，具体的に，会社法第236条で図表5-6の事項が掲げられています。

第5章　新株予約権　　*103*

| 図表5-6 | 募集新株予約権の内容 |

(ⅰ)　新株予約権の目的である株式の数またはその算定方法
(ⅱ)　新株予約権の行使に際して出資される財産の価額またはその算定方法
(ⅲ)　金銭以外の財産を新株予約権の行使に際してする出資の目的とするときは，その旨ならびに当該財産の内容および価額
(ⅳ)　新株予約権を行使することができる期間
(ⅴ)　新株予約権の行使により株式を発行する場合における増加する資本金および資本準備金に関する事項
(ⅵ)　新株予約権の譲渡について会社の承認を必要とするときは，その旨
(ⅶ)　会社が，一定の事由が生じたことを条件として新株予約権を取得することができることとするときの事項（取得条項付新株予約権）
(ⅷ)　組織再編時における新株予約権の交付に関する事項
(ⅸ)　新株予約権の行使により生じた端株を切り捨てる場合はその旨
(ⅹ)　新株予約権証券を発行する場合にはその旨（新株予約権付社債に付されたものは除く）
(ⅺ)　新株予約権証券の記名式・無記名式について変更を制限する場合にはその旨

(2)　新株予約権の有利発行

　取締役は，以下に掲げる有利発行の場合には，公開会社であるか否かにかかわらず，株主総会において，その募集をすることを必要とする理由を説明しなければなりません（会238Ⅲ）。

①　募集新株予約権を無償で発行することが，引き受ける者に特に有利な条件に当たる場合
②　募集新株予約権の払込金額が，引き受ける者に特に有利な金額である場合

　非公開会社において募集事項の決定を取締役会に委任した場合でも，有利発行の場合は株主総会での説明が必要となります（会239Ⅱ）。
　有利発行か否かは，新株予約権の公正価格と払込金額を比較して判断することになります。無償で発行する場合も，ただちに有利発行になるわけではなく，その新株予約権を発行することにより得られる便益が，新株予約権の価値と比較して有利であると判断された場合に，有利発行とみなされることになります。

(3)　株主に対する通知

　公開会社においては，取締役会で募集事項を定めた場合，割当日の2週間前までに株主に対し募集事項を通知するか，公告をする必要があります（会240Ⅱ，Ⅲ）。

　ただし，その募集事項について，割当日の2週間前までに有価証券届出書などの金融商品取引法の開示が行われている場合には，通知等は不要とされています（同Ⅳ）。非公開会社については，原則として株主総会での決議のため，通知の定めはありません。

(4)　新株予約権の申込み

　次に，会社は，募集新株予約権を引き受けようとする者に対し，会社の商号・募集事項・金銭の払込取扱場所などの事項を通知しなければなりません（会242Ⅰ）。ただし，金融商品取引法上の目論見書を交付している場合等一定の場合には，しなくてもよいこととされています（同Ⅳ）。

　これに対し，引受けをしようとする者は，自己の氏名（または名称），住所，申し込む新株予約権の数を，書面をもって会社に交付し通知しなければなりません（同Ⅱ）。ただし，申込者が募集新株予約権の総数を引き受ける契約を締結する場合には，このような手続は必要ありません（会244Ⅰ）。

(5)　新株予約権の割当ておよび払込み

　その後，会社は，申込者のなかから募集新株予約権の割当てを受ける者と，その者に割り当てる数を定め，申込者に通知しなくてはなりません（会243）。

　申込者は，割当てを受けると，割当日に新株予約権者になります（会245Ⅰ）。

　新株予約権者は，募集事項に定める方法によって，払込期日までに金銭の払込みをします（会246Ⅰ）。

　なお，会社の承諾があれば，払込額に相当する金銭以外の財産を給付し，または会社に対する債権と相殺することも認められています（同Ⅱ）。この場合，給付される財産についての検査役の調査は不要とされています。

　払込み自体は，新株予約権者としての効力の発生要件ではなく，払込みをすることにより，権利行使ができる権利を得られることになります（同Ⅲ）。

第5章　新株予約権　　105

(6)　株主に新株予約権の割当てを受ける権利を与える場合

　株主に新株予約権の割当てを受ける権利を与える場合は，募集事項にその旨と引受けの申込みの期日を定めることとされています。決議については，公開会社は取締役会の決議，非公開会社は，原則として株主総会決議によりますが，非公開会社の場合でも取締役が決定する旨または取締役会で決議する旨の定款の定めがある場合はそれにより決議することになります（会241）。

　株主に割当ての権利を与える場合には，保有株式数に応じて平等に新株予約権も割り当てられるため，有利発行の場合の要件は定められていません。

(7)　新株予約権の目的である株式が譲渡制限株式である場合

　種類株式を発行する会社で，募集新株予約権の目的となる株式が譲渡制限株式である場合には，定款に別段の定めがある場合を除いて，種類株主総会の決議が必要です（会238Ⅳ，239Ⅳ）。

　また，この場合，新株予約権の割当て等の決定についても取締役会設置会社は取締役会，それ以外の会社は株主総会の決議をもって行われることになります（会243Ⅱ）。

2．新株予約権原簿

　株式会社は，新株予約権を発行した日以後遅滞なく新株予約権原簿を作成し，次頁の図表5-7の区分に応じ新株予約権原簿記載事項を記載または記録しなければなりません（会249）。

　新株予約権者は，株式会社に対し新株予約権原簿記載事項を記載した書面の交付等を申請できます（会250Ⅰ）。また，新株予約権原簿は株式会社の本店に備え置き，株主および債権者は閲覧または謄写をすることができます（会252）。

　株式会社が新株予約権者に対してする通知または催告は，新株予約権原簿に記載または記録した当該新株予約権者の住所に宛てて発すれば足りることとされています（会253Ⅰ）。株主名簿管理人を置く旨を定款で定めて，事務を委託している場合には，株主名簿管理人は，新株予約権原簿に関する事務も行います（会251）。

| 図表5-7 | 新株予約権原簿の記載内容 |

新株予約権の種類	記載内容
無記名新株予約権	新株予約権証券の番号ならびに無記名新株予約権の内容および数
無記名新株予約権付社債	新株予約権付社債券の番号ならびに当該新株予約権の内容および数
それ以外の新株予約権	新株予約権者の氏名または名称，住所
	新株予約権の内容および数
	新株予約権者が新株予約権を取得した日
	新株予約権証券番号
	新株予約権付社債券の番号

3．新株予約権証券

　株式会社は，証券発行新株予約権（社債券を発行する旨の定めがある新株予約権付社債）を発行した日以後遅滞なく，新株予約権証券を発行しなければなりません。ただし，新株予約権者から請求があるときまでは，同項の新株予約権証券を発行しないことができます（会288）。

　新株予約権証券には，商号と新株予約権の内容および数ならびにその番号を記載し，株式会社の代表取締役がこれに署名または記名押印しなければなりません（会289）。

4．実務上の論点（新株予約権行使による株式数の増加と発行可能株式総数）

　新株予約権の行使により発行する株式の数は，発行可能株式総数から発行済株式総数を控除した数を超えることができませんが（会113Ⅳ），新株の発行時に未発行枠が確保されていなければならないわけではなく，実際の行使期限が到来した初日に未発行枠が確保されていればよいことになります。

　例えば，新株予約権発行時に発行可能株式総数が100株で発行済株式総数が70株，新株予約権行使による株式の予定増加数が50株であった場合，新株予約

権の行使期限の初日までに発行可能株式総数が120株（70株＋50株）あればよいことになります（図表5-8参照）。

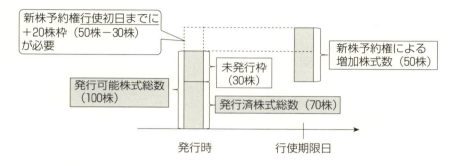

図表5-8　新株予約権と発行可能株式総数

Q5-4　新株予約権の会計処理および開示

Q	新株予約権の会計処理および開示について教えてください。
A	新株予約権の発行者側では払込額を純資産の部に計上し，権利行使時には権利行使金額と発行価額の合計を資本金等に振り替えます。

解説

　新株予約権を発行した場合，払込額を純資産の部に計上します。権利行使時には権利行使金額と発行価額の合計を資本金等に振り替えます。権利行使時には，新株を発行せず，自己株式を交付することもできます。

1．会計処理の基準

　新株予約権および新株予約権付社債の会計処理については，以下の会計基準等が企業会計基準委員会から公表されています。

- 企業会計基準適用指針第17号「払込資本を増加させる可能性のある部分を含む複合金融商品に関する会計処理」（複合金融商品適用指針）
- 企業会計基準第8号「ストック・オプション等に関する会計基準」
- 企業会計基準適用指針第11号「ストック・オプション等に関する会計基準の適用指針」

　複合金融商品適用指針は，会社法に基づいて発行される新株予約権のうち，ストック・オプション会計基準に定められていない会計処理についての実務上の取扱いを明らかにしたものです。

2. 新株予約権の発行者側の会計処理

(1) 発行時の会計処理

　新株予約権の発行者は，発行に伴う払込金額をもって純資産の部に「新株予約権」を計上します（複合金融商品適用指針4）。ただし，ストック・オプションの場合は，払込額とは関係なく新株予約権の価値が測定されますので，その場合の処理については後述の第10章「Q10-2　ストック・オプションの基本的な会計処理」で詳しく説明します。

設例5-1　新株予約権発行時の会計処理

前提条件

　新株予約権20個を10/個で発行し，それに見合う額の払込みが行われた。

会計処理

（借）現 金 預 金	(※)200	（貸）新 株 予 約 権 （純資産の部）	(※)200

（※）　10/個×20個＝200

---

(2) 権利行使時の会計処理

　権利が行使された時は，純資産の部に計上されている「新株予約権」と新株予約権行使時の払込金額がある場合はその額との合計を，資本金および資本準備金に振り替えます（複合金融商品適用指針5(1)）。

第5章　新株予約権　　*109*

　また，新株を発行せず，自己株式を代用交付することもできます。新株予約権の発行会社が自己株式を交付する場合の会計処理は，新株発行の手続を準用して自己株式を売却する場合の自己株式処分差損益計上の処理と同様となります（複合金融商品適用指針5(2)）。

設例5-2　新株予約権権利行使時の会計処理

前提条件

＜ケース1＞

① 新株予約権の行使により600が払い込まれた。

② 新株予約権の帳簿価額は200である。

③ 株式発行価額をすべて資本金とする。

＜ケース2＞

● ケース1と同様で，発行価額の2分の1を資本金とする。

＜ケース3＞

● ケース1と同様で，株式発行をすべて自己株式の処分で行う場合。自己株式の帳簿価額は500とする。

会計処理

＜ケース1＞

(借)	現 金 預 金	600	(貸)	資　本　金	800
	新 株 予 約 権	200			

＜ケース2＞

(借)	現 金 預 金	600	(貸)	資　本　金	400
	新 株 予 約 権	200		資 本 準 備 金	400

＜ケース3＞

（借）	現　金　預　金	(※1)600	（貸）	自　己　株　式	500
	新　株　予　約　権	(※2)200		自己株式処分差益	300

　自己株式処分差額の計算をする際の自己株式の処分対価は，以下で算定されています。

　自己株式の処分対価＝行使の際の払込額(※1)＋新株予約権の発行価額(※2)

(3)　消滅時の会計処理

　新株予約権者が権利行使せずに期限が到来し，新株予約権が消滅することになった場合は，純資産の部に計上されている「新株予約権」の帳簿価額を利益（原則として特別利益）に振り替えます（複合金融商品適用指針6）。

(4)　自己新株予約権の会計処理

①　自己新株予約権の取得と保有

　自己新株予約権の取得は，会社と新株予約権者との損益取引とされており，資本取引としては取り扱われません。このため，取得価額は取得時の時価に付随費用を加算して算定することになります（複合金融商品適用指針11，38）。

　ただし，保有している自己新株予約権は，資産性はあるものの，純資産の部に計上されている新株予約権に対応するものであるため，両建表示はせず，原則として純資産の部に計上された新株予約権から直接控除して表示します。

　また，自己新株予約権が処分されないと認められるときは，当該自己新株予約権の帳簿価額と対応する新株予約権の帳簿価額との差額を当期の損失として処理することとされています（複合金融商品適用指針12から14）。

②　自己新株予約権の消却または処分

　自己新株予約権を消却した場合には，自己新株予約権の帳簿価額と対応する新株予約権の帳簿価額との差額を，消却した期の損益として処理します（複合金融商品適用指針16）。

第5章　新株予約権　*111*

設例5-3　自己新株予約権消却時の会計処理

前提条件

① 取締役会決議により，自己新株予約権（帳簿価額300）を消却することとした。

② 消却する自己新株予約権に対応する新株予約権の帳簿価額は200とする。

会計処理

（借）	新 株 予 約 権	200	（貸）	自己新株予約権	300
	自己新株予約権	100			
	消　　却　　損				

　また，自己新株予約権を処分した場合には，自己新株予約権の帳簿価額と処分により受け取った対価の差額を，処分した期の損益（自己新株予約権処分損益）として処理します（複合金融商品適用指針17）。

③　自己新株予約権の減損

　自己新株予約権の帳簿価額Aが，対応する新株予約権の帳簿価額Bを超える場合において，当該自己新株予約権の時価Cが著しく下落し，回復の見込みがない場合には，時価との差額を当期の損失として処理します（図表5-9のケースI参照）。ただし，C（自己新株予約権の時価）がB（新株予約権の簿価）を下回る場合は，A（自己新株予約権の簿価）とBの差額を当期の損失として処理します（図表5-9のケースII参照）（複合金融商品適用指針14）。

図表5-9　自己新株予約権のケースごとの損失計上額

	内　　容	ケースI	ケースII
A	自己新株予約権の帳簿価額	300	300
B	新株予約権の帳簿価額	100	200
C	自己新株予約権の時価	140	120
D	自己新株予約権に係る減損損失（A－B）	—	100
E	自己新株予約権に係る減損損失（A－C）	160	—

> **ここ注意！**
>
> 自己新株予約権については自己株式と異なり，減損処理を行う必要があります。

3．新株予約権の取得者側の会計処理

(1) 取得時の会計処理

　取得者側では，新株予約権を取得した際，有価証券として処理します。これは，新株予約権証券が金融商品取引法上の有価証券に該当するためであり，取得時は時価で測定し，保有目的区分に応じて売買目的有価証券またはその他有価証券として計上することとなります（複合金融商品適用指針7）。

　なお，時価の算定については，新株予約権が株式に対するコール・オプションとしての性格を有するため，デリバティブ取引に対する評価に準じて算定を行うことが適当とされています（複合金融商品適用指針37なお書き）。

　決算時に保有する新株予約権は，保有区分に応じて，時価評価を行い会計処理します。この際の時価は，新株予約権が上場されていれば市場価格を用いますが，非上場であっても権利行使時に株式の上場が予定されている場合には，市場価格に準ずる「合理的に算定された価額」（オプション価格モデル等）を用いて算定することが考えられます。一方，権利行使後も株式に時価のない新株予約権は，金融商品会計実務指針第63項ただし書きの考え方に準じて，取得価額で評価するものと考えられます。

(2) 権利行使時の会計処理

　権利を行使して，株式を取得した時は，図表5-10の価額で株式に振り替えます（複合金融商品適用指針8）。

図表5-10　権利行使時の振替価額

取得した新株予約権	振替価額
売買目的有価証券として保有している場合	権利行使時の時価
その他有価証券として保有している場合	権利行使時の帳簿価額

第5章　新株予約権　　*113*

設例5-4　新株予約権権利行使時の会計処理

前提条件

① その他有価証券（取得価額1,000）として保有している新株予約権の権利を行使した。行使により取得した株式もその他有価証券として保有する。

② 払込価額は1,500，権利行使時の時価は2,800とする。

会計処理

　本設例では，新株予約権をその他有価証券として保有していたため権利行使時の時価（2,800）ではなく，新株予約権の帳簿価額である取得価額（1,000）と払込価額（1,500）の合計（2,500）と株式の取得価額としています。

（借）投資有価証券	2,500	（貸）投資有価証券	1,000
		現　金　預　金	1,500

(3) 譲渡時の会計処理

　新株予約権を譲渡した場合には，新株予約権の帳簿価額と譲渡対価との差額を，当期の損益として認識します。新株予約権を発行会社に譲渡した場合も同様の処理を行います（複合金融商品適用指針9）。

(4) 失効時の会計処理

　新株予約権を行使せずに，期間が終了して権利が失効した場合は，その新株予約権の帳簿価額を当期の損失として処理します（複合金融商品適用指針10）。

4．新株予約権の開示

　新株予約権の開示については後述の第10章「Q10-4　ストック・オプションに関する開示」で説明します。

　なお，ストック・オプションは新株予約権の発行形態の一部であるため，ストック・オプション発行会社は新株予約権に要求されている開示事項とストック・オプションに要求されている開示事項の両方の開示を行うことになります。

Q5-5　ライツ・オファリングの会計処理

Q 既存株主に一律に新株予約権を無償交付するライツ・オファリングが行われたときの会計処理を教えてください。

A ライツ・オファリングは新株予約権の無償発行の形態をとるため，発行会社では何ら会計処理を行わないことが考えられます。一方，新株予約権の交付を受ける既存株主の側では，その実態に応じた会計処理を行うことが考えられます。

解説

　資金調達などを目的として，既存株主に対してその保有する株式数に応じて新株予約権を交付するライツ・オファリングと呼ばれる取引が行われることがあります。新株予約権の無償発行については，明示的な会計基準上の定めがないため，発行会社，既存株主のいずれも，取引の実態に沿った会計処理を行う必要があると考えられます。

1　ライツ・オファリングの概要

　ライツ・オファリングとは，上場新株予約権を既存の株主に対して一律に無償で割り当てて行われる資金調達手法です。新株予約権の割当てを受けた株主は，当該権利を行使して株式を取得するか，または新株予約権を行使しない（追加取得を希望しない）場合には新株予約権を市場にて売却するかを選択できる形となっています。

　法的には，新株予約権の無償発行に際して，既存株主は当該割当ての効力発生日に新株予約権者となります（会278，279）。

2　ライツ・オファリングの発行者側の会計処理

　現金を対価として付与される新株予約権については，その払込価額を新株予約権として計上することとされていますが（複合金融商品適用指針4），無償発行については明示的な定めはありません。ライツ・オファリングは，報酬と

して新株予約権が付与されるものではなく，ストック・オプション会計基準の適用範囲には含まれないことが考えられます。このため，複合金融商品適用指針第4項の定めを考慮し，払込価額がないことより，ライツ・オファリングに際して，特段会計処理を行わないことが考えられます。

3　ライツ・オファリングの取得者側の会計処理

　新株予約権を取得したときは，有価証券の取得として処理することとされています（複合金融商品適用指針7）。金融資産の当初認識は時価によるとされているため（金融商品会計実務指針29），この定めを形式的に当てはめると，無償取得した新株予約権を時価（市場価格）により認識することになります。このとき，資産として認識された新株予約権（投資有価証券）の相手勘定は，経済的価値のあるものを無償で取得したことによる利得を認識するために収益（利益）とするのか，または既存の株式の価値が移転したと考えて株式の取得原価を減額するかのいずれかの処理となります。

　しかしながら，ライツ・オファリングは既存株主に一律に交付されるものであり，一定の企業価値を株式と新株予約権で分け合うものである（ライツ・オファリングによって本質的な企業価値は変化しない）ことから，上記のいずれの処理も適切ではないと考えられます。このとき，前述のようにライツ・オファリングによって，一定の企業価値を株式と新株予約権で分け合うものである点に鑑みて，株式と新株予約権の時価の比率によって，株式の取得原価を分割して，新株予約権（投資有価証券）の取得原価とすることが考えられます。

Q5-6 新株予約権付社債の会計処理

Q	新株予約権付社債の会計処理について教えてください。
A	新株予約権付社債は，転換社債型か転換社債型以外かにより処理が異なります。 転換社債型については，発行者は区分法または一括法により，取得者は社債に準じて一括法により会計処理を行います。 転換社債型以外については，発行者，取得者とも区分法により会計処理を行います。

解 説

　新株予約権付社債は，転換社債型か転換社債型以外かにより処理が異なります。具体的には，金融商品会計基準の具体的な要件にあてはまるものを，転換社債型新株予約権付社債，あてはまらないものを転換社債型以外の新株予約権付社債として会計処理が定められています（金融商品会計基準112）。

　転換社債型については，発行者は区分法または一括法により，取得者は社債に準じて一括法により会計処理を行い，転換社債型以外については，発行者，取得者とも区分法により会計処理を行います。

1．新株予約権付社債の概要

　新株予約権付社債とは，新株予約権を付した社債をいいます（会2㉒）。新株予約権付社債権者は，会社の業績が低調なときには，社債権者として安全な地位にとどまり，逆に，会社の業績が好調なときには，新株予約権を行使して，株主として高配当受領や株価の上昇など有利な地位を得ることができます。

　このように，新株予約権付社債は，取得者にとっては，投資の利便性があります。一方，発行会社側では，出資者の募集や転換による社債利息負担の軽減などにより資金調達を有利に進めることができます。

第5章　新株予約権　　　*117*

2．会計上の新株予約権付社債の分類

　金融商品会計基準では，社債部分と新株予約権部分を区分して会計処理することを原則としながら，以下の要件を満たす新株予約権付社債を転換社債型新株予約権付社債とし，満たさないものを転換社債型新株予約権付社債以外の新株予約権付社債と定義して，前者については社債と新株予約権を一体として処理する一括法による処理も認めています。

---

(1)　募集事項において，社債と新株予約権がそれぞれ単独で存在し得ないこと
(2)　新株予約権が付された社債を当該新株予約権行使時における出資の目的とすること（会236Ⅰ②，③）をあらかじめ明確にしていること

　具体的には，転換社債型新株予約権付社債については社債と新株予約権が実質的に一体のものとみられるため，区分して処理する必要性は乏しいとして，発行者側では区分法だけではなく，一括法での処理を行うことができるとし，取得者側では，社債の取得に準じて一括法で処理を行うこととしています（金融商品会計基準36から39，112，113。図表5-11参照）。

図表5-11　新株予約権付社債の会計処理

	転換社債型		転換社債型以外
発行者	区分法	いずれかの処理	区分法
	一括法（設例5-5参照）		
取得者	一括法		区分法

3．新株予約権付社債の会計処理

(1)　転換社債型新株予約権付社債の場合

　転換社債型新株予約権付社債の場合，発行者側では，次頁の図表5-12のいずれかの方法により会計処理を行います（複合金融商品適用指針18，19）。

| 図表 5-12 | 転換社債型新株予約権付社債の会計処理方法 |

処理	説　　明
一括法	転換社債型新株予約権付社債の発行に伴う払込金額を，社債と新株予約権の対価部分に区分せず，普通社債の発行に準じて処理する方法
区分法	社債と新株予約権の払込金額を区分し，社債は普通社債の発行に準じ，新株予約権は新株予約権としての会計処理を行う方法

　新株予約権の行使時に新株を発行する場合において，一括法を適用するときには当該転換社債型新株予約権付社債の帳簿価額を資本金等に振り替えます。区分法を適用するときには，社債の対価部分（帳簿価額）と新株予約権の対価部分（帳簿価額）の合計額を資本金等に振り替えます。自己株式を充当する場合は，自己株式を募集株式の発行等の手続により処分する場合に準じて会計処理を行います。

| 設例 5-5 | 転換社債型新株予約権付社債の会計処理（一括法） |

（前提条件）

① 　転換社債型新株予約権付社債を発行した。額面総額5,000，払込金額4,500（割引発行）。一括法で処理する。

② 　上記の転換社債型新株予約権付社債のすべてについて行使され，新株を発行した。転換価格は5,000。転換時の社債の帳簿価額は4,700。社債利息は考慮しないものとする。

（会計処理）

＜発行時＞

（借）現 金 預 金	4,500	（貸）社　　　　　債	4,500

＜権利行使時＞

（借）社　　　　　債	4,700	（貸）資 　本 　金	(※)4,700

（※）　権利行使により増加する資本金の額は，当該社債の帳簿価額に基づき算定します。

第5章　新株予約権　　*119*

　なお，取得者側は一括法により社債に準じて処理し，新株予約権を行使した時に株式に振り替えることになります（複合金融商品適用指針20）。

(2)　転換社債型新株予約権付社債以外の場合

　転換社債型以外の新株予約権付社債の場合は，発行者側，取得者側のいずれも，区分法で処理することになります（複合金融商品適用指針21，22）。

　つまり，通常の新株予約権付社債の場合，社債の対価部分と，新株予約権の対価部分に分けることができると考えられるため，それぞれを区分して処理することが合理的であると考えられます。取得者側は，社債と新株予約権に分け，それぞれの区分の方法に従って会計処理を行います。

4．実務上の論点（区分法による場合の新株予約権部分と社債部分の金額の算定方法）

　区分法による場合は，新株予約権付社債の払込金額について新株予約権の対価部分と社債の対価部分の金額を算定する必要があります。

　発行者側では，具体的には以下のいずれかの方法により算定を行います（金融商品会計基準（注15）1）。

> (1)　社債および新株予約権の払込金額またはそれらの合理的な見積額の比率で配分する方法
> (2)　算定が容易な一方の対価を決定し，これを払込金額から差し引いて他方の対価を決定する方法

　取得者側でも上記のいずれかの方法により対価の区分を行うことになりますが，保有社債および新株予約権に市場価格がある場合には，その比率によって社債と新株予約権を区分することができます（金融商品会計基準（注15）2）。

Q5-7 企業再編と新株予約権

Q	合併・会社分割・株式交換・株式移転がなされた場合において，消滅会社等ですでに発行されている新株予約権はどうなるかについて教えてください。
A	合併の場合は，消滅会社の新株予約権を合併の効力発生日に消滅するものとし，存続会社の新株予約権または金銭を交付します。 会社分割の場合は，分割契約書の定めによりますが，定めにより，分割会社の新株予約権が消滅し承継会社の新株予約権が交付されます。 株式交換・移転の場合は，完全親会社となる株式会社は，株式交換契約（移転計画）において完全子会社の新株予約権者に対して当該新株予約権に代わる当該株式交換・移転親会社の新株予約権を交付します。

解 説

　企業再編が起こった場合，合併消滅会社等の新株予約権についてどのように取り扱うかについては会社法上の規定に従います。

1．合併の場合

　合併により存続会社または新設会社は，消滅会社の権利義務を包括的に承継することになりますが，消滅会社の新株予約権を承継すると，消滅した会社の株式の交付義務を承継することになり，存続会社と消滅会社の株式交付条件等が異なるなど不都合が生じます。

　そこで，会社法では吸収合併消滅会社の新株予約権は合併の効力発生日に消滅するとし（会750Ⅳ），吸収合併契約書において，吸収合併存続会社の新株予約権または金銭を交付することとして，合併契約書に以下の事項を定めるものとしています（会749Ⅰ④）。

(1)　消滅会社の新株予約権者に対して存続会社の新株予約権を交付するときは，当該新株予約権の内容および数またはその算定方法，交付する新株予約権が新株

予約権付社債であるときは、存続会社が当該社債に係る債務を承継する旨および社債の種類、種類ごとの金額またはその算定方法
(2) 消滅会社の新株予約権者に対して金銭を交付するときは、当該金銭の額またはその算定方法
(3) 交付する新株予約権が新株予約権付社債であるときは、承継株式会社が当該社債に係る債務を承継する旨および社債の種類、種類ごとの金額またはその算定方法

2. 会社分割の場合

会社分割の場合には、合併と異なり分割会社は存続するため、分割会社が発行した新株予約権をどのように承継するかは分割契約書の定めによります。この定めにより、分割会社の新株予約権が消滅し、承継会社の新株予約権が交付されます。この場合には吸収分割契約書に以下の事項を定めるものとされています（会758Ⅰ⑤）。

(1) 分割承継株式会社の新株予約権の交付を受ける分割株式会社の新株予約権者の有する新株予約権の内容
(2) (1)の新株予約権者に対して交付する承継株式会社の新株予約権の内容および数またはその算定方法

3. 株式交換・株式移転の場合

株式交換の場合は、完全子会社の新株予約権に係る義務を完全親会社が承継すると、当該新株予約権に基づき完全子会社の株式を交付することになり、完全親子会社関係が崩れるという不都合が生じます。

このため、会社法では、株式交換によって完全親会社となる株式会社（株式交換完全親株式会社（会768Ⅰ①））は、株式交換契約において完全子会社の新株予約権者に対して当該新株予約権に代わる当該株式交換完全親株式会社の新株予約権を交付する場合には、以下の事項を定めるものとしています（会768Ⅰ④）。

(1) 株式交換完全親株式会社の新株予約権の交付を受ける株式交換完全子会社の新

株予約権（株式交換契約新株予約権）の内容
(2) 株式交換契約新株予約権者に対して交付する株式交換完全親株式会社の新株予約権の内容および数またはその算定方法
(3) 交付する新株予約権が新株予約権付社債であるときは，株式交換完全親株式会社が当該社債に係る債務を承継する旨および社債の種類，種類ごとの金額またはその算定方法

　株式移転についても，株式移転計画において同様に定められています（会773Ⅰ⑨）。

4．新株予約権の買取請求権

　新株予約権の内容に，合併等の行為が行われた場合に存続会社等の新株予約権を交付する定めがある新株予約権について，その条件に合致しない新株予約権を交付された保有者には，公正な価格で買取請求することができる権利が付与されています（会787Ⅰ）。

Q5-8 　新株予約権に係る税務上の取扱い

Q	新株予約権の税務上のポイントについて教えてください。
A	株式取得者（法人）が有利発行で取得した場合には，時価と取得価額の差額について益金として課税されます。 一定の要件を満たすことにより，取得者（個人）への税制優遇（繰延課税制度）である税制適格ストック・オプションとして発行を行うことができます。 税制非適格ストック・オプションでは，権利行使時に発行法人で損金算入が可能ですが，源泉徴収義務が生じるので注意が必要です。

第5章　新株予約権　　*123*

解 説

1．新株予約権発行者側の税務

(1)　発行時

　新株予約権の発行は，資本取引に準ずる取引として法人税の課税関係は生じません。すなわち，有利発行と不利発行のいずれの場合においても，新株予約権の時価と払込金額との差額は損金または益金とならないとされています（法法54の２Ⅴ）。

(2)　権利行使時

　新株予約権の権利行使に伴う新株の発行または自己株式の処分についても，いずれも税務上は資本等取引として認識されるため，課税関係は生じません。

2．新株予約権取得者側（法人）の税務

(1)　発行時

①　時価発行の場合

　新株予約権取得者が法人の場合で，時価発行されている場合には，法人税の課税関係は生じません。

　これは，新株予約権は有価証券に該当するため，税務上は有利発行の場合を除き，払込金額（付随費用がある場合は，当該費用を加算した金額）で認識されるためです（法令119Ⅰ②）。

②　有利発行の場合

　新株予約権取得者が法人の場合で，当該新株予約権が有利発行される場合には，当該時価と取得価額（有利発行）との差額が税務上受贈益として認識されるため，当該受贈益に対して課税されます。

　これは，有利発行の場合の税務上の新株予約権の取得価額が，その取得の時において通常要する価額（時価）と規定されており（法令119Ⅰ④），時価で認識されているためです。具体的には，税務上は以下の仕訳が認識されます。

| (借) 新 株 予 約 権 | ×××　(貸) 現 金 預 金 | ××× |
| | 受贈益（益金） | ××× |

(2)　権利行使時

①　時価発行の場合

　新株予約権の権利行使時においては，取得する株式の取得価額は新株予約権の税務上の帳簿価額および権利行使に伴う払込金額の合計金額になり（法令119Ⅰ②），課税関係は生じません。

②　有利発行の場合

　前述の「(1)②　有利発行の場合」のとおり，新株予約権の権利行使時においては，取得する株式の取得価額は新株予約権の税務上の帳簿価額および権利行使に伴う払込金額の合計金額となります（法令119Ⅰ②）。取得時に益金として課税されているため，権利行使時には特段課税関係は生じません。

(3)　期末保有時

　新株予約権を期末時まで保有した場合の税務上の評価について，新株予約権は有価証券に該当することから，税務上の有価証券の評価の規定が適用されることになります。具体的には，売買目的有価証券に該当する場合は，評価損益は税務上の益金または損金の額として算入され，それ以外の場合は帳簿価額で評価されます（法法61Ⅲ①，②）。

3．税制適格ストック・オプション（個人取得者）

(1)　税制適格ストック・オプションとは

　ストック・オプションは，法人に対してではなく，報酬として従業員等（個人）に付与されます。ストック・オプションを付与された従業員等は，権利行使時（＝株式取得時）に課税されると，株式取得による支出と権利行使による経済的利益（＝市場で買うより安く購入できる）に対して課税される税金支出の双方の支出が必要となります。権利行使（株式取得）時に通常の株式取得支出以外に多額の納税資金（キャッシュ）が必要になってしまうことがあり，ス

トック・オプションの効果が薄れてしまうことになります。

そこで，税務上は，一定の要件を備えて発行したストック・オプションについては，権利行使時の課税を株式売却時まで繰り延べる優遇制度が認められています。

この課税繰延措置の適用対象となるストック・オプションのことを「税制適格ストック・オプション」といいます。

(2) 税制適格ストック・オプションの要件

税制適格ストック・オプションの要件の1つとして付与対象者が取締役・従業員等に限定されており，オーナー社長等の大口株主（上場会社等の場合は発行済株式総数の10分の1超を保有する株主，未上場会社の場合は発行済株式総数の3分の1超を保有する株主）に対する付与には適用することができません。

また，権利行使期間到来日以後の年間の権利行使価額の合計額は1,200万円までといった制約があります。当該価額は時価ではなく権利行使価額であり，さらに，累計で1,200万円を超えたときに権利行使した行使額すべてが非適格となります。

具体的には図表5-13の要件を満たして発行する必要があります。

図表5-13　税制適格の主な要件（措法29の2）

---

① 付与対象者が新株予約権割当契約締結日において以下の者であること
　(ア) 取締役，執行役および従業員（監査役，会計参与，会計監査人は対象外）
　(イ) 発行済株式総数の50%超を直接または間接に保有する法人の取締役，執行役または使用人
　　　　ただし，大口株主（＝上場会社等の場合は発行済株式総数の10分の1超を保有する株主，未上場会社の場合は発行済株式総数の3分の1超を保有する株主）および大口株主の特別関係者を除く。
② 会社法の規定に基づき無償で発行されたもの
③ 新株予約権割当契約において以下の要件が定められていること
　• 年間（暦年）権利行使可能額が1,200万円までであること
　• 譲渡できないこと
　• 権利行使可能期間が付与決議の日後2年を経過した日から10年を経過する日までであること
④ 付与契約締結日の時価以上の権利行使価額が定められていること

> **ここ注意！**
>
> 　持株数の多いオーナー社長等は，税制適格ストック・オプションの要件を満た
> さないケースが多くなります。

(3) 税制適格ストック・オプションの効果

　税制適格ストック・オプションは主に以下の効果があります。

> ① 　新株予約権権利行使による株式取得者への課税が権利行使時の経済的利益に
> 　　対してではなく，株式売却時にまとめて行われる（課税の繰延効果）。
> ② 　特に株式取得時に課税された場合，売却収入のない段階での課税となり取得
> 　　者に多額の現金負担が生じるが，税制適格ストック・オプションでは，株式売
> 　　却時の課税のため，現金収入時に納税を行うことができる。
> ③ 　株式の売却時に課税されることにより累進課税制度（住民税と合わせると最
> 　　高55％）の給与所得（所得税）ではなく（図表 5 -14参照），税率が一定（20％）
> 　　である譲渡所得として課税される（図表 5 -15参照）。

図表 5 -14　　所得税の税率区分（平成30年 4 月 1 日現在）

課税される所得金額	税率	控除額
195万円以下	5 ％	0 円
195万円を超え　　330万円以下	10％	97,500円
330万円を超え　　695万円以下	20％	427,500円
695万円を超え　　900万円以下	23％	636,000円
900万円を超え　1,800万円以下	33％	1,536,000円
1,800万円を超え 4,000万円以下	40％	2,796,000円
4,000万円超	45％	4,796,000円

図表 5 -15　　譲渡所得の税率区分（株式等を譲渡したときの課税 （申告分離課税）。平成30年 4 月 1 日現在）

区　　分	税　　率
上場株式等に係る譲渡所得等（譲渡益）	20％（所得税15％，住民税 5 ％）
一般株式等に係る譲渡所得等（譲渡益）	20％（所得税15％，住民税 5 ％）

（注）　平成25年から令和19年（2037年）までは，復興特別所得税として各年度の基準所得税額の2.1％を所得税と併せて申告・納付することになる。

(4) ストック・オプション（税制適格・非適格）と発行会社の税務

　税務上は，個人から受ける役務提供の対価として新株予約権を発行した場合の役務提供に係る費用については，所得税法等によりストック・オプションを取得した個人に給与所得課税が課される場合に限り，その課税事由が生じたときに，ストック・オプション発行法人においてその役務提供が行われたものとして，法人税法の規定が適用される（損金処理）ことになります（法法54①）。

　税制適格ストック・オプションの場合は，取得者側で給与所得課税がなされないため，発行者側では損金算入は認められません。

　一方，税制非適格ストック・オプションでは，取得者の権利行使日に給与所得課税が生じるため，ストック・オプション発行法人では権利行使日に損金算入が認められます（図表 5-16参照）。

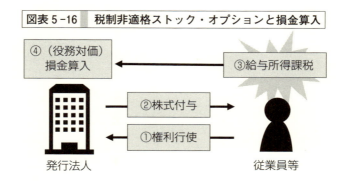

　また，税制非適格ストック・オプションの発行法人は，権利行使時には給与所得（賞与）に対する源泉徴収義務を負います。通常の賞与ならば，会社から従業員等に金銭の支払があるため天引きによる所得税の徴収および税務署への納付が可能ですが，税制非適格ストック・オプションの場合は，金銭の支払がないため従業員等が会社に所得税の支払を行う必要が生じます。このため，従業員等が納税資金を用意できない場合には，発行会社が一時的に源泉所得税を立て替えて税務署に納付することが必要になるので注意が必要です。

第6章

自己株式

Point

- 自己株式に関する取引は，会計上，税務上ともに資本取引として認識され，損益を増減させる取引としては認識されません。
- 自己株式に関する取引は，会社法，金商法上の制限（財源規制やインサイダー規制など）を多く受けるため，関連するルールにも注意を払う必要があります。
- 自己株式に関する開示については，会社法上，金商法上いずれも注記が必要となります。特に，金商法上は後発事象に該当するケースがあるため，注意が必要です。

Q6-1 自己株式の取得

Q
自己株式の取得にあたり，基本的な会計処理および会社法上の留意点について教えてください。

A
自己株式の取得については，利害関係者保護の観点から会社法上一定のルールを設けています。
会計処理は，有償取得の場合と無償取得の場合とで異なります。

解説

　自己株式とは，会社が自社の発行した株式を自ら取得し保有している場合に，その保有されている株式のことをいいます。なお，英語の"Treasury Stock"から金庫株といわれることがありますが，会社法上は「自己株式」と呼ばれます。

　現在，自己株式の取得，保有については一定の財源規制のもとでさらに柔軟な取扱いが可能となりました（後述の「Q6-4　自己株式の戦略的活用方法」参照）。

1．株主総会における決議

　会社が自己株式を株主との合意により有償で買い受けるには，一定の例外（会155）を除き，以下について株主総会の決議を行う必要があります（会156Ⅰ）。

---
(1) 取得する株式の数
(2) 取得と引換えに交付する金銭等の内容およびその総額
(3) 株式を取得できる期間

　この決議は普通決議で行うことができ（会309Ⅰ），臨時株主総会でも可能です。

　特定の株主から自己株式を取得する場合には，上記決定と併せてその旨を決議する特別決議が必要となります（会160Ⅰ，309Ⅱ②）。この場合，特定の株

主以外の株主に対して事前に，特定の株主にその株主をも加えたものを株主総会の議案とすることを請求することができる旨を通知する必要があります（会160Ⅱ）。また，自己株式の取得の対価の総額は，その効力発生日における分配可能額を超えることができない（いわゆる財源規制。会461Ⅰ②，③）点にも留意が必要です。

2．取締役会における決議

株主総会で上記の取得の枠を決定した後，以下の個別の取得について取締役会（監査等委員会設置会社や指名委員会等設置会社の場合，取締役や執行役への委任可能。会399の13Ⅴ柱書き本文，416Ⅳ柱書き本文）で決定します（会157Ⅰ）。

(1) 取得する株式の数
(2) １株の取得と引換えに交付する金銭等の内容およびその数もしくは額またはその算定方法
(3) 取得と引換えに交付する金銭等の総額
(4) 譲渡しの申込みの期日

上場会社は，市場取引または公開買付の場合に限り，定款で取締役会決議により自己株式の取得ができる旨を定めておけば，取締役会決議による自己株式の取得が認められています（会165Ⅱ）。

3．自己株券買付状況報告書

上場株券等の発行者は，株主総会で決議または定款授権に基づく取締役会の決議が行われると，毎月「自己株式の買付状況の報告書」を内閣総理大臣宛に提出しなくてはなりません（金商法24の6Ⅰ）。この買付状況報告書は買付を行わなかった場合にも提出を要することとなっているため，毎月報告書を提出することに留意する必要があります。

4．自己株式の取得に係る会計処理（有償取得の場合）

自己株式の取得は，対価が金銭の場合は対価を支払うべき日に認識し，対価が金銭以外の場合は対価が引き渡された日に認識します（自己株式等適用指針

5本文)。

取得した自己株式は，取得原価をもって純資産の部の株主資本から控除します（自己株式等会計基準7）。自己株式の取得に係る仕訳は以下のとおりになります。

（借）自　己　株　式	×××	（貸）現　金　預　金	×××
営 業 外 費 用	(※)×××		
（付 随 費 用）			

（※）　自己株式を取得する際に生じた付随費用は損益取引と考え，自己株式の取得原価には含まないことに注意が必要です（自己株式等会計基準14）。

会社法において，自己株式取得の方法は市場買付以外にも，取得条項付株式の取得や譲渡制限株式の取得等多数ありますが，これらの取得の方法によって会計処理を区別することはせずに，すべて同様の会計処理を行うこととしています（自己株式等会計基準33）。

期末に保有する自己株式は，純資産の部の株主資本の末尾に自己株式として一括して控除する形式で表示します（自己株式等会計基準8）。

5．自己株式の取得に係る会計処理（無償取得の場合）

自己株式を無償で取得した場合，自己株式の数のみの増加として処理します（自己株式等適用指針14）。特段の会計処理は発生しませんが，1株当たり当期純利益の計算等の際，自己株式の数に含めることに注意が必要です。

第6章　自己株式　　*133*

Q6-2　自己株式の処分

Q	自己株式の処分に関する基本的な会計処理，および会社法上の留意点について教えてください。
A	会社法上は，自己株式の処分について「募集株式の発行等」という概念に統合し，原則として同一の手続によることとされています。 会計上は，自己株式の処分は株主資本の増減取引と考え，損益には反映させない点がポイントとなります。

解説

　会社法上は，自己株式の処分について「募集株式の発行等」という概念と原則として同一の手続によることとされています。自己株式の処分によれば，通常の新株発行手続と比較するとコストが少なく済み，機動的かつ経済的な資金調達が可能となるというメリットがあります。

1．会社法上の留意点

　会社が自己株式を処分する際には，株主総会の特別決議により以下の事項を決定する必要があります（会199Ⅰ，Ⅱ，309Ⅱ⑤）。

(1)　処分する株式の数
(2)　処分する株式の払込金額またはその算定方法
(3)　金銭以外の財産を出資の目的とする旨ならびに出資する財産の内容および価額
(4)　払込期日または期間

　上場会社の場合，上記の決定を取締役会決議によって行います（会201Ⅰ）。

　市場価格のある株式の場合，価格が日々変動することから，上記(2)の「払込金額またはその算定方法」の決定に代えて適当な払込金額の決定の方法を定めれば足りるとされています（会201Ⅱ）。また，原則として株主総会の決議が不要であることから，株主への差止請求（会210）の機会を与えるべく，株主への募集事項の通知またはこれに代わる公告が求められています（会201Ⅲ，Ⅳ）。

２．自己株式の処分に係る会計処理

(1) 通常の処分の場合

　自己株式を処分した場合には，自己株式の処分対価と帳簿価額の差額が自己株式処分差益または自己株式処分差損となります（自己株式等会計基準５，６）。自己株式処分差益はその他資本剰余金に計上し，自己株式処分差損はその他資本剰余金から減額します（自己株式等会計基準９，10）。

　自己株式の処分は，対価の払込期日（払込期間を定めた場合には出資が履行された日）に認識し（自己株式等適用指針５また書き），自己株式の処分原価は移動平均法など会社の定めた計算方法に従って，株式の種類ごとに算定します（自己株式等会計基準13）。また，自己株式を処分する際に生じた付随費用については，営業外費用として処理します（自己株式等会計基準14）。

　この場合の仕訳は，以下のとおりになります。

（借）現 金 預 金	×××	（貸）自 己 株 式	×××
営 業 外 費 用 （付 随 費 用）	×××	その他資本剰余金 （自己株式処分差益）	×××

　自己株式処分差損をその他資本剰余金から減額した結果，その他資本剰余金の残高が負の値となった場合，会計期間末においてその他資本剰余金をゼロとし，当該負の値をその他利益剰余金（繰越利益剰余金）から減額します（自己株式等会計基準12）。これは，その他資本剰余金が株主からの払込資本のうち，資本金および資本準備金に含まれないものであるため，会計期間末においてその他資本剰余金の残高が負の値になることを防ぐ趣旨です（後述の第８章「Ｑ８-10　その他資本剰余金がマイナスの場合」参照）。

(2) 新株の発行と同時に自己株式を処分した場合

　新株の発行と同時に自己株式を処分した場合，以下の算式により計算した金額を自己株式処分差損益とします（自己株式等適用指針11，会計規14）。

（払込金銭の額＋払込財産の給付価額）×｛自己株式処分数÷（自己株式処分数＋募集株式発行数）｝－自己株式の帳簿価額

　この場合，自己株式の処分は前述の「(1)　通常の処分の場合」と同様，対価

の払込期日（払込期間を定めた場合は出資が履行された日）に認識します（自己株式等適用指針5また書き）。払込期日前日までに受領した自己株式の処分の対価相当額について，前述の処分の認識を行うまでは，純資産の部において株主資本の控除とされている自己株式の直後に，自己株式申込証拠金の科目をもって表示します（自己株式等適用指針6）。

この場合の仕訳は，以下のとおりになります。

（借）現 金 預 金	×××	（貸）資　　本　　金[※]	×××
		自 己 株 式	×××
		その他資本剰余金	×××
		（自己株式処分差益）	

（※）　払込資本はすべて資本金とする前提。

(3)　新株予約権の行使に伴う自己株式の交付による処分の場合

新株予約権の行使に伴う新株予約権者への自己株式の交付による処分の場合，以下の算式により計算した金額を自己株式処分差損益とします（会計規17）。

（行使時における新株予約権の帳簿価額＋払込金銭の額＋払込財産の給付価額）×｛自己株式処分数÷（自己株式処分数＋募集株式発行数）｝－自己株式の帳簿価額

この場合の自己株式処分差損益の取扱い，認識のタイミングは前述の「(2) 新株の発行と同時に自己株式を処分した場合」と同様になります（自己株式等適用指針12，13)。

Q6-3 自己株式の消却

Q	自己株式の消却に関する会計処理，および会社法上の留意点について教えてください。
A	会社は保有する自己株式を任意に消却することが可能ですが，会社法上，取締役会決議が，取締役会を設置していない場合は株主総会の決議が必要となります。 会計処理については，消却手続完了時に自己株式の帳簿価額をその他資本剰余金から減額します。

解 説

　会社は，取得した自己株式について，取得目的を問わず，また，期限・数量が限定されることなく任意に消却することができます。

1. 会社法上の留意点

　会社は，自己株式を取得目的を問わずにいつでも消却することができます（会178Ⅰ前段）。自己株式の消却により生じる効果の例として以下が挙げられます。

- 1株当たり利益率の改善
- 配当利回りの上昇
- 敵対的買収のリスク低減

　自己株式を消却するには，消却する自己株式の数を決定する必要があり（会178Ⅰ後段），取締役会設置会社の場合，当該決定は取締役会決議によることとされています（会178Ⅱ）。監査等委員会設置会社や指名委員会等設置会社の場合，取締役や執行役への委任も可能です（会399の13Ⅴ柱書き本文，416Ⅳ柱書き本文）。

　株式の消却は，株主名簿の変更（株券がある場合はその破棄）によって効力を生じるとされています（東京地裁平成2年3月29日判決）。

第6章　自己株式　*137*

　自己株式を消却した場合，発行可能株式総数（会37Ⅰ）の枠が消費されてしまうわけではなく，総数自体に変動は生じません（会184Ⅱ等反対解釈）。その結果，消却により発行可能株式数は増加することになります。

　消却後には，消却によって減少した分の発行株式数の変更を登記する必要があります（会911Ⅲ⑨，915Ⅰ）。

２．自己株式の消却に係る会計処理

　自己株式を消却した場合には，消却手続が完了した時，消却の対象となった自己株式の帳簿価額をその他資本剰余金から減額します（自己株式等会計基準11）。自己株式の消却によるその他資本剰余金の減額の結果，その他資本剰余金の残高が負の値になった場合の取扱い，自己株式の消却時の帳簿価額，自己株式の消却に関する付随費用の取扱いについては，前述の「Ｑ6-2　自己株式の処分」と同様の取扱いをすることとされています（自己株式等会計基準12から14）。

　なお，自己株式を消却した際の仕訳については，以下のとおりとなっています。

（借）　その他資本剰余金　　　　×××　（貸）　自　己　株　式　　　　×××

ここ注意！

　自己株式の取得・処分・消却取引は株主資本の増減取引と考え，損益には反映させません。

　一方で，上記自己株式に係る取引において生じた付随費用については損益取引と考え，上記自己株式の取得原価等に含めない点にご留意ください。

Q6-4 自己株式の戦略的活用方法

Q	自己株式を戦略的に活用する方法を教えてください。
A	自己株式は，法制度の改正を重ね，現在は原則自由に取得・処分ができることとなりました。その立法趣旨は，企業組織の再編を機動的に進めることを目的としたものとされています。

解 説

　自己株式の取得および保有をなるべく自由に行えることを認めることによって，組織再編に際して行わなければならない新株発行に代え，会社の保有する自己株式を割り当てることができ，新株発行による発行済株式総数の増加による1株当たり利益の減少や配当コストの増加が避けられるというメリットがあります。

　これを含め，自己株式の活用方法には以下のものが挙げられます。

1．株式の需給関係の調整

　例えば，金融機関と持ち合っていた自社株式が，持合い解消により市場に放出されると，需給バランスの不均衡から株価の下落のおそれがありますが，自社株式を発行会社が取得することによって受け皿機能となり，需給関係の安定化につながり，株価下落を防ぐことができます。

　一方で，会社に自己株式を取得する資金余裕があり，現在の株価水準も割安であることを，会社が投資家等にアピールする効果もあります。

2．財務戦略（ROE，EPS等の向上，企業買収の防衛策等）

　株式の持合い先や大株主が株式を売却することにより，株価低迷のみならず，自社が敵対的買収の標的になる可能性が生じます。自己株式の取得については，取得目的が限定されないことから，一時的に会社が自己株式を取得することにより，敵対的買収の防止策として利用することができます。

　自己株式を取得すると株主資本のマイナスとして会計処理されるため，自己

資本利益率（ROE）が向上します。また，自己株式は1株当たり当期純利益（EPS）の計算における分母の株式数から差し引かれるため，EPSも上昇させ，財務指標の向上につながります。

3．会社再編における株式の付与（代用自己株式）

合併・会社分割・株式交換等の企業の組織再編において，新株の発行に代えて保有する自己株式を割り当てることが可能となりました。新株を発行すると発行済株式総数が増加するので，1株当たりの価値が希薄化し，会社にとっては配当や株式管理コストの負担が増加しますが，これに代えて自己株式を交付することにより，そのような負担増なしで機動的に企業再編を進めることができます。

4．新株予約権の行使に伴う自己株式の交付による利用

自己株式の取得時点では，その目的・用途は明らかにする必要がないため，比較的株価の低い有利な時期に自己株式を取得しておき，新株予約権の行使時に新株の発行に代えて自己株式を交付することにより，自己株式方式のストック・オプション等の利用が行いやすくなっています。

5．相続対策

相続発生前に自己株式の取得が可能となったため，事業承継対策として活用することが可能となりました。また，相続において非公開株式についても物納が認められたため，発行会社による取得の可能性が生じます。

6．任意整理への活用

任意整理で100％減資を行う場合，株主全員の同意が必要と解釈されていました[1]。しかし，実務上，株主全員の同意を得る煩雑性や，迅速性に欠けるとの観点から，全部取得条項付種類株式を利用することにより，株主総会の特別決議によって自己株式を取得することが可能となり（会171），任意整理を容易

1　稲葉威雄ほか『実務相談　株式会社法〈5〉』（商事法務研究会，1993年）125～131頁

に行うことが可能となります。

7．日本版ESOPへの活用

　企業収益の株主還元対策としての自社株買いが普及した現在，日本における
上場会社の自己株式保有割合は高まっていますが，そのような場合に日本版
ESOPのような制度（後述の第10章「Q10-6　日本版ESOPの内容と会計処
理」参照）を用いて，自己株式を有効に活用することも可能となります。

Q6-5　公開買付制度

Q	公開買付けにより自己株式を取得することを考えています。公開買付制度の概要について教えてください。
A	公開買付けとは，不特定多数の者に対し，公告により株券等の買付けの申込みの勧誘を行い，有価証券市場外で株券等の買付けを行うことをいいます。上場会社が株主との合意により自己株式を取得する場合，市場取引による取得か，公開買付けによる取得のいずれかによる方法で自己株式を取得することになります。

解　説

　公開買付けとは，不特定多数の者に対して，公告により株券等の買付けの申
込みの勧誘を行い，有価証券市場外で株券等の買付けを行うことをいいます。
この制度は，すべての株主に会社への売却機会を与え得るとともに，取引の透
明性を高め，かつ，一般投資家に適切に取得情報が開示されるといった点で優
れた制度となっています。

1．公開買付制度とは

　有価証券報告書を提出すべき発行者の株券等に対する，取引所有価証券市場
における有価証券等の売買等（特定売買等を除きます）による買付け等以外の

買付け等は，原則として公開買付けによらなければなりません（金商法27の2
Ⅰ）。この場合も，通常の自己株式取得の際と同様，株主総会の普通決議に
よって自己株式を取得することが可能ですが，定款で市場取引により自己株式
を取得することを取締役会決議で定めることができる旨を規定していた場合，
取締役会決議で取得することが可能です（会165Ⅱ，Ⅲ）。

2．公開買付手続

　公開買付けによる自己株式の取得に際しては，金商法上，以下の手続が要求
されています（金商法27の22の2Ⅱ）。

---

① 　公開買付開始公告および公開買付届出書の提出（金商法27の3）
② 　公開買付説明書の作成および交付（金商法27の9）
③ 　応募株券の数の公告および公開買付報告書の提出（金商法27の13）

　公開買付けによる自己株式の取得の場合，発行者以外の者による公開買付け
と同様，一般株主から幅広く買付けを行うために，取引所における価格に一定
のプレミアムを上乗せする必要があります。一方で，発行者以外の者による公
開買付けとは異なり，強制公開買付規制（金商法27の2Ⅰ）は存在しないため，
市場取引による自己株式の取得には特段の制約がなく，通常は市場取引が利用
されています。
　したがって，公開買付けは，特定の株主からの買付けを他の株主の参加なし
に確実に実施したい場合に，取引所における価格を下回る買付価格で実施する
ことが多いです。

3．上場会社等以外の会社における公開買付け類似の制度

　会社法ではすべての株主に取得価額等の事項を通知・公告して，株主からの
譲渡の申込みを受けて取得する方法が用意されています（会158）。
　この制度を利用することにより，上場会社等以外の会社（株式を公開してい
ない会社）においても，機動的な自己株式の取得ができることが期待されてい
ます。

Q6-6 自己株式の取得制限と取締役の責任

Q
自己株式の取得に関して会社法上，取締役の責任が明記されていると聞きましたが，その内容について教えてください。また，金融商品取引法におけるインサイダー取引規制についても教えてください。

A
自己株式取得にあたり，株主の利益を守るために会社法では財源規制が設けられています。このルールに反して自己株式の取得が行われた場合，取締役は連帯して損害賠償責任を負うことになります。
また，金融商品取引法においては，自己株式取得の際に遵守すべき相場操縦防止措置が定められています。

解 説

　自己株式の有償取得の場合は，会社からお金が流出してしまうため，分配可能額を超えた払戻しが行われることを防止するために，財源の規制が定められています。つまり，自己株式取得の対価として交付される金銭等の総額は，前述の分配可能額の範囲内でなければならないというルールが，財源規制に当たります。

　また，金融商品取引法においても遵守すべき相場操縦防止措置が定められており，さまざまな視点から株主の利益を保護するルールが定められています。

1．自己株式の取得限度額および取締役等の責任

　原則として，自己株式取得にあたり株主に対して交付する金銭等の帳簿価額の総額は，取得の効力発生日における分配可能額（後述の第8章「Q8-5 分配可能額」参照）を超えてはいけません（会461Ⅰ）。分配可能額とは，基本的には，剰余金の額等の合計額から自己株式の帳簿価額等の合計額を減じて算定される額をいい，最終事業年度の貸借対照表から算出される分配可能額から自己株式取得時までの分配可能額の増減を反映させます（会461Ⅱ）。ここでの「分配可能額の増減」には当期の期間損益は含みませんが，臨時決算を行うことにより期間損益を反映させることも可能です。

第6章　自己株式　143

　財源規制がある自己株式の取得は，以下のとおりです（会461 I，166 I，170 V）。

---

(1)　譲渡制限株式の譲渡承認をしない決定をしたときの自己株式の取得の場合
(2)　子会社からの取得，または市場取引等での自己株式の取得の場合
(3)　(2)に定める以外の株主との合意による自己株式の取得の場合
(4)　全部取得条項付種類株式の取得の場合
(5)　相続人に対する売渡し請求による自己株式の取得の場合
(6)　所在不明株主の株式を買い取る場合
(7)　株式の端株を買い取る場合
(8)　取得請求権付株式の取得の場合
(9)　取得条項付株式の取得の場合

　この財源規制に違反し，会社が分配可能額を超えて自己株式の買取りをした場合，その行為を行った業務執行者は，連帯して会社に対し，交付した金銭等の帳簿価額に相当する金銭を支払う義務（損害賠償責任）を負います（会462）。また，自己株式取得等の行為があって，会社に結果として欠損が生じた場合は，注意を怠らなかったことを証明しない限り，業務執行者は連帯して欠損を賠償する責任を負います（会465）。

　なお，会社法第461条の規定とは別に，反対株主の買取請求（会116）により自己株式を取得する場合の規定があり，支払った金銭の額が分配可能額を超えるときは，取締役等は連帯してその超過額を支払う義務を負うこととされています（会464）。

2．インサイダー取引規制

　金融商品取引法において，自己株式の取得に関する決議が「重要事項」としてインサイダー取引規制の対象となっています（金商法166 I，II①ニ）。また，自己株式の取得または処分の際に遵守すべき相場操縦防止措置が設けられています（金商法15，162の2）。これらの罰則規定として，インサイダー取引規制については，5年以下の懲役もしくは5百万円以下の罰金（またはこれを併科）となっており（金商法197の2），自己株式取得・処分に係る相場操縦防止措置については，30万円以下の過料となっています（金商法208の2③）。

　さらに，ディスクロージャー関係として「自己株券買付状況報告書」の1か

月ごとの提出が求められています（金商法24の6）。

Q6-7 自己株式に係る税務上の取扱い

Q	自己株式に関する税務上の論点について教えてください。
A	税務上，自己株式に係る取引は，株主に対する資本の払戻しと考えるため，資本等取引と整理されています。 場合によってはみなし配当と呼ばれる金額が生じることがあり，利益積立金額の調整や，受取配当等の益金不算入額の計算対象となることがあります。

解 説

　自己株式に係る取引は株主に対する資本の払戻しとして，資本等取引と整理されており，原則的には発行法人の課税所得の計算には影響を及ぼしません。

1．自己株式の取得に係る税務上の処理

(1) 相対取引による自己株式取得の場合

　相対取引による自己株式取得時の処理は，交付金銭等の額のうち，資本金等の額（第1章「Q1-7　純資産の部に係る税務上の取扱いの基礎」参照）からなる部分である資本の払戻額（取得資本金額）が別表五(一)「Ⅱ　資本金等の額の計算に関する明細書」において資本金等の額から減額されるとともに，資本の払戻額を超える金額はみなし配当となり，利益積立金額を減少させます（法令8Ⅰ⑳，9Ⅰ⑭）。これを式で表すと，以下のとおりとなります。

$$取得資本金額＝取得直前の1株当たり資本金等の額\left(\frac{資本金等の額}{発行済株式総数}\right)×取得自己株式数$$

　当該取引は資本の払戻しとして整理されていることから，自己株式の購入手数料などの取得費用については損金算入が認められます。

第6章　自己株式　　*145*

(2)　**種類株式発行会社の場合**

　前述の第4章「Q4-6　種類株式発行会社における税務上の取扱い」にて詳しく説明しています。

2．自己株式の処分に係る税務上の処理

(1)　**有償で譲渡した場合**

　譲渡対価は資本金等の額の増加として取り扱います（法令8Ⅰ①）。

(2)　**無償で交付した場合**

　特段の処理はありません（法令8Ⅰ①リ）。

(3)　**新株予約権の行使に伴う自己株式の交付の場合**

　新株予約権の帳簿価額および行使時に払い込まれた金銭の額ならびに金銭以外の資産の価額の合計額を資本金等の額の増加として取り扱います（法令8Ⅰ②）。

3．自己株式の消却に係る税務上の処理

　前述の「1．自己株式の取得に係る税務上の処理」で述べたとおり，自己株式の取得は資本の払戻しとされているため，自己株式を消却した場合は，特段税務上の仕訳は発生しません。したがって，取得した自己株式を消却する段階でも，税務上は資本金等の額，利益積立金額に変動は生じません。

4．自己株式の低廉取得（無償取得を含む）の税務上の処理

(1)　**譲受法人の税務処理**

　前述の「1．自己株式の取得に係る税務上の処理」で述べたとおり，自己株式の取得は，株主に対する資本の払戻しとして，資本等取引と整理されています。また，交付金銭等の額のうち，資本金等の額からなる部分の金額（取得資本金額）を法人税申告書別表五(一)の「Ⅱ　資本金等の額の計算に関する明細書」において資本金等の額から減額するとともに，取得資本金額を超える部分の金額は株主側でみなし配当となり，利益積立金額を減少させます（法令8Ⅰ

⑳，9Ⅰ⑭）。

　低廉取得（無償取得を含みます）である場合，交付金銭等の額（取得価額）が時価よりも低く，取得資本金額の計算結果が交付金銭の額（取得価額）を上回ることが考えられます。この場合，取得資本金額が超過額分を減算した額とされており，取得資本金額と交付金銭の額（取得価額）が等しくなります。

　自己株式の実際の取得額と資本金等の額および利益積立金額の減少額の関係を示したのが図表6-1になります。

図表6-1　　自己株式，資本金等の額，利益積立金額の関係

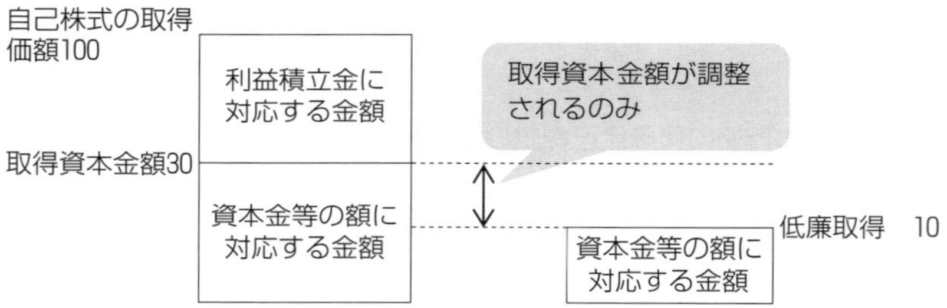

自己株式の取得
価額100

| 利益積立金に対応する金額 |
| 取得資本金額が調整されるのみ |

取得資本金額30

| 資本金等の額に対応する金額 |

低廉取得　10

| 資本金等の額に対応する金額 |

　例えば，図表6-1の場合，自己株式を時価よりも低額の10で取得したとしても，取得資本金額（資本金等の額に対応する金額部分）は交付金銭等の額10となります。

　自己株式の低廉取得の場合には，実際に交付した金銭の額をもって資本金等の額を減算するとされており，発行法人側では受贈益を認識しません。これは，有利発行による新株発行（増資）の手続と整合的に規定されています。

　しかし，この規定を逆手に取り，時価と異なる価額で自己株式を取得することについて経済合理性を欠いた取引まで受贈益課税が免除されるわけではありません。経済的な利益供与を意図する取引においては，取引の実態，取引当事者の意図等に基づき判断されるべきと考えられます[2]。

(2)　譲渡法人の税務処理

　低廉譲渡の場合，譲渡する株式（移転資産）の時価と譲渡対価（受入資産）

2　諸星健司『事例詳解　資本等取引をめぐる法人税実務（四訂版）』（税務研究会出版局，2017年）117〜118頁

の時価との差額は，発行会社との間に完全支配関係がない限り，寄附金で処理します。

図表6-2のとおり，自己株式の譲渡対価の額（移転資産の時価）からみなし配当金額を控除した金額を譲渡収入としますが（法法61の2Ⅰ②），みなし配当金額は，移転資産の時価ではなく，受入資産の取得価額から資本金等相当額を控除することで計算されます。

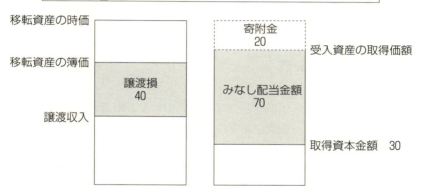

図表6-2　譲渡法人側の譲渡対価の額，みなし配当金額の関係

原則的には，発行会社と売主との取引であり，資本等取引として取り扱われるため発行会社では受贈益を認識しませんが，低廉譲渡の場合，売主である株主から売主以外の株主に経済的利益が移転することから，株主間の取引として処理される可能性があります。その際，経済的利益を受けた法人株主には受贈益課税がなされ，経済的利益を与えた法人株主についても，株式の無償譲渡による受贈益課税がなされる可能性があります。

結果的に経済的利益の移転が認められた場合，経済合理性のある取引であったとしても課税リスクがあることに留意すべきです。

> **ここ注意！**
>
> みなし配当の税務調整は，実務上，漏れやすい論点となっています。
> 自己株式に係る取引が発生した際には，みなし配当の発生の有無や税務調整で必要な項目が漏れていないか，確認が必要です。

Q6-8 自己株式に関する開示

Q	会社法上および金商法上，要求されている自己株式に関する開示について教えてください。
A	会社法上，金商法上ともに，株主の投資判断に資する情報を開示する必要があります。特に，金商法上では後発事象の注記となり得る点にも注意が必要です。

解 説

1．会社法における開示

(1) 事業報告における注記

　事業報告の株式会社の株式に関する事項において，旧商法第211条の3第1項第2号の規定により，定款の規定に基づく取締役会の決議により買い受けた当該株式会社の自己株式（子会社から買い受けたものは除きます）がある場合，以下の事項（旧商法第211条の3第4項の規定に基づく定時株主総会への報告事項）を，その他株式会社の株式に関する重要な事項（会施規122Ⅱ）として記載する必要があることに留意が必要です（会施規原始附則8）。

取締役会の決議前に終結した最終の定時株主総会の終結後に買い受けた自己株式について
① 買受けを必要とする理由
② 株式の種類
③ 株式の数
④ 取得価額の総額

(2) 株主資本等変動計算書における注記

　年度末における自己株式の数（種類株式発行会社にあっては，種類ごとの自己株式の数）を株主資本等変動計算書に関する注記として開示します（会計規105②）。

第6章　自己株式　　*149*

⑶　後発事象の注記

　期末日後に重要な自己株式の取得，処分，消却またはこれらに係る決議をした場合，個別注記表および連結注記表において，翌事業年度以降の財産または損益に重要な影響を及ぼす事象に該当するときには，後発事象の注記の対象となることに留意する必要があります（会計規114）。

２．有価証券報告書の開示

⑴　提出会社の状況

　当事業年度および当事業年度の末日の翌日から有価証券報告書提出日までの期間（以下「当期間」といいます）における自己株式の取得等の状況について，自己株式の取得の事由および株式の種類ごとに記載することとされています。なお，株主総会決議または取締役会決議による自己株式を取得することができる取得期間またはその一部が当事業年度または当期間に含まれる場合には，株主総会決議または取締役会決議による自己株式の取得が行われていないときであっても記載することとされています（開示府令第三号様式（記載上の注意）㉘）。

　実際には，「第一部　第4【提出会社の状況】」の「2【自己株式の取得等の状況】」にて記載されることとなります。

⑵　株主資本等変動計算書

　株主資本等変動計算書において，自己株式の種類ごとに，当期首および当期末の自己株式数，ならびに当期に増加または減少した自己株式数を記載することが求められています（連規78①，財規107Ⅰ①）。連結株主資本等変動計算書に開示する自己株式数は以下の合計によります。

- 親会社が保有する自己株式の株式数
- 子会社または関連会社が保有する親会社株式または投資会社の株式の株式数のうち，親会社または投資会社の持分に相当する株式数

　さらに，自己株式の種類ごとに変動事由の概要を記載することも必要です（連規78②，財規107Ⅰ②）。

150

　なお，連結財務諸表を作成している場合には，個別財務諸表における注記を必要としません（財規107Ⅱ）。

(3) 後発事象の注記

　期末日後に重要な自己株式の取得，処分，消却またはこれらに係る決議をした場合，有価証券報告書における開示後発事象の例示項目として挙げられているため，後発事象の注記の対象となる可能性があることに留意する必要があります（連規14の９，財規８の４，監査・保証実務委員会報告第76号「後発事象に関する監査上の取扱い」［付表２］開示後発事象の開示内容の例示）。開示後発事象のイメージとしては，図表6-3のようになります。

図表6-3　後発事象注記（期末日後に自己株式取得の決議をした場合）

　当社は，X1年５月X日開催の取締役会において，会社法第165条第３項の規定により読み替えて適用される同法第156条の規定に基づき，自己株式を取得することを決議いたしました。

```
1．理由
   経済情勢の変化に対応した機動的な経営を行うため
2．取得する株式の種類：普通株式
3．取得する株式の数：XXX株
4．株式取得価額の総額：XXX百万円
5．自己株式取得の期間：X1年６月X日からX1年11月X日まで
6．取得方法：○○取引所における市場買付
```

第7章

準 備 金

Point

- 準備金には，資本としての性質を有する資本準備金と利益としての性質を有する利益準備金があります。

- 資本準備金と利益準備金はともに株主資本を構成する剰余金の一部である点や，剰余金の配当時に法律に基づいて積立てが強制されるといった点で共通します。一方，資本準備金は株主からの払込資本であり，利益準備金は会社が獲得した利益の留保分である点で相違します。

- その他資本剰余金とその他利益剰余金から配当された場合の資本準備金と利益準備金は，配当原資の割合に応じて計上します。

Q7-1 準備金の概要

Q 準備金の概要について教えてください。

A 準備金には、資本としての性質を有する資本準備金と、利益としての性質を有する利益準備金があります。

解 説

貸借対照表の純資産の部に計上される準備金には、資本剰余金の一項目である資本準備金と利益剰余金の一項目である利益準備金があります。

1. 準備金の概要

純資産の部の項目のうち株主資本項目として、会社法上、積立てが強制される項目に準備金があります。準備金は物的会社である株式会社の財政的基礎を確保し、債権者を保護するために積立てが強制され、取崩しには一定の要件が設けられています。

準備金は、資本としての性質を有する資本準備金と、利益としての性質を有する利益準備金に大別されます（図表7-1参照）。

図表7-1 準備金の分類

2. 資本準備金の定義

準備金のうち、資本的な活動に対して積み立てられる準備金を資本準備金といい、資本剰余金の一項目とされています。

資本準備金は資本性の準備金であり、会社法では、以下の場合による積立てによって構成されています。

(1) 株主から払い込まれた金額のうち，資本金として計上しない株式払込剰余金が発生した場合（会445Ⅲ）
(2) 資本金を減少させて準備金を計上する場合（会447Ⅰ）
(3) その他資本剰余金を減少させて準備金を計上する場合（会451Ⅰ）
(4) その他資本剰余金の配当により準備金を積み立てる場合（会445Ⅳ）
(5) 合併・吸収分割・新設分割・株式交換・株式移転に際して計上される場合（会445Ⅴ）

3．利益準備金の定義

　準備金のうち，会社の利益に関する活動に対して積み立てられる準備金を利益準備金といい，利益剰余金の一項目とされています。

　利益準備金は利益性の準備金であり，会社法上，以下の場合による積立てによって構成されています。

(1) その他利益剰余金を減少させて準備金を計上する場合（会451Ⅰ）
(2) その他利益剰余金（繰越利益剰余金）の配当により準備金を積み立てる場合（会445Ⅳ）

Q7-2　各準備金の共通点および相違点

Q	資本準備金と利益準備金の共通点および相違点について教えてください。
A	資本準備金と利益準備金はともに株主資本を構成する剰余金の一部である点や，剰余金の配当時に法律に基づいて積立てが強制されるといった点で共通します。 一方，資本準備金は株主からの払込資本であり，利益準備金は会社が獲得した利益の留保分である点で相違します。

解　説

　資本準備金は，企業活動の元手である払込資本に属するものである一方，利

益準備金は企業活動の成果である留保利益に属するものであり，両者の性質は大きく異なります。

1．資本準備金と利益準備金の共通点および相違点

　資本準備金と利益準備金はともに資本を構成する剰余金の一部である点や，剰余金の配当時に法律に基づいて積立てが強制されるといった点で共通します。

　しかし，両者は株主資本の項目内で払込資本に属するものなのか，利益に属するものなのかという性質によって，明確に区別されます。

2．会社法と会計基準における資本準備金と利益準備金

　そもそも資本は株主の拠出した資本である払込資本と，払込資本を運用して獲得した留保利益（利益剰余金）とに大別され，払込資本は資本金と資本金に組み入れられなかった部分である資本剰余金に分類されます。会社法ではこれらの剰余金を準備金と（狭義の）剰余金に分類しています（図表7-2参照）。

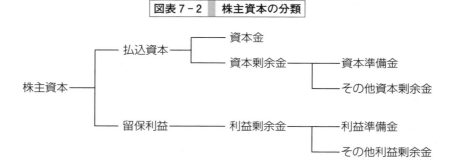

図表7-2　株主資本の分類

　従来，資本性の剰余金と利益性の剰余金は，払込資本と払込資本を利用して得られた成果を区分する考えから，原則的に混同されないようにされてきました（企業会計原則注解（注2））。

　自己株式等会計基準第19項においては，資本剰余金の利益剰余金への振替は原則として認めないこととされています。また，純資産の部会計基準第28項においても，「同じ株主資本でも株主が拠出した部分と利益の留保部分を分けることは，配当制限を離れた情報開示の面からでも従来から強い要請があった」

とされ，「株主資本は，資本金，資本剰余金及び利益剰余金に区分する」（純資産の部会計基準5）とされています。

　会社法においても考え方は同様で，その他資本剰余金を減少させて準備金を増加させる場合には，資本準備金を増加させることが規定されており（会451，会計規26Ⅰ②），その他利益剰余金を減少させて準備金を増加させる場合には，利益準備金を増加させることが規定されています（会451，会計規28Ⅰ）。

　以上の共通点および相違点をまとめると，図表7-3のようになります。

図表7-3　資本剰余金と利益剰余金の共通点および相違点		
	資本剰余金	**利益剰余金**
共　通　点		
性質	純資産の部を構成する科目である。	
積立て時	配当を行う場合および剰余金から準備金へ振り替える場合に，積み立てられる。	
取崩し時	原則として，株主総会決議に基づき取り崩される。	
相　違　点		
性質	株主からの払込資本である。	会社が獲得した利益の留保分である。
積立ての原資	積立ては株主からの払込資本を原資とする。	積立ては会社が獲得した留保利益を原資とする。

156

Q7-3 準備金の増加（積立て）

Q	準備金の増加（積立て）および会計処理について教えてください。
A	資本準備金の積立ては以下のケースによります。 (1)株式払込剰余金による積立て，(2)資本金の減少に伴う準備金の積立て，(3)その他資本剰余金からの振替による積立て，(4)その他資本剰余金の配当に伴う積立て，(5)組織再編に伴う積立て 利益準備金の積立ては以下のケースによります。 (1)その他利益剰余金からの振替による積立て，(2)その他利益剰余金（繰越利益剰余金）の配当に伴う積立て その他資本剰余金とその他利益剰余金から配当された場合の資本準備金と利益準備金は，配当原資の割合に応じて計上します。

解 説

　資本準備金と利益準備金の積立てについては，会社法により規定されています。会計処理については複雑なものはありませんが，積立原資については払込資本と留保利益の区別の要請から厳密に区分することが必要となります。

1．準備金の積立て

　前述の「Q7-1　準備金の概要」で述べたように，資本準備金と利益準備金の積立ては会社法上，強制されています。具体的には以下のとおり規定されています。

2．資本準備金の積立ての会計処理

(1) 株式払込剰余金による積立て

　設立や増資時に株主から払い込まれた株式の発行価額のうち，2分の1を超えない範囲で資本金として計上しないことが認められていますが，資本金として計上されなかった金額（株式払込剰余金）は資本準備金として計上すること

第 7 章　準備金　　*157*

が強制されます（会445Ⅱ，Ⅲ）。

設例 7 - 1　株式払込剰余金による積立ての会計処理

（前提条件）

　増資により100の払込みを受け，払込金額のうち，資本金に組み入れない額を50
とした。なお，払込期日はX1年 6 月30日であり，当該日に払込みが行われた。

（会計処理）

＜効力発生日（X1年 6 月30日）＞

（借）現　金　預　金	100	（貸）資　　本　　金	50
		資 本 準 備 金	50

---

(2)　資本金の減少に伴う準備金の積立て

　会社法では，株主総会の決議により，資本金の額を減少し，その全部または
一部を資本準備金とすることができます（会447Ⅰ②，会計規26Ⅰ①）。払込資
本と留保利益を区別する目的から，取り崩した資本金は資本剰余金（資本準備
金またはその他資本剰余金）に計上されます。また，資本金の減少に伴う資本
剰余金の増加は，株主総会決議により定めた効力発生日に効力が発生します
（会447Ⅰ③）。

　なお，資本準備金とされなかった部分は，その他資本剰余金（資本金減少差
益）として計上されることとなっています（会計規27Ⅰ①）。ただし，資本金
の額を減額しその他資本剰余金に振り替える場合には，配当などにより株主へ
会社財産が流出し，債権者が自らの債権を回収できる可能性が減少することと
なります。

　このため，債権者保護の観点から，資本金の減少については債権者が異議を
述べることができるとされています（会449）。

設例 7 - 2　資本金の減少に伴う準備金の積立ての会計処理

（前提条件）

　A社は，X1年 6 月の株主総会において，資本金の額100を減少し，50を資本準

備金，50をその他資本剰余金とすることを決議した。なお，債権者保護手続の完了
は7月31日である。

(会計処理)

＜効力発生日（X1年7月31日）＞

| （借）資　本　金 | 100 | （貸） | 資 本 準 備 金 | 50 |
| | | | その他資本剰余金 | 50 |

(3)　その他資本剰余金からの振替による積立て

　　会社法では，株主総会の決議により，剰余金の額を減少して，準備金の額を
増加させることができます（会451Ⅰ，Ⅱ）。ただし，払込資本と留保利益の区
分は企業会計の原則となっていますので（企業会計原則注解（注2）），資本準
備金の増加はその他資本剰余金からの振替によるものに限定されています（会
451Ⅰ①，会計規26Ⅰ②）。なお，剰余金の減少に伴う準備金の増加は，株主総
会決議により定めた効力発生日に効力が発生します（会451Ⅰ②）。

設例7-3　その他資本剰余金からの振替による積立ての会計処理

(前提条件)

　　A社は，X1年6月の株主総会において，その他資本剰余金100を準備金に組み入
れること，および効力発生日を6月30日とすることを決議した。

(会計処理)

＜効力発生日（X1年6月30日）＞

| （借）その他資本剰余金 | 100 | （貸） | 資 本 準 備 金 | 100 |

(4)　その他資本剰余金の配当に伴う積立て

　　配当可能な剰余金の配当を行う際に，企業の資本的基盤を確保し債権者保護
を図るため，分配にあたり一定の制限が置かれています（会461Ⅰ⑧）。

第7章　準備金　　*159*

　具体的には，減少する剰余金の額に10分の1を乗じて得た額を準備金として計上することが強制されています（会445Ⅳ，会計規22Ⅰ）。

　また，基準資本金額（資本金額の4分の1）に達するまで，会社法第446条第6号に掲げる額（①配当財産の帳簿価額の総額，②金銭以外の財産により配当を行うときに，金銭分配請求権の行使により，金銭を交付する場合の合計額，③金銭以外の財産により配当を行うときに，一定未満の株式を有する株主に対して金銭を交付する場合の合計額）の10分の1を乗じた額を準備金として積み立てることが強制されています。

　この場合の資本準備金と利益準備金の割振りは，資本剰余金（利益剰余金）配当割合によることとされていますが，これは会社法第446条第6号に掲げる額のうち，会社が配当の財源として減少させることを決めたその他資本剰余金（繰越利益剰余金）の割合によって決定されます。

設例7-4　剰余金からの配当に伴う積立ての会計処理

前提条件

① 　A社は，X1年6月28日の株主総会において，以下の配当決議を行った。
- その他資本剰余金からの配当額　200
- 繰越利益剰余金からの配当額　　800
- 配当の効力発生日は6月29日とする。

② 　配当を決議した期の資本金および準備金の金額は，資本金1,000，資本準備金100，利益準備金100とする。

会計処理

＜配当決議日（X1年6月28日）＞

（借）　その他資本剰余金	210	（貸）　未 払 配 当 金	200
		資 本 準 備 金	10

（借）　繰越利益剰余金	840	（貸）　未 払 配 当 金	800
		利 益 準 備 金	40

　なお，各準備金の積立額は以下の計算式に基づいています。

- 準備金積立限度額計算

① （その他資本剰余金配当額200＋繰越利益剰余金配当額800）×$\frac{1}{10}$＝100（A）

② 資本金1,000×$\frac{1}{4}$＝250

　250－資本準備金100－利益準備金100＝50（B）

積立限度額A＞B ∴50

（積立限度額はA，Bの金額のうち低いほうをとるため，50となります）

- 各準備金積立額計算

資本準備金積立額：50÷配当総額1,000×その他資本剰余金配当額200＝10

利益準備金積立額：50÷配当総額1,000×繰越利益剰余金配当額800＝40

(5) 組織再編に伴う積立て

　合併・吸収分割・新設分割・株式交換・株式移転等の組織再編に際して，取得企業（合併存続会社等）が新株を発行または自己株式を処分した場合に，どの株主資本項目（資本金，資本準備金またはその他資本剰余金）を増加させるかは，会社法（会社計算規則）の規定に基づき決定することになります（企業結合・事業分離適用指針79，80）。

　具体的には，会社法（会社計算規則）の範囲内で組織再編に伴う払込資本のうち，増加する株主資本の範囲内で合併契約等により資本準備金とする旨を定めた金額について資本準備金が増加します。

　なお，合併に伴う準備金の増加は，合併契約により定めた効力発生日にその効力が発生します（会749Ⅰ⑥）。

設例7-5　組織再編に伴う積立ての会計処理

（前提条件）

① 被取得会社（合併消滅会社）の貸借対照表項目は，資産100，負債50，資本50とし，帳簿価額と時価が同額であると仮定する。

② 合併消滅会社株主に交付される株式の額（時価）は50とする。

③ 合併存続会社は，合併契約により増加すべき株主資本の内訳を資本金20，資本準備金20，その他資本剰余金10とした。

④ 合併契約による効力発生日はX1年7月1日とした。

第7章　準備金　　*161*

合併存続会社の会計処理
＜効力発生日（X1年7月1日）＞

（借）	資 産	100	（貸）	負 債	50
				資 本 金	20
				資 本 準 備 金	20
				その他資本剰余金	10

３．利益準備金の積立て

⑴　その他利益剰余金からの振替による積立て

　会社法においては，資本準備金と同様に，利益剰余金についても，株主総会の決議により，剰余金の額を減少して準備金の額を増加させることができます。

　ただし，利益準備金の増加額はその他利益剰余金からの振替によるものに限定されています（会451Ⅰ①，会計規28Ⅰ）。

　なお，剰余金の減少に伴う準備金の増加は，株主総会決議により定めた効力発生日に効力が発生します（会451Ⅰ②）。

設例7-6　その他利益剰余金からの振替による積立ての会計処理

前提条件

　A社は，X1年6月の株主総会において，その他利益剰余金100を準備金に組み入れること，および効力発生日を6月30日とすることを決議した。

会計処理

＜効力発生日（X1年6月30日）＞

| （借） | その他利益剰余金 | 100 | （貸） | 利 益 準 備 金 | 100 |

⑵　その他利益剰余金（繰越利益剰余金）の配当に伴う積立て

　配当に伴う準備金の積立ては，資本準備金と同様，利益準備金についても行われます（会445Ⅳ，会計規22Ⅱ）。積立限度額の規定については，資本準備金

と同様となっています。また，資本準備金と利益準備金の割振りについても，
同様の処理をすることが求められています。

これは，配当という会社財産の流出に伴う準備金の積立てであっても，払込
資本と留保利益を明確に区別するために行われているものです。仕訳例につい
ては前述の設例7-4をご参照ください。

ここ注意！

　資本剰余金からの配当による資本準備金の積立て，および利益剰余金からの配
当による利益準備金の積立てのいずれも，その限度額は資本金の4分の1とされ
ており，当該限度額を超過しないように留意する必要があります。

Q7-4 準備金の減少と自己株式の取得

Q	株主総会で準備金の減少決議を行い，準備金の取崩額を原資に自己株式の取得を行う予定ですが，どのような点に留意すればよいでしょうか。
A	準備金減少の効力発生日と自己株式取得の効力発生日は異なることから，両取引を同時に行うことはできません。ただし，準備金の減少について，債権者保護手続を終了した場合には，当該日から次期定時株主総会までに，準備金の減少額を原資として自己株式を取得することは可能です。

解　説

　準備金の減少と自己株式の取得は別々に考える必要があります。つまり，組
み合わせた処理を行い得ないということが重要です。これは，準備金の減少の
効力発生日と自己株式の取得決議を行う株主総会が同時期にならないためです。

　準備金の減少は株主総会の決議に基づく必要があります。ただし，準備金減
少の効力発生は，株主総会決議だけでなく，債権者保護手続の完了も要件とさ
れているため，株主総会決議の後に公告および知れたる債権者への通知を行っ
た上で，初めて準備金が減少され，剰余金として取り扱うことができるように

なります。

　一方，自己株式の取得については，株主総会の決議があれば行うことができます。また，定款で市場取引等により自己株式の取得を取締役会の決議によって行うことができる旨を規定することで，取締役会決議のみで自己株式を取得することもできます（図表7-4参照）。

図表7-4　準備金の減少と自己株式の取得の要件の違い

準備金の減少	株主総会決議＋債権者保護手続
自己株式の取得	株主総会決議

　以上より，準備金減少の効力発生日と自己株式取得の効力発生日は異なることから，両取引を同時に行うことはできません。ただし，準備金の減少について，債権者保護手続を終了した場合には，当該日から次期定時株主総会までに，準備金の減少額を原資として自己株式を取得することは可能です（図表7-5参照）。

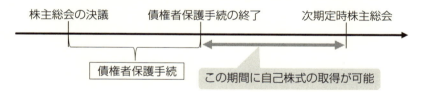

図表7-5　準備金に係る債権者保護手続と自己株式の取得

第8章

剰余金および配当

Point

- 剰余金は会社の純資産額が法定資本の額を超える部分をいいます。
- 資本剰余金と利益剰余金の混同は原則として禁止されています。ただし，その他資本剰余金や利益剰余金が負の残高となった場合に，補てんすることは認められています。
- 剰余金の配当は，分配可能額の範囲内で認められています。金銭のみならず，現物による配当をすることもできます。

Q8-1　剰余金の定義

Q 利益剰余金および資本剰余金はどのような項目により構成されますか。

A 利益剰余金は利益準備金およびその他利益剰余金（任意積立金および繰越利益剰余金）により構成され，資本剰余金は資本準備金およびその他資本剰余金（自己株式処分差益，資本金減少差益および資本準備金減少差益等）により構成されます。

解 説

　剰余金は，資本性の剰余金である資本剰余金と利益性の剰余金である利益剰余金に区分されています（純資産の部会計基準5，27）。

1．資本剰余金の種類

　資本剰余金は，株主等との資本取引から生じた剰余金のことをいいます。資本剰余金は，資本準備金，法律で定める準備金で資本準備金に準ずるものおよびそれ以外であるその他資本剰余金によって構成されます（純資産の部会計基準6(1)）。

　また，その他資本剰余金は，主に，資本金減少差益，資本準備金減少差益および自己株式処分差益により構成されます。項目ごとの内容は，図表8-1のとおりです。

　自己株式の処分については，その経済的実態が新株の発行と同様であり，株主との間の資本取引であることから，自己株式処分差益については株主からの払込資本としての性格を重視し，その他資本剰余金として計上します（自己株式等会計基準9，36から38）。また，自己株式処分差損については，自己株式の取得と処分を一連の取引とみた場合に，払込資本の払戻しと同様の性格を有していると考えられ，さらに，自己株式の処分が新株の発行と同様の経済的実態を有している点を考慮すると，利益剰余金の減少ではなく，資本剰余金の減少と考えられます。このため，自己株式処分差損は，その他資本剰余金から減額することになります（自己株式等会計基準10，39，40）。

第8章　剰余金および配当　　*167*

図表8-1	その他資本剰余金の主な項目および内容

項　目	内　　　容
資本金減少差益	資本金の額を減少させる場合において，減少した資本金の額のうち，資本準備金に計上しなかった金額（会447，会計規27Ⅰ①）
資本準備金減少差益	資本準備金を減少させる場合において，資本金へ組み入れなかった金額（会448，会計規27Ⅰ②）
自己株式処分差損益	自己株式の処分対価から自己株式の帳簿価額を控除した金額（自己株式等会計基準4）。負の値である自己株式処分差損は，その他資本剰余金から減額する（自己株式等会計基準5，6，9，10）。
合併および会社分割等によるその他資本剰余金	合併および会社分割等の組織再編の際の払込資本のうち，資本金または資本準備金とされなかった部分（企業結合・事業分離適用指針79，80，会計規35から39）
持分変動差額（連結のみ）	子会社株式の追加取得または一部売却（支配の喪失を伴わないケース）により生じる持分変動差額（連結会計基準28，29）

　自己株式を消却した場合には，消却手続の完了時に，消却対象の自己株式の帳簿価額をその他資本剰余金から減額します（自己株式等会計基準11）。

　なお，自己株式処分差損および自己株式の消却の影響により，その他資本剰余金が負の値となる場合の処理については，後述の「Q8-10　その他資本剰余金がマイナスの場合」を参照してください。

設例8-1　資本金減少差益の発生

（前提条件）

　資本金の額100を減少させ，資本準備金60を組み入れることをX1年6月28日の株主総会で決議した。なお，債権者保護手続の完了は7月31日である。

（会計処理）

＜効力発生日（X1年7月31日）＞

（借）資　本　金	100	（貸）資　本　準　備　金	60
		その他資本剰余金（資本金減少差益）	40

2．利益剰余金の種類

(1) 利益剰余金の種類および内容

　利益剰余金は，資本取引以外の損益取引から生じた剰余金のことをいいます。利益剰余金は，利益準備金，法律で定める準備金で利益準備金に準ずるものおよびそれ以外であるその他利益剰余金によって構成されます（純資産の部会計基準6(2)）。

　また，その他利益剰余金は，任意積立金と繰越利益剰余金によって構成されます。

　なお，払込資本である資本剰余金と，その払込資本を利用して得られた成果，すなわち留保利益である利益剰余金は，原則的に混同しないことが求められています（自己株式等会計基準19）。

　その他利益剰余金の項目ごとの内容については，図表8-2のとおりとなります。

図表8-2 　その他利益剰余金の項目および内容

項　目	内　容
任意積立金	企業が獲得した留保利益のうち，利益準備金のように法律上積立てが強制されていないものの，社外流出を防ぐために企業が任意で積み立てた金額をいう。 任意積立金には，積立目的を限定した積立金と積立目的を限定していない積立金がある。
繰越利益剰余金	会社が当年度までに獲得した利益のうち，当該会社内に留保されている金額であり，利益準備金や任意積立金として計上されていない金額をいう。なお，当該金額がマイナスの場合にも，繰越利益剰余金の名称により，マイナス（△）の金額で株主資本の部に計上する。

　また，任意積立金の種類としては，例えば，図表8-3のような積立金が挙げられます。

第8章 剰余金および配当 *169*

| 図表8-3 | 任意積立金の主な種類 |

名　称	積立目的
固定資産圧縮積立金	固定資産について圧縮記帳を行う場合に，直接減額方式と同様の効果をもたらすことを目的として積み立てられる金額
配当平均積立金	業績にかかわらず，毎期一定額の配当を行うことを目的として積み立てられる金額
配当準備積立金	将来の配当を行う際の原資とすることを目的として積み立てられる金額
別途積立金	特に目的を設定せず，会社内に利益を留保するために積み立てられる金額

(2) 任意積立金の積立ておよび取崩しに関する法的手続

　任意積立金の積立てや取崩しについては，株主総会決議が必要な場合や取締役会決議のみでも可能な場合があります。

　まず，租税特別措置法上の準備金については，会社法の下で，法人税等の税額計算を含む決算手続として会計処理することになります。具体的には，以下のようになります（株主資本等変動計算書適用指針25なお書き）。

①　当期末の個別貸借対照表に税法上の積立金の積立ておよび取崩しを反映させる。
②　個別株主資本等変動計算書に税法上の積立金の積立額と取崩額を記載する（注記により開示する場合を含む）。
③　株主総会または取締役会で当該財務諸表を承認する。

　租税特別措置法上の準備金のような法令または定款の規定によらない任意積立金の積立てについては，株主総会の決議が必要となります（会452）。

　また，会計監査人設置会社，取締役の任期が1年等の一定の要件を満たしている場合には，定款の定めに従い取締役会の決定により任意積立金を積み立てることができます（会459，会計規153Ⅰ）。

　さらに，株主総会の決議により積み立てた任意積立金について，目的が設定されている任意積立金の目的取崩しについては取締役会決議によることができる一方，目的外取崩しの場合には株主総会の決議が必要となります（会452,

170

459，会計規153 I，II）。

Q8-2　剰余金の変動

Q	剰余金から資本金および準備金への計数の変動について，可能なものと不能なものの内容を教えてください。
A	その他資本剰余金と資本準備金および資本金の計数の変動，その他利益剰余金と利益準備金の計数の変動は可能です。 利益剰余金と資本剰余金の混同は，原則として禁止されています。

解　説

1．剰余金の増加または減少（計数の変動）の内容

　資本剰余金と利益剰余金は，前述の「Q8-1　剰余金の定義」の「2.（1）利益剰余金の種類および内容」にも記載のとおり，払込資本である資本剰余金と，その払込資本を利用して得られた成果，すなわち留保利益である利益剰余金は，原則的に混同しないことが求められています（自己株式等会計基準19）。このため，減資により生じた剰余金はその他資本剰余金として計上し，利益準備金の減少によって生じた剰余金はその他利益剰余金として計上することとされています。剰余金の増加または減少の内容として，法的に可能なものは図表8-4のとおりです。

　なお，その他利益剰余金が負の残高となった場合のその他資本剰余金からの補てんの取扱いについては後述の「Q8-9　繰越利益剰余金がマイナスの場合」を，その他資本剰余金が負の残高となった場合のその他利益剰余金からの補てんの取扱いについては，後述の「Q8-10　その他資本剰余金がマイナスの場合」をご参照ください。

　また，減資等により株主への金銭の払戻しを行う場合は，計数の変動としての資本金および準備金の減少と剰余金の配当手続を並行して行うことになります。

第8章　剰余金および配当　　*171*

| 図表8-4 | 計数の変動 |

振替項目（移動元➡移動先）	根拠条文
資本金➡その他資本剰余金	会447，会計規25Ⅱ，27Ⅰ①
資本準備金➡その他資本剰余金	会448，会計規26Ⅱ，27Ⅰ②
その他資本剰余金➡資本金	会450，会計規27Ⅱ①，29Ⅱ①
その他資本剰余金➡資本準備金	会451，会計規26Ⅰ②，27Ⅱ②
利益準備金➡その他利益剰余金	会448，会計規28Ⅱ，29Ⅰ①
その他利益剰余金➡利益準備金	会451，会計規28Ⅰ，29Ⅱ②

2．剰余金の増加手続

　前述の「1．剰余金の増加または減少（計数の変動）の内容」にも記載のとおり，資本金および準備金を減少させて剰余金を増加させることが可能です。ここで，資本金を減少させるのか，準備金を減少させるのかによって，法的手続が異なります。具体的には次頁の図表8-5のとおりです。

　また，株式会社が株式の発行と同時に資本金および準備金を減少させる場合に，資本金および準備金の減少の効力発生日後の資本金および準備金の額が，効力発生日前の資本金および準備金の額を下回らない場合には，取締役会決議（取締役会非設置会社は，取締役の決定）によることができます（会447Ⅲ，448Ⅲ）。

　なお，資本金および準備金は，会社の財産的基礎を確保し，債権者を保護するために計上されているものです。このため，資本金および準備金が減少する場合には，原則として，一定期間にわたって資本金および準備金の減少に債権者が異議を唱えることができる制度である債権者保護手続が必要になります（会449）。

| 図表8-5 | 剰余金の増加手続 |

減少する項目	手　続	決議事項	制　約
資本金	原則：株主総会特別決議（会309Ⅰ，447） 例外：株主総会普通決議（定時株主総会における欠損填補で，分配可能な剰余金が発生しない場合（いわゆる形式減資））（会309Ⅱ⑨）	• 減少する資本金の額 • 減少する資本金の額の全部または一部を準備金とするときは，その旨および準備金とする額 • 資本金の額の減少がその効力を生ずる日（会447Ⅰ）	減少する資本金の額は，減資の効力発生日の資本金の額を超えてはならない（会447Ⅱ）。
準備金	原則：株主総会普通決議（会448） 例外：取締役会決議（会計監査人設置会社，かつ，監査役会設置会社，かつ，取締役の任期が1年，決算確定時における欠損填補で，分配可能な剰余金が発生しない場合）（会459Ⅰ②）	• 減少する準備金の額 • 減少する準備金の額の全部または一部を資本金とするときは，その旨および資本金とする額 • 準備金の額の減少がその効力を生ずる日（会448Ⅰ）	減少する準備金の額は，準備金の減少の効力発生日の準備金の額を超えてはならない（会448Ⅱ）。

| 設例8-2 | 資本準備金から剰余金への振替 |

（前提条件）

X1年6月28日の株主総会において，資本準備金500を減少させ剰余金に計上する決議が行われ，同時にその他資本剰余金を原資とした配当500を行うことが決議された。なお，債権者保護手続の完了は7月31日である。

（会計処理）

＜効力発生日（X1年7月31日）＞

（借）資本準備金	500	（貸）その他資本剰余金（資本準備金減少差益）	500
（借）その他資本剰余金	500	（貸）未払配当金	500

第8章　剰余金および配当　　*173*

3．剰余金の減少手続

　前述の「1．剰余金の増加または減少（計数の変動）の内容」にも記載のとおり，剰余金を減少させて資本金および準備金を増加させることが可能であり，ともに株主総会の普通決議が必要になります。また，当該株主総会決議において，以下の事項を決定する必要があります（会450，451）。

---

(1)　減少する剰余金の額
(2)　資本金および準備金の額の増加がその効力を生ずる日

ここ注意！

　この場合において，減少する剰余金の額は，当該株主総会の決議日の剰余金の額を超えることはできません（会450Ⅲ，451Ⅲ）。
　なお，前述の「2．剰余金の増加手続」にも記載のとおり，資本金および準備金は，会社の財産的基礎を確保し，債権者を保護するために計上されていますので，剰余金の額を減少させて資本金および準備金を増加させる場合には，分配可能額が減少し，株主は不利益を被りますが，債権者にとっては有利になるため，債権者保護手続は特段求められていません。

174

Q8-3 剰余金の配当に関する留意事項

Q	剰余金を配当する際に法的に留意すべき事項を教えてください。
A	配当の際には，原則として株主総会決議が必要です。また，金銭以外を配当する現物配当を行うことが可能です。 剰余金の配当に伴い，準備金の金額が資本金の額の4分の1に達するまで，剰余金の減少額の10分の1の額について，準備金の計上が求められています。

解 説

1．剰余金の配当に関する決定機関

　株式会社は，その株主（当該株式会社を除きます）に対して，剰余金の配当をすることができます（会453）。また，剰余金の配当は原則として株主総会決議が必要とされ，事業年度中に何度も配当を行うことは可能ですが，その都度株主総会の決議が必要とされています。この場合，以下の事項を当該株主総会の決議により，定めなければなりません（会454Ⅰ）。

(1) 配当財産の種類（当該株式会社の株式等を除く）および帳簿価額の総額
(2) 株主に対する配当財産の割当てに関する事項
(3) 剰余金の配当がその効力を生ずる日

　ただし，取締役会設置会社においては，中間配当を行うことができる旨を定款に定めることにより，1事業年度の途中において1回に限り，取締役会の決議により剰余金の配当を行うことができます（会454Ⅴ）。

　さらに，以下の要件を満たした場合には，株主総会の決議ではなく，取締役会の決議により剰余金の配当を行うことができる旨を定款で定めることができます（会459Ⅰ④）。

① 会計監査人設置会社
② 取締役（監査等委員会設置会社にあっては，監査等委員である取締役以外の

第8章　剰余金および配当　　*175*

取締役）の任期が1年以内
③　監査役会設置会社，監査等委員会設置会社または指名委員会等設置会社

　ただし，最終事業年度に係る計算書類が法令および定款に従い株式会社の財産および損益の状況を正しく表示しているものとして認められる場合に限り，会社法第459条第1項の取締役会の配当決議が可能となります（会459Ⅱ，460Ⅱ，会計規155）。

　なお，前述の要件を満たし，かつ，定款で取締役会にて配当することができる旨を定めている場合においても，株主総会決議により配当を行うことは可能ですが，定款によって，株主総会決議により配当はしない旨を定めることも可能です（会460）。取締役会による配当権限を認めることで取締役会により過度の内部留保または流出することを防止するために，基本的に株主総会による権限を認めていますが，取締役会の決議による機動的な運営を確保するために会社法第460条の規定が定められていると考えられます。

2．現物配当

　剰余金の配当については，金銭の配当のみならず金銭以外の配当，いわゆる現物配当（例えば，子会社株式や自社製品等の交付）も配当財産の種類および帳簿価額の総額を定めることにより可能とされています（会454Ⅰ①）。ただし，当該株式会社の株式等（株式，新株予約権および社債（会107Ⅱ②ホ））については，現物配当の対象財産とすることはできません（会454Ⅰ①）。これは，当該株式会社の株式等について，配当財産の対象とすると，実質的な無償増資と同様になってしまうためであると考えられます。

　また，現物配当をする場合には，現物配当ではなく，金銭での交付を望む株主に対して，金銭分配請求権を与えることもできます（会454Ⅳ）。金銭分配請求権を株主に与えて現物配当をする場合には，原則として株主総会の普通決議が求められ，例外として，前述の「1．剰余金の配当に関する決定機関」にも記載の会社法第459条第1項第4号の要件を満たした場合には取締役会決議により決定することができます。一方で，金銭分配請求権を株主に与えない場合には，株主総会の特別決議が求められています（会309Ⅱ⑩）。

現物配当をする場合において，配当財産の価値や単位によっては，配当財産が端数となってしまう場合が考えられます。このような場合に，会社は一定の数（基準株式数）未満の数の株式を有する株主に対しては，配当財産の割当てをしないことを定めることができます（会454Ⅳ②）。ただし，この場合においても，基準未満の株式数に相当する価値の金銭の支払いをしなければなりません（会456）。

3．剰余金の配当に伴う準備金の計上

剰余金の配当は，株主に対する還元であるとともに，債権者の立場からすれば会社財産の流出にほかなりません。このため，会社の財産的基盤を確保し，債権者を保護するために，剰余金の配当時には，準備金の積立てが必要となります（会445Ⅳ）。なお，準備金の積立てに関する詳細は前述の第7章「Q7-3　準備金の増加（積立て）」をご参照ください。

4．その他実務上の論点（現物配当を行う場合の剰余金の減少処理日）

例えば，X1年6月30日の株主総会で，X1年7月1日に現物配当の効力が生じるその他利益剰余金を配当原資とする現物配当の決議が行われた場合に，その他利益剰余金を減少させる日をX1年6月30日とするのか，X1年7月1日とするのかが問題となります。

法的に，会社が株主に対して配当に係る具体的な債務を負担する時点については，以下の2つの見解があります[1]。

① 配当決議の時点とする見解（配当の効力発生日については，配当の履行時期を定めたものであるとする見解） ② 配当の効力発生時点とする見解

しかし，会計上は上記の法的見解にかかわらず，株主総会で配当決議が行われた時点で，会社は株主に配当を行う義務が生じていることになるため，株主

1　和久友子「会社法下における剰余金の配当に関する会計処理」（『旬刊商事法務』（商事法務研究会），2008年10月5日・15日号）45〜51頁

第8章　剰余金および配当　　*177*

総会の決議日に未払配当金を計上することになると考えられます。ここで，仮に現物配当であったとしても，金銭配当の場合と同様に，株主総会の決議日に株主に対して現物配当財産を交付する義務が生じている点になんら変わりはなく，株主総会の決議日に現物配当の会計処理を行うことになると考えられます。一方，現物配当に伴う準備金の計上については，会社法第445条第4項の「剰余金の配当をする場合」に行うものであるため，配当の効力発生日に計上することになると考えられます。

> **ここ注意！**
>
> 　その他利益剰余金のマイナスは，損失計上によって発生することはあっても，剰余金の配当によって生じることは，通常想定していないと考えられます。このため，例えば株主総会で，任意積立金の取崩決議を行わずに繰越利益剰余金がマイナスとなるような配当を行うことは，実質的には，任意積立金を原資として配当を行っているのと同様と考えられることから，原則として認められないと考えられます[2]。

Q8-4　剰余金の配当に関する会計処理

Q	剰余金の配当に関する具体的な会計処理を教えてください。
A	配当支払側においては，配当を決議した株主総会の効力発生の時点で未払配当金を認識し，配当原資に従い，その他利益剰余金またはその他資本剰余金を減額します。 また，現物配当の場合には，配当財産の時価と帳簿価額との差額を配当の効力発生日に，配当を行った期の損益として認識します。

2　和久友子「会社法下における剰余金の配当に関する会計処理」（『旬刊商事法務』（商事法務研究会），2008年10月5日・15日号）45～51頁

178

解 説

剰余金の配当の会計処理については，配当を行う支払側と配当を受領する受取側で，また，金銭配当か現物配当かで会計処理が異なります。

1．配当支払側の会計処理

(1) 配当財産が金銭の場合

株式会社が配当を行う場合，配当に関する株主総会の決議の時点で会社の債務として認識され，未払配当金等の科目にて計上されることになります。その後，配当の支払時において未払配当金を取り崩し，配当原資たる資産（金銭配当の場合には現金預金）を減額処理します。

設例8-3　金銭配当の支払側の会計処理

前提条件

① X1年6月28日の株主総会において，金銭配当500を行うことを決議した。配当の原資はその他利益剰余金300，その他資本剰余金200である。なお，配当の効力発生日は6月29日である
② X1年7月10日に全額の支払いがなされた。

会計処理

＜配当決議日（X1年6月28日）＞

（借）	その他利益剰余金	300	（貸）	未 払 配 当 金	500
	その他資本剰余金	200			

＜X1年7月10日＞

（借）	未 払 配 当 金	500	（貸）	現 金 預 金	500

なお，配当金に関する株主の請求権の時効は10年とされています（民167Ⅰ）。一方で，実務的には，定款において配当を受領できる期間を3年等とするいわゆる除斥期間を設けているケースもあります。この除斥期間を経過した時には，未払配当金を取り崩し，営業外収益を計上することになると考えられます。

第8章　剰余金および配当　　*179*

> **ここ注意！**
>
> 　未払配当金を取り崩し，営業外収益を計上した場合においても，株主からの配当金の請求を受けた場合に，将来支払う可能性が高い場合においては，①将来の特定の費用または損失であって，②その発生が当期以前の事象に起因しており，③発生の可能性が高く，④金額を合理的に見積ることができる，という引当金の要件を満たす可能性があります（企業会計原則注解（注18），監査・保証実務委員会実務指針第42号「租税特別措置法上の準備金及び特別法上の引当金又は準備金並びに役員退職慰労引当金等に関する監査上の取扱い」1(1)）。

(2)　配当財産が金銭以外の場合

　配当財産が金銭以外の場合には，金銭の場合と異なり，配当財産の時価と帳簿価額に差が生じることになります。このため，配当の効力発生日に，配当財産の時価と帳簿価額との差額を，配当が属する期の損益として配当財産の種類等に応じた表示区分に計上し，配当財産の時価によってその他資本剰余金またはその他利益剰余金（繰越利益剰余金）を減額します（自己株式等適用指針10本文）。また，この際に減額するその他資本剰余金またはその他利益剰余金（繰越利益剰余金）については，取締役会等の意思決定機関で定められた結果に従うことになります（自己株式等適用指針10なお書き）。

　なお，以下のような場合には，配当の効力発生日における配当財産の適正な帳簿価額をもって，その他資本剰余金またはその他利益剰余金（繰越利益剰余金）を減額することとされています（自己株式等適用指針10ただし書き）。

> ①　分割型の会社分割（按分型）
> ②　保有する子会社株式のすべてを株式数に応じて比例的に配当（按分型の配当）する場合
> ③　企業集団内の企業へ配当する場合
> ④　市場価格がないこと等により公正な評価額を合理的に算定することが困難と認められる場合

設例8-4　現物配当の支払側の会計処理

前提条件

①　自社が製造する製品Ａをもって現物配当を行うこととした。原資は全額その他

利益剰余金とする。

② 製品Aの帳簿価額は100，時価は150であった。

会計処理

| （借）　その他利益剰余金 | 150 | （貸）　棚　卸　資　産 | 100 |
| | | 棚卸資産配当益 | 50 |

２．配当受取側の会計処理

(1) 配当財産が金銭の場合

　配当の受取側が金銭による配当を受けた場合には，その配当原資がその他利益剰余金かその他資本剰余金かによって異なります。

① その他利益剰余金の処分による場合

　その他利益剰余金が配当原資の場合には，市場価格のある株式については，各銘柄の配当落ち日（配当権利付き最終売買日の翌日）をもって，未収配当金および受取配当金を計上します。また，市場価格のない株式については，発行会社の株主総会および取締役会等の配当に関する決議の効力が発生した日の属する事業年度に受取配当金を計上します。なお，継続適用を条件として，市場価格がある株式についても，市場価格のない株式と同様の処理をすることが認められています（金融商品会計実務指針94）。

② その他資本剰余金の処分による場合

　その他資本剰余金が配当原資の場合には，配当対象となる有価証券が売買目的有価証券かどうかで会計処理が異なります。

　まず，配当対象となる有価証券が売買目的有価証券以外の有価証券である場合には，原則として配当受領額を配当の対象である有価証券の帳簿価額から減額します（資本剰余金配当処理３）。これは，投資成果の分配と投資そのものである払込資本の払戻しを，配当支払側の配当原資に従って区別することを意図しています。その他資本剰余金は，前述の「Q8-1　剰余金の定義」にも

第8章　剰余金および配当　　*181*

記載のとおり，資本金および資本準備金減少差益ならびに自己株式処分差益等により構成され，その内容は原則として株主からの払込資本です。このため，その他資本剰余金の処分による配当は，基本的には投資の払戻しとしての性格を有しているので，結果的に配当受領額を有価証券の帳簿価額から減額することになります（資本剰余金配当処理10，11）。

　一方で，配当対象となる有価証券が売買目的有価証券である場合については，そもそも売買目的有価証券であれば，期末に時価評価され評価差額が損益計算書に計上されており，配当に伴う価値の低下が期末時価に反映されています。このため，配当の原資にかかわらず収益計上することが適切であり，受取配当金（売買目的有価証券運用損益）として計上することになります（資本剰余金配当処理4，12）。

　なお，配当金の認識時期については，前述の「①　その他利益剰余金の処分による場合」に記載の方法と同様になります（資本剰余金配当処理6）。

　金銭配当の場合の配当受取側の会計処理をまとめると，図表8-6のとおりとなります。

図表8-6　金銭配当の場合の配当受取側の会計処理

配当原資	その他利益剰余金の処分	その他資本剰余金の処分		配当原資が不明な場合
		売買目的有価証券	その他有価証券	
会計処理	受取配当金	受取配当金（売買目的有価証券運用損益）	有価証券の帳簿価額から減額	受取配当金

設例8-5　その他利益剰余金が配当原資の場合の金銭配当の受取側の会計処理

前提条件

① 　A社（3月決算）は金銭配当によりB社（3月決算）から300の配当をX1年4月30日に受領した。原資は全額その他利益剰余金とする。

② 　当該株式の配当落ち日はX1年3月28日であり，配当基準日はX1年3月31日であった。

（会計処理）

＜配当落ち日（X1年3月28日）＞

（借）	未 収 配 当 金	300	（貸）	受 取 配 当 金	300

＜X1年4月30日＞

（借）	現 金 預 金	300	（貸）	未 収 配 当 金	300

設例8−6 その他資本剰余金が配当原資の場合の金銭配当の受取側の会計処理

（前提条件）

① A社（3月決算）は金銭配当によりB社（3月決算）から300の配当をX1年4月30日に受領した。原資は全額その他資本剰余金とする。

② 当該株式の配当落ち日はX1年3月28日であり，配当基準日はX1年3月31日であった。なお，配当対象の有価証券の保有区分はその他有価証券である。

（会計処理）

＜配当落ち日（X1年3月28日）＞

（借）	未 収 配 当 金	300	（貸）	投 資 有 価 証 券	300

＜X1年4月30日＞

（借）	現 金 預 金	300	（貸）	未 収 配 当 金	300

(2) 配当財産が金銭以外の場合

配当財産が金銭以外のものである場合には，交換等の一般的な会計処理の考え方に準じて会計処理することが適当であるとして，当該株主は，原則として，これまで保有していた株式と実質的に引き換えられたものとみなして，被結合企業の株主に係る会計処理に準じて処理することとなっています（事業分離等会計基準52，143，144）。事業分離等会計基準第52項が参照している事業分離

第8章　剰余金および配当　　*183*

等会計基準第35項から第37項は，受取対価が現金等の財産のみである場合の会計処理を定めています。

　ここで，現物配当において，投資先の株式と明らかに異なる財産を受け取った場合には，通常，投資が清算されたとみなされるため，受け取った部分に係る株式の適正な帳簿価額との差額を損益として認識することになります（事業分離等会計基準144）。また，現物配当を実施する投資先が子会社か否かで受領する財産の受入価額に相違が生じます。すなわち，子会社からの配当の場合には，移転前に当該財産に付されていた適正な帳簿価額にて計上し，関連会社およびそれ以外の投資先からの配当については，原則として時価により計上します（事業分離等会計基準14，35，36，52）。そして，現物配当の受領側がこれまで保有していた株式のうち，実質的に引き換えられたものとみなされる額は，分配を受ける直前の当該株式の適正な帳簿価額を合理的な方法によって按分し，算定します（事業分離等会計基準52）。

　現物配当で投資先の株式と明らかに異なる資産を受け取る場合の処理をまとめると図表8-7のとおりです。

図表8-7	現物配当で投資先の株式と明らかに異なる資産を受け取る場合の処理

投資先	受入資産の取得価額	実質的に引き換えられたとみなされる額	差額
子会社	移転前に付された適正な帳簿価額（共通支配下の取引）	分配を受ける直前の当該株式の適正な帳簿価額を合理的な方法によって按分	交換損益を認識
関連会社およびその他の会社	時価		

▶ **ここ注意！**

　当初から現金以外での財産分配を期待している場合や，100%子会社から100%孫会社株式の分配を受け取る場合など，投資が継続しているとみなされるときは，分配された財産の取得価額は，これまで保有していた株式のうち，実質的に引き換えられたものとみなされる額となり，損益は生じません。ただし，投資が継続している場合であっても，投資後に生じた利益の分配など，投資が継続している

とみなされているなかで，当該投資の成果として現金以外の財産の分配が行われた場合には，分配された財産の時価をもって収益計上することが合理的とされています（事業分離等会計基準144）。

設例 8-7　投資先が子会社の場合の現物配当受取側の会計処理

(前提条件)

① 　A社は100％子会社であるB社の株式を保有している。帳簿価額は10,000である。

② 　B社は，土地（帳簿価額1,000，時価3,000）の現物配当を行った。

③ 　B社の簿価純資産は20,000，時価純資産は40,000である。

④ 　B社株式の按分方法は，簿価比により按分する。

(会計処理)

| (借) 土　　　　　地 | 1,000 | (貸) 子 会 社 株 式 | (※)500 |
| | | 交 換 差 益 | 500 |

(※)　B社株式10,000×土地簿価1,000÷B社簿価純資産20,000＝500

設例 8-8　投資先が関連会社の場合の現物配当受取側の会計処理

(前提条件)

① 　A社は関連会社（所有割合20％）であるB社の株式を保有している。帳簿価額は2,000とする。

② 　B社は，製品（帳簿価額1,000，時価4,000）の現物配当を行った。

③ 　B社の簿価純資産は20,000，時価純資産は40,000である。

④ 　B社株式の按分方法は，時価比により按分する。

(会計処理)

| (借) 製　　　　　品 | (※1)800 | (貸) 投 資 有 価 証 券 | (※2)200 |
| | | 交 換 差 益 | 600 |

(※1)　製品時価4,000×配当割合（所有割合）20％＝800
(※2)　B社株式2,000×製品時価4,000÷B社時価純資産40,000＝200

3．現物配当を行う場合の損益の認識時点

前述の「Q8-3　剰余金の配当に関する留意事項」の「4．その他実務上の論点（現物配当を行う場合の剰余金の減少処理日）」と同様の事例，すなわちX1年6月30日の株主総会で，X1年7月1日に現物配当の効力が生じるその他利益剰余金を配当原資とする現物配当の決議が行われた場合に，総会決議日に会計処理をするときに損益の認識時点をいつにするのかが問題となります。

自己株式等適用指針第10項において，配当の効力発生日に，配当財産の時価と適正な帳簿価額との差額を配当の効力発生日が属する期の損益として，配当財産の種類等に応じた表示区分に計上し，配当財産の時価をもって，その他資本剰余金またはその他利益剰余金（繰越利益剰余金）を減額すると定められているため，損益の認識時点は，上記の事例でいえばX1年7月1日になります。

すなわち，X1年6月30日の株主総会決議日には，配当財産の時価で剰余金を減少させるとともに，同額で未払配当金等の配当財産の交付義務を負債計上します。そして，配当の効力発生日であるX1年7月1日に当該日における配当財産の適正な帳簿価額と時価との差額を損益処理することになると考えられます。タイムテーブルを記載すると図表8-8のとおりです。

図表8-8　損益認識時点のタイムテーブル

Q_{8-5}　分配可能額

Q	配当の分配可能額とは何ですか。
A	配当をする際には，分配可能額を超えた配当はできません。 剰余金の分配可能額の算定方法は，会社法によって具体的に規定されています。

解 説

1．剰余金の額の算定

　剰余金の配当は，会社財産の流出を伴うことから，会社法において債権者保護の観点から，交付する金銭等の帳簿価額の総額は，配当の効力発生日における分配可能額を超えてはならないと規定されています（会461）。

　この分配可能額は，会社法上の最終事業年度末における剰余金の額をスタートとして算出されます。ここで，会社法上の剰余金の額は，会社法第446条においては以下のとおり定義されています。一方で，純資産の部会計基準では，資本準備金や利益準備金も資本剰余金や利益剰余金を構成するものの，会社法上の剰余金には含まれません。

　以下の(1)から(4)までに掲げる額の合計額から(5)から(7)までに掲げる額の合計額を減じて得た額
(1)　最終事業年度の末日における①および②に掲げる額の合計額から③から⑤までに掲げる額の合計額を減じて得た額
　①　資産の額
　②　自己株式の帳簿価額の合計額
　③　負債の額
　④　資本金および準備金の額の合計額
　⑤　③および④に掲げるもののほか，法務省令で定める各勘定科目に計上した額の合計額
(2)　最終事業年度の末日後に自己株式の処分をした場合における自己株式処分差損益
(3)　最終事業年度の末日後に資本金の額の減少をした場合における当該減少額（減資により増加する資本準備金の額を除く）

第8章　剰余金および配当　　*187*

(4)　最終事業年度の末日後に準備金の額の減少をした場合における当該減少額（資本準備金の資本金組入額を除く）
(5)　最終事業年度の末日後に消却した自己株式の帳簿価額
(6)　最終事業年度の末日後に剰余金の配当をした場合における次の①から③の合計額
　　①　配当財産の帳簿価額の総額（金銭分配請求権を行使した株主に割り当てた当該配当財産の帳簿価額を除く）
　　②　金銭分配請求権を行使した株主に交付した金銭の額の合計額
　　③　基準未満株式[3]の株主に支払った金銭の額の合計額
(7)　(5)および(6)に掲げるもののほか，法務省令で定める各勘定科目に計上した額の合計額

　この内容を図で表すと図表8-9のとおりとなります。

図表8-9　剰余金の算定

A	B
• 消却した自己株式の帳簿価額 • 剰余金の配当をした場合における配当財産の帳簿価額の総額等 • 剰余金から資本金または準備金への振替額 • 剰余金の配当をした場合における準備金の積立額	• 最終事業年度末におけるその他資本剰余金およびその他利益剰余金の合計額 • 自己株式処分差額 • 資本金から剰余金への振替額 • 準備金から剰余金への振替額 • その他法務省令で定める各勘定科目に計上した額の合計額

B－A＝分配時点の剰余金の額

(出典)　EY Japan編『取引手法別　資本戦略の法務・会計・税務』（中央経済社，2016年）253頁を基に作成

2．分配可能額の算定

　この剰余金の額を基礎として，分配可能額は，以下の①〜③の合計額から④

3　会社法第454条第4項第2号の数（基準株式数）を定めた場合における基準未満の株式を指します。

～⑯の合計額を控除して算定されます。なお，会社法においては，臨時計算書類を作成した場合，臨時決算日が属する事業年度の初日から臨時決算日までの間の期間損益を分配可能額に反映させることになります。さらに，中間配当時の分配可能額の算定も，株主総会決議に基づく剰余金の配当の場合の計算と変わることはなく，「剰余金の配当が効力を生ずる日における分配可能額を限度とする」こととされています（会461Ⅰ⑧）。臨時決算の詳細については，後述の「Ｑ8-11　臨時決算」をご参照ください。

---

① 剰余金の額（会461Ⅱ①）

② （臨時会計年度の計算書類について株主総会の承認を得た場合）臨時計算書類の損益計算書に計上された当期純利益金額（会461Ⅱ②イ，会計規156）

③ 臨時会計年度に処分した自己株式の対価の額（会461Ⅱ②ロ）

④ 最終事業年度の末日後に株式会社が自己の株式を取得した場合（ただし，取得対価が自己株式である場合）における当該取得した株式の帳簿価額から，元の株主に交付した財産（当該株式会社の株式以外）および交付した当該会社の社債等の帳簿価額を控除した額（会461Ⅱ⑥，会計規158Ⅰ⑨）

⑤ 最終事業年度の末日後に吸収型再編等をした場合に処分した自己株式の対価の額（会461Ⅱ⑥，会計規158Ⅰ⑩）

⑥ 自己株式の帳簿価額（会461Ⅱ③）

⑦ 最終事業年度の末日後に自己株式を処分した場合の当該自己株式の帳簿価額（会461Ⅱ④）

⑧ 臨時計算書類の損益計算書に計上された当期純損失金額（会461Ⅱ⑤，会計規157）

⑨ 最終事業年度の末日におけるのれん等調整額について以下の計算方法に基づいて算出される金額（会461Ⅱ⑥，会計規158Ⅰ①）

のれん等調整額^(※1)		控除額
資本等金額^(※2)以下の場合		ゼロ
資本等金額＋その他資本剰余金の額の合計額以下の場合		のれん等調整額－資本等金額
資本等金額＋その他資本剰余金の額の合計額を超えている場合	のれんの額÷2≦資本等金額＋その他資本剰余金の額の合計額	のれん等調整額－資本等金額
	のれんの額÷2＞資本等金額＋その他資本剰余金の額の合計額	その他資本剰余金の額＋繰延資産計上額

第8章　剰余金および配当　　*189*

（※1）　のれん等調整額＝（最終事業年度の末日における）のれんの金額÷2＋繰延資産
　　　計上額
（※2）　資本等金額＝（最終事業年度の末日における）資本金額＋準備金額

⑩　最終事業年度の末日におけるその他有価証券評価差額金の額（当該金額がマイ
　ナスの場合のみ，絶対額を控除）（会461Ⅱ⑥，会計規158Ⅰ②）
⑪　最終事業年度の末日における土地再評価差額金の額（当該金額がマイナスの
　場合のみ，絶対額を控除）（会461Ⅱ⑥，会計規158Ⅰ③）
⑫　株式会社が連結配当規制適用会社（会計規2Ⅲ�51）である場合，以下のイ－
　（ロ＋ハ）（当該合計額がマイナスの場合はゼロ）（会461Ⅱ⑥，会計規158Ⅰ④）

イ	＋	単体	株主資本の額
	＋		その他有価証券評価差額金の額（マイナスの場合のみ）
	＋		土地再評価差額金の額（マイナスの場合のみ）
	－		のれん等調整額（当該のれん等調整額が資本金，資本剰余金，利益準備金の合計額を超えている場合には，資本金，資本剰余金，利益準備金の合計額）
ロ	＋		最終事業年度の末日後に子会社から当該株式を取得した場合における当該株式の取得直前の当該子会社における帳簿価額のうち，当該子会社に対する持分に相当する額
ハ	＋	連結	株主資本の額
	＋		その他有価証券評価差額金の額（マイナスの場合のみ）
	＋		土地再評価差額金の額（マイナスの場合のみ）
	－		のれん等調整額（当該のれん等調整額が資本金，資本剰余金の合計額を超えている場合には，資本金，資本剰余金の合計額）

⑬　最終事業年度の末日後に2以上の臨時計算書類を作成した場合における最終
　の臨時計算書類以外の臨時計算書類に係る当期純損益の金額等（会461Ⅱ⑥，会
　計規158Ⅰ⑤）
⑭　300万円から資本金および準備金の合計額，新株予約権の額，最終事業年度末
　日の貸借対照表の評価・換算差額等の各項目に計上した合計額（当該項目に計
　上した金額がゼロ未満の場合はゼロ）を控除した額（当該額がゼロ未満である
　場合はゼロ）（会461Ⅱ⑥，会計規158Ⅰ⑥）
⑮　最終事業年度の末日後に吸収型再編をした場合等に処分した自己株式の対価
　の額（会461Ⅱ⑥，会計規158Ⅰ⑦）

190

⑯ その他増加した資本剰余金の額等（会461Ⅱ⑥，会計規158Ⅰ⑧）

この内容を図で表すと図表8-10のとおりとなります。

図表8-10　分配可能額の算定

A	B
• 分配時点の自己株式の帳簿価額 • 最終事業年度の末日後に自己株式を処分した場合における当該自己株式の対価の額 • 最終事業年度の末日におけるのれん等調整額のうち，分配可能額から控除すべき金額 • 最終事業年度の末日におけるその他有価証券評価差損 • 最終事業年度の末日のおける土地再評価差損 • 連結配当規制適用会社である場合の控除額	• 分配時点の剰余金の額（図表8-9にて算定したもの）

B－A＝分配可能額

（出典）　EY Japan編『取引手法別　資本戦略の法務・会計・税務』（中央経済社，2016年）254頁を基に作成

第8章　剰余金および配当　　*191*

設例 8 - 9　分配可能額の算定

前提条件

① 事業年度末日（3月末）の貸借対照表

資　　　　　産	5,000	負　　　　　　　　債	2,420
		資　　本　　金	2,000
		資　本　準　備　金	100
		その他資本剰余金	80
		利　益　準　備　金	120
		その他利益剰余金	300
		その他有価証券評価差額金	80
		自　己　株　式	△100
	5,000		5,000

② 4月1日〜分配時までの取引

- 資本準備金15，利益準備金20の剰余金への振替が株主総会にて決議された。
- 自己株式20を取得した。

分配可能額の計算

当事業年度の定時株主総会（6月末）における分配可能額を求めます。

1．3月末時点における剰余金の額

資　　　　　産	5,000
自　己　株　式	100
負　　　　　債	△2,420
資本金および準備金	△2,220
その他有価証券評価差額金（マイナス）	△80
小　　　　　計	380

2．分配時までの取引を考慮した剰余金の額

準備金から剰余金への振替	35	（②15+20）
剰　余　金　の　額	415	

3．分配可能額

剰　余　金　の　額	415	
自己株式の帳簿価額	△120	（100＋②20）
分　配　可　能　額	295	

> **ここ注意！**
>
> 　会社法においては，仮に剰余金があった場合であっても，債権者保護の観点から純資産額が300万円未満の場合には，剰余金の配当はできないこととされています（会458）。

Q8-6　配当に関する開示

Q	剰余金の配当についてどのような開示が必要となりますか。
A	金融商品取引法においては，配当政策の記載が求められています。 金融商品取引法および会社法ともに配当金の総額等の記載が求められています。

解説

　剰余金の配当については，金融商品取引法および会社法それぞれにおいて必要な開示が求められています。また，有価証券報告書等においては配当政策を記載する必要があるため，留意が必要です。

1．金融商品取引法上の開示

(1)　提出会社の状況

　有価証券報告書の「提出会社の状況」において，配当政策の記載が求められています。具体的な開示内容は，以下のとおりです（開示府令第三号様式（記載上の注意）(34)，第二号様式（記載上の注意）(53)）。

第8章　剰余金および配当　　*193*

- 配当の基本的な方針
- 毎事業年度における配当の回数についての基本的な方針
- 配当の決定機関
- 当事業年度の配当決定にあたっての基本的な考え方
- 内部留保資金の使途
- 配当財産が金銭以外の財産であるときはその内容
- 配当財産が金銭以外の財産である場合に，配当財産に代えて金銭を交付することを株式会社に対して請求する権利を与えている場合にはその内容
- 会社法第454条第5項に規定する中間配当をすることができる旨を定款で定めたときは，その旨
- 当事業年度に剰余金の配当をしたときは，当該剰余金の配当についての株主総会または取締役会の決議の年月日ならびに各決議ごとの配当金の総額および1株当たりの配当額
- 会社法以外の法律の規定または契約により，剰余金の配当について制限を受けている場合には，その旨および内容

(2) 経理の状況

　剰余金の配当について，経理の状況の連結株主資本等変動計算書関係の注記および株主資本等変動計算書関係の注記において，以下の事項の注記が求められています（連規80，財規109）。

① 　配当財産が金銭の場合には，株式の種類ごとの配当金の総額，1株当たり配当額，基準日および効力発生日
② 　配当財産が金銭以外の場合には，株式の種類ごとの配当財産の種類および帳簿価額（剰余金の配当をした日においてその時の時価を付した場合には，当該時価を付した後の帳簿価額），1株当たりの配当額，基準日ならびに効力発生日
③ 　基準日が当事業年度に属する配当のうち，配当の効力発生日が翌事業年度となるものについては，配当の原資，①および②に関する事項

2．会社法上の開示

　会社法においても，連結株主資本等変動計算書関係の注記および株主資本等変動計算書関係の注記において，以下の事項の注記が求められています（会計規105③，106②）。

① 配当財産が金銭の場合には，当該金銭の総額
② 配当財産が金銭以外の場合には，当該財産の帳簿価額（剰余金の配当をした日においてその時の時価を付した場合には，当該時価を付した後の帳簿価額）の総額
③ 基準日が当事業年度に属する配当のうち，配当の効力発生日が翌事業年度となるものについては，①および②に関する事項

Q8-7 配当に係る税務上の取扱い

Q	剰余金の配当を行った際の税務処理はどのようになるのでしょうか。
A	利益剰余金からの配当を行った場合には，税務上の利益積立金額が減少することになります。 資本剰余金からの配当を行った場合には，資本の払戻しと考えられることから資本金等の額が減少し，それを超える金額を配当として交付している場合には，その超過額について利益積立金額が減少することになります。

解説

剰余金の配当を行った際には，その原資が利益剰余金か資本剰余金かによって，配当支払側の税務上の取扱いが変わります。

1．利益剰余金から配当を行った場合

利益剰余金を原資として配当を行った場合には，税務上は利益積立金額が減少することになります（法令9Ⅰ⑧）。

また，配当を受けた法人は，受取配当金として益金の額に算入しますが，受取配当金の益金不算入の規定の適用を受けることになります（法法23Ⅰ）。

2．資本剰余金から配当を行った場合

資本剰余金を原資として配当を行った場合には，税務上，資本の払戻しと捉えられています（法法24Ⅰ④）。具体的には資本の払戻しとしてまず資本金等

の額の減少額を算定し，配当額である交付金銭等の金額が資本金等の額の減少額を超える場合には，その超過額について利益積立金額の減額を行うことになります（法令8 I ⑱，9 I ⑫）。この場合に，資本金等の額の減少額および利益積立金額の減少額は図表8-11のとおりとなります。

図表8-11	資本剰余金の原資による配当を行った場合の算定式

資本金等の額の減少額＝資本金等の額× $\dfrac{\text{資本の払戻しにより減少する資本剰余金の額}}{\text{前期末の簿価純資産額}}$
（小数点3位未満切上げ）
利益積立金額の減少額＝配当額（交付金銭等の額）－資本金等の額の減少額

　なお，資本剰余金を原資として配当を受けた法人は，資本金等の額の減少額部分については，株式の譲渡対価として認識し，譲渡原価との差額を譲渡損益として認識することになります（法法61の2，法令119の9 I）。また，利益積立金額の減少額部分については，みなし配当として受取配当金の益金不算入の規定の適用を受けることになります（法法24 I ④）。

3. 現物配当を行った場合

(1) 完全支配関係のない法人間の場合

　完全支配関係のない法人間での現物配当の場合には，配当財産の時価と帳簿価額との差額を譲渡損益として認識することになります（法法23 I，法令9 I ⑧）。すなわち，配当原資が利益剰余金の場合には，配当財産の時価にて利益積立金額を減少し，配当財産の時価と帳簿価額との差額を譲渡損益として認識します。

　一方，配当原資が資本剰余金の場合には，前記のとおり，まず資本金等の額の減少額を算定し，配当額である交付金銭等の金額（配当財産の時価）が資本金等の額の減少額を超える場合には，その超過額について利益積立金額の減額を行うことになります。さらに，配当原資が利益剰余金の場合と同様に，配当財産の時価と帳簿価額との差額を譲渡損益として認識することになります。

　現物配当の場合の税務上の仕訳を示すと以下のとおりとなります。

① 利益剰余金を配当原資とする場合

(借)	利 益 積 立 金 額	(※1)×××	(貸)	資　　　　　産	(※2)×××
				譲 渡 損 益	×××

（※1）　配当財産の時価相当額
（※2）　配当財産の帳簿価額

② 資本剰余金を配当原資とする場合

(借)	資 本 金 等 の 額	(※1)×××	(貸)	資　　　　　産	(※3)×××
	利 益 積 立 金 額	(※2)×××		譲 渡 損 益	×××

（※1）　図表8-11の算式に基づく金額
（※2）　配当財産の時価相当額から（※1）の金額を控除した金額
（※3）　配当財産の帳簿価額

(2) 完全支配関係のある法人間の場合

　完全支配関係のある法人間で現物配当がなされた場合には，適格現物分配に該当します。ここで，適格現物分配とは，内国法人を現物分配法人とする現物分配のうち，その現物分配により資産の移転を受ける者がその現物分配の直前において当該内国法人との間に完全支配関係がある内国法人（普通法人または協同組合等に限ります）のみであるものをいいます（法法2⑫の15）。適格現物分配に該当する場合には，資産を適格現物分配直前の帳簿価額により譲渡したものとされます（法法62の5Ⅲ）。このため，完全支配関係のある法人間の現物配当の場合の税務上の仕訳を示すと以下のとおりとなります。

① 利益剰余金を配当原資とする場合

(借)	利 益 積 立 金 額	(※1)×××	(貸)	資　　　　　産	(※1)×××

（※1）　配当財産の帳簿価額

第 8 章　剰余金および配当　　*197*

②　資本剰余金を配当原資とする場合

（借）	資本金等の額	^(※1)×××	（貸）	資　　　　　産	^(※3)×××
	利益積立金額	^(※2)×××			

（※1）　図表 8 -11の算式に基づく金額
（※2）　配当財産の帳簿価額から（※1）の金額を控除した金額
（※3）　配当財産の帳簿価額

Q8-8　違法配当

Q	分配可能額を超える配当を行った場合に，各関係者にはどのような責任が課されるのでしょうか。
A	違法配当を受領した株主は，原則，返還義務を負います。 取締役等は，弁済責任を負います（ただし，職務を行うにあたり注意を怠らなかった場合は，弁済責任を負いません）。また，総株主の同意があれば，分配可能額までは責任が免除されます。 違法配当により事業年度の末日に欠損が生じた場合には，取締役は，原則として欠損填補責任を負います。

解　説

　剰余金の配当は，前述の「Q 8 - 5 　分配可能額」にも記載のとおり，債権者保護の観点から分配可能額の範囲内で認められています。ここで，当該分配可能額を超えた配当がなされた場合には，以下の各関係者に責任が生じます。

①　金銭等の交付を受けた者（株主）
②　配当を行った業務執行取締役，執行役およびその他当該業務に職務上関与した者として法務省令で定めるもの
③　剰余金の配当を決議した株主総会に当該配当の議案を提案した取締役
④　剰余金の配当を決議した取締役会に当該配当の議案を提案した取締役

１．金銭等の交付を受けた株主の責任

　違法配当がなされた場合には，金銭等の交付を受けた株主は，当該株式会社に対して，交付を受けた金銭等の帳簿価額に相当する金銭を支払う義務，すなわち弁済責任を負うことになります（会462 I）。

　この違法配当の弁済責任について，分配可能額を超えることにつき善意の株主は，前述の②〜④の取締役等からの求償の請求に応じる義務を負いません（会463 I）。ただし，会社の債権者は，株主が善意か悪意かにかかわらず，交付を受けた金銭等の帳簿価額か債権者の会社に対する債権額のいずれか小さい額に相当する金銭の支払請求をすることができます（会463 II）。

２．取締役等の責任

　違法配当がなされた場合，前述の②〜④に記載の実際に配当を行った業務執行取締役等ならびに株主総会および取締役会に配当議案を提案した取締役は，株主と連帯して当該株式会社に対して，弁済責任を負うことになります（会462 I）。この弁済責任については，取締役等がその職務を行うにあたり注意を怠らなかったことを証明した場合には，責任を負いません（会462 II）。また，総株主の同意がある場合には，分配可能額を限度として支払義務を免除することができますが，債権者保護の観点から，分配可能額を超える部分の責任については免除することはできません（会462 III）。

　なお，違法配当をした取締役は，上記の責任のみならず，５年以下の懲役または500万円以下の罰金に処される刑事責任も負う可能性があります（会963 V②）。

　その他，取締役には，欠損填補責任が課せられます。剰余金の配当の結果，当該配当を実施した日の属する事業年度に係る計算書類承認時に欠損が生じた場合には，原則として，配当に関する職務を行った業務執行者は，会社に対して連帯してその欠損額と配当額のいずれか小さい額を支払う義務を負うことになります（会465）。ただし，業務執行者が職務を行うことにつき，注意を怠らなかったことを証明した場合には，当該義務は負いません（会465）。また，総株主の同意がある場合には，当該義務を免除することができます（会465 II）。

第8章　剰余金および配当　　*199*

Q8-9 繰越利益剰余金がマイナスの場合

Q	繰越利益剰余金がマイナスの場合に準備金やその他資本剰余金にて補填する際に何か制約されることはあるのでしょうか。
A	原則として，資本剰余金と利益剰余金の混同は禁止されていますが，利益剰余金が負の残高のときにその他資本剰余金で補填することは認められます。 繰越利益剰余金がマイナスの場合に，その他に利益準備金や別途積立金がある場合には，まず当該残高から補填します。

解 説

　前述の「Q8-1　剰余金の定義」にも記載のとおり，払込資本である資本剰余金と，その払込資本を利用して得られた成果，すなわち留保利益である利益剰余金は，原則的に混同しないことが求められています（自己株式等会計基準19）。しかし，損失の計上により利益剰余金が負の残高になった場合には，その他資本剰余金で補填することが認められており，当該補填は，資本剰余金と利益剰余金の混同にはあたらないと考えられています。払込資本と留保利益の区分が問題になるのは，両者が同じ時点で正の値であるときに，両者の間で残高の一部または全部を振り替えたり，一方に負担させるべき分を他方に負担させるようなケースです。負の残高となった利益剰余金を，将来の利益を待たずにその他資本剰余金で補うのは，払込資本に生じている毀損を事実として認識するものであって，払込資本と留保利益の区分の問題には当たらないと考えられています（自己株式等会計基準61）。

　ただし，このその他資本剰余金による補填は，利益剰余金の残高が負の場合に認められているものであり，繰越利益剰余金がマイナスであったとしても，利益準備金や別途積立金がある場合には，繰越利益剰余金のマイナス部分の全額をその他資本剰余金で補填することは認められておらず，まず，利益準備金や別途積立金の取崩しにより補填する必要があります。

Q8-10 その他資本剰余金がマイナスの場合

Q その他資本剰余金がマイナスとなった場合にはどのような取扱いをするのでしょうか。

A 原則として，資本剰余金と利益剰余金の混同は禁止されていますが，その他資本剰余金の残高が負の値となった場合には，会計期間末において，その他資本剰余金をゼロとし，当該負の値をその他利益剰余金（繰越利益剰余金）から減額します。

解 説

資本剰余金と利益剰余金の混同は原則として禁止されています。しかし，その他資本剰余金が負の残高となった場合には，個別財務諸表と連結財務諸表でそれぞれ取扱いが定められています。

1．個別財務諸表上の取扱い

自己株式の処分により生じる自己株式処分差損や自己株式の消却により自己株式の帳簿価額をその他資本剰余金から減額する処理の結果によっては，その他資本剰余金の残高が負の残高になることがあります。その他資本剰余金は，払込資本から配当規制の対象である資本金および準備金を控除した残額であり，払込資本の残高が負の残高になることはあり得ないと考えられています。このため，その他資本剰余金が負の残高になる場合は，会計期間末において，その他資本剰余金をゼロとし，当該負の値をその他利益剰余金（繰越利益剰余金）から減額します。この処理は，原則として禁止されている資本剰余金と利益剰余金の混同には当たらないと考えられています（自己株式等会計基準12，41）。

なお，四半期決算日や中間決算日にその他資本剰余金が負の残高となった場合においても，当該負の値をその他利益剰余金（繰越利益剰余金）から減額することになります。また，年度決算においては，四半期決算や中間決算における処理を洗替処理することになります（自己株式等会計基準42）。

第8章　剰余金および配当　　*201*

２．連結財務諸表上の取扱い

　連結財務諸表上は，前述の自己株式処分差損と自己株式の消却に関するもの以外に，追加取得や一部売却等によっても，資本剰余金が負の残高となるケースがあります。

　連結財務諸表上も資本剰余金の残高が負の残高となる場合には，個別財務諸表上と同様に，連結会計年度末において，資本剰余金をゼロとし，当該負の値を利益剰余金から減額することとされています（連結会計基準30-2）。なお，連結財務諸表においては，資本剰余金の内訳の区分表示をしないことから，この取扱いは，資本剰余金全体が負の値となる場合に適用されることに留意する必要があります（連結会計基準67-2）。

> **ここ注意！**
>
> 　支配を喪失して連結範囲から除外する場合でも，子会社株式の追加取得および一部売却等によって生じた資本剰余金は，引き続き連結財務諸表上，資本剰余金として計上することとされています。さらに，資本剰余金が負の値となり，当該負の値を利益剰余金から減額する処理を行っていた場合には，連結範囲から除外された後も，当該処理は連結財務諸表上引き継がれることになります（資本連結実務指針39-2，49-2）。

Q8-11　臨時決算

Q	中間配当以外に期中で配当をする場合に，期中の損益を分配可能額に含めることはできますか。
A	臨時計算書類を作成し，株主総会または取締役会の承認を受けることで，期首から臨時決算日までの損益を分配可能額の算定に反映することができます。

解 説

　分配可能額の算定は，前述の「Ｑ8-5　分配可能額」にも記載のとおり，

会社法上の最終事業年度末における剰余金の額をスタートとして算出されますが，臨時計算書類を作成し，株主総会または取締役会の承認を受けることで，期首から臨時決算日までの損益を分配可能額の算定に反映することが可能となります。

1. 臨時計算書類制度の概要

　会社法第441条において，株式会社は，臨時決算日（最終事業年度の直後の事業年度に属する一定の日）における当該株式会社の財産の状況を把握するため，臨時計算書類を作成することができるとされています。この臨時計算書類の作成は，あくまで会社の任意であり，また，臨時決算日も会社が任意に定めることができます。ただし，前事業年度の計算書類について，株主総会または取締役会の承認が未了の場合には，当事業年度に属する日を臨時決算日とする臨時計算書類を作成することはできません（会計制度委員会研究報告第12号「臨時計算書類の作成基準について」2）。会社は通常，期中に配当をする場合において，期中の損益を分配可能額の算定に反映することはできませんが，臨時計算書類を作成することによって，期首から臨時決算日までの損益を分配可能額の算定に反映することができます（前述の「Q8-5　分配可能額」187頁から190頁における算式参照）。

(1)　臨時計算書類作成にあたっての手続

　臨時計算書類の作成にあたっては，各事業年度に関する計算書類と同様に以下の手続が求められます。

---

① 　臨時計算書類の作成（会441Ⅰ）
② 　臨時計算書類について，監査役設置会社または会計監査人設置会社においては，監査役または会計監査人（委員会設置会社にあっては，監査等委員会および会計監査人）の監査（会441Ⅱ）
③ 　取締役会設置会社においては，②に該当する場合にはその監査を受けた臨時計算書類について，取締役会の承認（会441Ⅲ）
④ 　臨時計算書類の株主総会の承認（会441Ⅳ）
　　ただし，臨時計算書類が法令および定款に従って株式会社の財産および損益の状況を正しく表示しているものとして以下の(i)から(v)までのすべての要件に

第8章　剰余金および配当　　*203*

該当する場合には，株主総会の承認は不要となる（会計規135）。
- (i) 会計監査報告の内容に無限定適正意見またはこれに相当する事項が含まれていること
- (ii) 会計監査報告に係る監査役，監査役会，監査等委員会または監査委員会の監査報告（監査役会設置会社の場合には監査役会の監査報告に限る）の内容として会計監査人の監査の方法または結果を相当でないと認める意見がないこと
- (iii) 会計監査報告に係る監査役会，監査等委員会または監査委員会の監査報告に付記された内容に，会計監査人の監査の方法または結果を相当でないと認める意見がないこと
- (iv) 臨時計算書類が会社計算規則第132条第3項の規定により監査を受けたものとみなされたものでないこと
- (v) 取締役会を設置していること
⑤　臨時計算書類の備置きおよび閲覧等（会442）

(2)　臨時計算書類の作成基準

　臨時計算書類とは，臨時決算日における貸借対照表および臨時決算日の属する事業年度の初日から臨時決算日までの期間に係る損益計算書のことをいいます（会441Ⅰ）。このため，各事業年度に係る計算書類とは異なり，株主資本等変動計算書や個別注記表の作成については，会社法上は求められていません。ただし，会計制度委員会研究報告第12号「臨時計算書類の作成基準について」4(2)においては，少なくとも以下の注記が必要とされています。

- 継続企業の前提に関する注記
- 重要な会計方針に係る事項（会計方針の変更を含む）
- 重要な偶発事象に関する注記
- 重要な後発事象に関する注記

　また，臨時計算書類は，実績主義に基づいて，臨時会計年度を事業年度と並ぶ一会計期間とみた上で，原則として年度決算に適用される会計処理の原則および手続に準拠して作成すべきであると考えられます。しかし，臨時会計年度が事業年度の途中であることから，実務上は，一部の会計処理について簡便な決算手続が認められています。具体的には以下のとおりです（会計制度委員会研究報告第12号「臨時計算書類の作成基準について」5(2)）。

① 臨時決算時における棚卸高は，適切な帳簿記録がなされている場合に，前事業年度に係る実地棚卸高を基礎として，合理的な方法により算定することができる。
② 減価償却の方法として定率法を採用している場合には，事業年度に係る減価償却費の額を期間按分する方法により減価償却費を計上することができる。
③ 退職給付費用は，事業年度の合理的な見積額を期間按分する方法により計上することができる。
④ 法人税その他利益に関連する金額を課税標準とする税金については，臨時会計年度を事業年度と並ぶ一会計期間とみなして，臨時会計年度を含む事業年度の法人税，住民税及び事業税の計算に適用される税率に基づき，年度決算と同様に税効果会計を適用して計算する。ただし，臨時会計年度を含む事業年度の税引前当期純利益に対する税効果会計適用後の実効税率を合理的に見積り，臨時会計年度の税引前純利益に当該見積実効税率を乗じて計算する方法によることができる。

２．臨時決算において利益剰余金の負の残高をその他資本剰余金で補てんすることの可否について

　自己株式等会計基準第61項において，「会計上，その他資本剰余金による補てんの対象となる利益剰余金は，年度決算時の負の残高に限られる」とされています。ここで，年度決算に限定しているのは，期中において発生した利益剰余金の負の値を，その都度資本剰余金で補てんすることは，年度決算単位でみた場合には，資本剰余金と利益剰余金の混同になることがあるとされています。ここで，剰余金の金額が確定するのは事業年度決算単位であり，臨時決算で変動するのはあくまで分配可能額であると考えられることから，自己株式等会計基準第61項のいう「年度決算」は，あくまでも事業年度決算であり，臨時決算は含まれないと考えられます。このため，臨時決算において，利益剰余金の負の残高をその他資本剰余金で補てんすることはできないと考えられます。

第9章

1株当たり純利益・純資産額

Point

- 1株当たり情報は，計算書類や有価証券報告書の注記事項として，算定基礎とともに開示が求められています。
- 1株当たり当期純利益，純資産額は，マイナスの場合であっても開示することが求められています。
- ワラントや転換証券など，保有者が普通株式を潜在的に保有している場合，これらが権利行使された場合の1株当たり当期純利益が，1株当たり当期純利益を下回る場合，当該潜在株式は希薄化効果を有すると判断されます。潜在株式が希薄化効果を有すると判断された場合，潜在株式調整後1株当たり当期純利益を開示する必要があります。

Q9-1 1株当たり当期純利益

Q	1株当たり当期純利益とは何でしょうか。
A	1株当たり当期純利益とは，計算書類や有価証券報告書における開示情報である1株当たり情報の1つで，当期純利益を株式数で除して算出します。1株当たり当期純利益の算定および開示の目的は，普通株主に関する一会計期間における企業の成果を示し，投資家の的確な投資判断に資する情報を提供することです。

解 説

　1株当たり当期純利益の算定は，通常，普通株式に係る当期純利益を普通株式の期中平均株式数で除して算定します。しかし，優先配当額などいわゆる普通株式に帰属しない金額が存在する際には注意が必要です。

　また，連結財務諸表に係る1株当たり当期純利益の算定や，株式併合または株式分割が行われた場合の1株当たり当期純利益の算定，開示の際には，注意すべきポイントがあります。

1．1株当たり当期純利益の算定および開示の目的

　1株当たり当期純利益の算定および開示の目的は，投資家の的確な投資判断に資する情報の提供です（1株当たり利益会計基準3，37）。これは，市場に流通する株式の多くは普通株式であり，同一企業の過去との業績比較，および競合他社との経営成績の比較等を向上させるために1株当たり情報の開示を行うことが，投資家の的確な投資判断に資すると考えられるためです（1株当たり利益会計基準37）。

2．1株当たり当期純利益の算定

　1株当たり当期純利益は，普通株式に係る当期純利益を普通株式の期中平均株式数で除して算定します。算定式は以下のとおりです（1株当たり利益会計基準12，14）。

第9章　1株当たり純利益・純資産額　　*207*

> 1株当たり当期純利益＝普通株式に係る当期純利益÷普通株式の期中平均株式数
> $$＝\frac{損益計算書上の当期純利益－普通株主に帰属しない金額}{普通株式の期中平均発行済株式数－普通株式の期中平均自己株式数}$$

　当期純利益がマイナスの場合，つまり当期純損失の場合にも算定し開示することが必要であることから（1株当たり利益会計基準12また書き），この場合には計算式をはじめ，次に解説する内容すべてについて，当期純利益を当期純損失と読み替えて算定することになります。

　まず，分子である普通株式に係る当期純利益については，損益計算書上，当期純利益から普通株主に帰属しない金額を控除した額となります。当期純利益から控除する普通株主に帰属しない金額とは，例えば以下の3つが含まれます（1株当たり利益会計基準15，16，1株当たり利益適用指針11）。

> ①　優先配当額
> ②　配当優先株式に係る消却（償還）差額
> ③　普通株主以外の株主が損益計算書上の当期純利益から当期の配当後の配当に参加できる額（以下「参加可能額」という）

　優先配当額を控除するのは，1株当たり当期純利益の算定の目的に照らして普通株式に係る当期純利益を算定するためです。具体的には，累積型配当優先株式の要配当支払額および非累積型配当優先株式の剰余金の配当額となります。詳細は後述の「Q9-4　種類株式を発行している場合の1株当たり情報の注記」をご参照ください。

　一方，分母である普通株式の期中平均株式数については，普通株式の期中平均株式数から期中平均自己株式数を控除して計算します。この計算方法としては，期首における普通株式の発行済株式数を加算し，期中平均自己株式数を控除して算定する方法と，会計期間における日々の普通株式の発行済株式数から自己株式数を控除した株式数の累計を平均して算定する方法とがあります（1株当たり利益会計基準50）。前者の場合には，月数に応じて計算することもできます。また，後者の場合には，月末の株式数を用いて累計することもできます（1株当たり利益適用指針13）。

3．連結財務諸表における1株当たり当期純利益の算定

　連結財務諸表において1株当たり当期純利益を算定する場合には，控除する自己株式数に，子会社または関連会社が持つ親会社等（子会社においては親会社，関連会社においては当該会社に対して持分法を適用する投資会社）の普通株式数のうち，親会社等の持分を乗じた株式数も含めて算定しなければなりません（1株当たり利益会計基準17なお書き）。

　この点について，設例で確認します。

設例9－1　1株当たり当期純利益の計算

前提条件

①　親会社：普通株式の期中平均発行済株式数100株
　　　　　　普通株式の期中平均自己株式数10株
②　子会社：親会社株式（普通株式）の期中平均株式数5株
③　親会社の子会社持分は80％とする。

計算式

　普通株式の期中平均株式数＝100－（10＋5×80％）＝86株

4．株式併合または株式分割が行われた場合の取扱い

(1)　1株当たり当期純利益の算定

　株式併合または株式分割が行われた場合，普通株式の期中平均株式数は，期首に当該株式併合や株式分割が行われたものとして算定します（1株当たり利益会計基準30-2，30-3。前述の第3章「Q3-14　株式併合」参照）。

　これは，株式併合または株式分割がいつの時点で行われても既存の普通株主に一律に影響するものであることから，普通株主に関する企業の成果を示すためには，普通株式の期中平均株式数および普通株式増加数を，表示する財務諸表のうち，最も古い期間の期首に，当該株式併合または株式分割が行われたと仮定して算定することが適当であるとの考え方に基づいています（1株当たり利益会計基準59-2）。また，この取扱いは，株式併合または株式分割の影響が，株価とともに1株当たり当期純利益にも反映されることにより，株価収益率が

適切に算定されるという見方とも整合しています。

(2)　1株当たり当期純利益に係る開示

　株式併合または株式分割が行われた場合，株式併合または株式分割が行われた旨，および表示期間の1株当たり当期純利益を期首に当該株式併合や株式分割が行われたものとして算定している旨を注記する必要があります（1株当たり利益会計基準30-2，30-3）。

　例えば，有価証券報告書の主要な経営指標等の推移の記載において，遡及適用等（遡及適用，組替えおよび修正再表示ならびに企業結合に係る暫定的な会計処理の確定）を行った場合，主要な経営指標等について，当該遡及適用等の内容を反映し，その旨を注記しなければならないとされています（開示ガイドライン5-12-2）。

　また，表示期間の貸借対照表日後に株式併合または株式分割が行われた場合にも，同様の注記を行う必要があることに留意が必要です（1株当たり利益会計基準31）。

　決算日の翌日以後，監査報告書日以前に株式併合または株式分割が行われた場合，1株当たり情報の注記において，当期の貸借対照表日後に株式併合または株式分割を行った旨を注記した上，1株当たり当期純利益等の指標について当該株式併合または株式分割の影響を反映して算定することとされています（1株当たり利益会計基準30-2また書き，30-3また書き，31，1株当たり利益適用指針41）。本来，決算日後に行われた株式併合または株式分割は開示後発事象に該当するものの，国際的な会計基準とのコンバージェンスの観点等から開示後発事象の例外的な取扱いとして定められているものです（1株当たり利益会計基準59-3）。このため，1株当たり情報の注記において，株式併合または株式分割を行った旨を注記し，1株当たり情報の計算上，当該株式併合または株式分割の影響を遡及して反映させているのであれば，改めて開示後発事象として注記する必要はないものと考えられます。

> ここ注意!
>
> 株式併合または株式分割が行われた場合，表示期間のうちの最も古い期間の期首に，当該株式併合または株式分割が行われたものとして，１株当たり情報の計算，開示を行う必要があります。

Q9-2 潜在株式がある場合の１株当たり当期純利益の計算方法

Q	潜在株式がある場合の１株当たり当期純利益の計算方法について教えてください。
A	ワラントや転換証券のように，保有者が普通株式を取得することができる権利もしくは普通株式への転換請求権，またはこれらに準じる権利が付された証券または契約のことを潜在株式といいます。 潜在株式が希薄化効果を有する場合，潜在株式調整後１株当たり当期純利益として，その算定方法とともに開示されることとなります。その際，当期純利益調整額，普通株式増加数の計算方法に注意が必要です。

解説

　潜在株式が存在する場合，それらの権利行使がなされた時に普通株式数，つまり１株当たり当期純利益の計算式の分母である発行済株式総数の増加が生じます。この結果，１株当たり当期純利益の金額が，潜在株式を加味しない１株当たり当期純利益の金額よりも下がることがあります。これを希薄化効果と呼びます。

　普通株主にとっては，自らの投資判断に際して，潜在株式が顕在化することにより，損失を被るリスクがどの程度あるのかをあらかじめ情報として把握することが重要となります。そこで，潜在株式調整後１株当たり当期純利益の算定および開示をする必要があるのです。

第9章　1株当たり純利益・純資産額　　*211*

1．潜在株式調整後1株当たり当期純利益の算定

(1)　潜在株式調整後1株当たり当期純利益とは

　1株当たり当期純利益の計算は，現在発行されている普通株式を対象としていますが，株式会社が発行する株式のなかには，現在は普通株式でなくとも，将来的に普通株式になる権利を有しているものが存在します。これを，潜在株式といいます（1株当たり利益会計基準9）。

　潜在株式に係る権利が行使された場合に，権利行使を仮定し必要な調整を行い算定し直すと，権利行使を仮定しなかった場合の1株当たり当期純利益を下回る場合があります。このようなときに，当該潜在株式には希薄化効果があるとされ（1株当たり利益会計基準20），当該算定額を潜在株式調整後1株当たり当期純利益として開示することになります（1株当たり利益会計基準21，1株当たり利益適用指針17）。

(2)　潜在株式調整後1株当たり当期純利益の算定

　潜在株式調整後1株当たり当期純利益の計算式は以下のとおりです（1株当たり利益会計基準21）。

$$\text{潜在株式調整後} \atop \text{1株当たり当期純利益} = \frac{\text{普通株式に係る当期純利益} + \text{当期純利益調整額}}{\text{普通株式の期中平均株式数} + \text{普通株式増加数}}$$

　1株当たり当期純利益がマイナスの場合には，1株当たり当期純利益金額とは異なり，算定結果の開示は求められておらず，その旨を開示することが求められています（1株当たり利益会計基準23(3)）。

　上記の計算式のうち，普通株式に係る当期純利益と普通株式の期中平均株式数は，前述の「Q9−1　1株当たり当期純利益」における1株当たり当期純利益の計算の際に算定した数値を用います。潜在株式調整後1株当たり当期純利益の算定にあたっては，当期純利益調整額と普通株式増加数の計算が必要になります。以下の設例で，潜在株式調整後1株当たり当期純利益の計算についてみてみます。

| 設例9-2 | 潜在株式調整後1株当たり当期純利益の算定（新株予約権が存在するケース） |

前提条件

① X1年度（X1年4月1日〜X2年3月31日）の当期純利益　500,000,000円
② 新株予約権
- 行使価格　420円
- 発行数　1,500,000個
  （すべて行使されたと仮定した場合の普通株式の発行数1,500,000株）
- 普通株式の期中平均株価　630円
③ 期中に新株予約権の行使による普通株式の発行はなく，残高の増減はない。
④ 普通株式　期中平均株式数　20,000,000株
⑤ 法人税は考慮しない。

計算式

＜1株当たり当期純利益の算定＞

$$\frac{普通株式に係る当期純利益}{普通株式の期中平均株式数} = \frac{500,000,000円}{20,000,000株} = 25.00円$$

＜潜在株式の希薄化効果の判定＞

$$\frac{当期純利益調整額}{普通株式増加数} = \frac{0円}{500,000株^{（※）}} = 0.00円$$

（※）　1,500,000株×（630円－420円）÷630円

0.00円＜25.00円…希薄化効果を有する

＜潜在株式調整後1株当たり当期純利益の算定＞

$$\frac{普通株式に係る当期純利益＋当期純利益調整額}{普通株式の期中平均株式数＋普通株式増加数} = \frac{500,000,000円＋0円}{20,000,000株＋500,000株}$$

$$= 24.39…円$$

　当期純利益調整額と普通株式増加数の計算は，どのような潜在株式を有するかによってパターンがあります。簡単にまとめると図表9-1のとおりです。

第9章 1株当たり純利益・純資産額　　*213*

図表9-1　潜在株式の種類と内容

種　類	内　容	具体例
①ワラント	その保有者が普通株式を取得することができる権利	新株予約権，ストック・オプション
②転換証券	普通株式への転換請求権もしくはこれに準ずる権利が付された金融負債または普通株式以外の株式	一括法で処理されている新株予約権付社債，一定の取得請求権付株式
③条件付発行可能普通株式	特定の条件（ただし，時間の経過により条件が達成される場合を除く）を満たした場合に普通株式を発行することとなる証券または契約	合併後に，一定の利益が出たら，吸収合併消滅会社の旧株主に普通株式を付与する合意など
④条件付発行可能潜在株式	特定の条件（ただし，時間の経過により条件が達成される場合を除く）を満たした場合に潜在株式を発行することとなる証券または契約	行使制限条項付新株予約権

　以下，潜在株式の種類ごとに算定の留意事項を解説します。

①　ワラント

　ワラントが存在する場合，普通株式の期中平均株価がワラントの行使価格を上回る場合に潜在株式調整後1株当たり当期純利益を算定することが必要です（1株当たり利益会計基準24から26，1株当たり利益適用指針19から23）。上回らない場合は，潜在株式が存在しても希薄化効果を有しない旨の開示をしますので，算定する必要はありません。したがって，まず期中平均株価を計算し，希薄化効果があるかどうかを判定することが必要です。

　算定にあたっては，分母の普通株式増加数の計算が必要です（1株当たり利益会計基準25）。これは，希薄化効果を有するワラントが期首または発行時にすべて行使されたと仮定した場合に発行される普通株式数から期中平均株価にて普通株式を買い受けたと仮定した普通株式数を差し引いて計算します（1株当たり利益会計基準26柱書き）。期中平均株価にて普通株式を買い受けたと仮定した普通株式数とは，ワラントの行使により払い込まれると仮定された入金

額をワラントが存在する期間の平均株価で除した数となります（1株当たり利益会計基準26(2)）。

② 転換証券

　転換証券が存在する場合，転換証券に関する当期純利益調整額を普通株式増加数で除した金額が，普通株式に係る1株当たり当期純利益を下回る場合に希薄化効果を有することになります（1株当たり利益会計基準27から30，1株当たり利益適用指針24から27）。転換証券については，潜在株式調整後1株当たり当期純利益を計算してみてはじめて，希薄化効果があるか，開示が必要かどうかがわかることになります。

　したがって，当期純利益調整額と普通株式増加数を計算することが必要です（1株当たり利益会計基準28）。まず，当期純利益調整額は以下の項目の金額となります（1株当たり利益会計基準29）。

(i)転換負債の場合	当期の支払利息額，社債金額よりも低い価額または高い価額で社債を発行した場合における当該差額のうち，当期の償却額および利払いに係る事務手数料の費用の合計額−上記に課税されたと仮定した場合の税額相当額
(ii)転換株式の場合	1株当たり当期純利益の計算時に当期純利益から控除された当該株式に関連する普通株式に帰属しない金額

　次に，普通株式増加数については，以下の株式数を計算に用います（1株当たり利益会計基準30）。

(i)希薄化効果を有する株式が期首に存在する場合	期首においてすべて転換されたと仮定した場合に発行される普通株式数
(ii)希薄化効果を有する株式が期中に発行された場合	発行時においてすべて転換されたと仮定して算定した当該発行時から期末までの期間に応じた普通株式数
(iii)希薄化効果を有する株式が期首に存在し，期中にも発行された場合	(i)，(ii)の両方の株式数を合計した株式数

第9章　1株当たり純利益・純資産額　　*215*

③　条件付発行可能普通株式，条件付発行可能潜在株式が存在する場合

　これらの潜在株式が存在する場合は，基本的にはワラントおよび転換証券が存在する場合の計算方法を準用する形で算定します（1株当たり利益適用指針14，15，28から32）。

　条件付発行可能普通株式が希薄化効果を有する場合には，普通株式増加数を計算する必要があります（1株当たり利益適用指針28）。これについては，ワラントの場合の希薄化効果を有するワラントが期首または発行時にすべて行使されたと仮定した場合の計算方法を準用します（1株当たり利益適用指針29，1株当たり利益会計基準26(1)）。

　条件付発行可能潜在株式が希薄化効果を有する場合には，当期純利益調整額と普通株式増加数を計算する必要があります（1株当たり利益適用指針30）。当期純利益調整額については，転換株式が存在する場合の計算方法を，普通株式増加数については，ワラントおよび転換株式が存在する場合の算定方法を準用します（1株当たり利益適用指針31，32，1株当たり利益会計基準24から30）。

2．潜在株式調整後1株当たり当期純利益を開示しない場合

　以下の場合には，潜在株式調整後1株当たり当期純利益は算定しないことになっています（1株当たり利益会計基準23）。

---
(1)　当期純損失の場合
(2)　潜在株式が存在しない場合
(3)　潜在株式が存在するが，希薄化効果を有しない場合

Q9-3 1株当たり純資産額

Q 1株当たり純資産額とは何でしょうか。

A 1株当たり純資産額とは，期末における1株当たりに帰属する純資産額であり，普通株式に係る期末の純資産額を期末の普通株式の発行済株式数から期末の普通株式の自己株式数を控除した数で除して求められます。1株当たり純資産額がマイナスの場合にも，開示することが必要となります。

解 説

　1株当たり純資産額の算定および開示の目的は，普通株主に関する企業の財政状態を示すことにあると考えられるため，普通株主に関連しない金額は，1株当たり純資産額の算定上，期末の純資産額には含めないことが適当であるとされています。

1．1株当たり純資産額の算定式

　1株当たり純資産額とは，期末における1株当たりに帰属する純資産額を意味します。1株当たり純資産額は，以下の計算式によって算定されます（1株当たり利益適用指針34）。

$$
\text{1株当たり純資産額} = \frac{\text{普通株式に係る期末の純資産額}}{\text{期末の普通株式の発行済株式数} - \text{期末の普通株式の自己株式数}}
$$

$$
= \frac{\text{貸借対照表の純資産の部の合計額} - \text{控除する金額}}{\text{期末の普通株式の発行済株式数} - \text{期末の普通株式の自己株式数}}
$$

　貸借対照表の純資産の部の合計がマイナスの場合，つまり債務超過の場合も算定し開示することが必要です。株式会社の株主は有限責任ですので，株主は会社のマイナス分を負担しないため，実質的に1株当たりゼロを下回る負担を負うことはないとも考えられます。

　しかし，1株当たり純資産額の開示の目的は，普通株式に関する企業の財政状態を示すことにあり（1株当たり利益適用指針58），開示された情報は株価との比較に用いられるなど投資の判断に有用な情報であると考えられますので，

第9章 1株当たり純利益・純資産額　　217

マイナスの場合にも算定し開示することが必要とされています。

> **ここ注意！**
>
> 　1株当たり純資産額は，マイナスの場合にも算定し，開示する必要があります
> ので，ご注意ください。

2．分子の「控除する金額」について

　1株当たり純資産額においては，分子の控除する額を計算する必要がありま
す。基準上，以下の項目が限定列挙されています（1株当たり利益適用指針
35）。

> (1)　新株式申込証拠金
> (2)　自己株式申込証拠金
> (3)　普通株式よりも配当請求権または残余財産分配請求権が優先的な株式の払込
> 　　金額
> (4)　当該会計期間に係る剰余金の配当であって普通株主に関連しない金額
> (5)　新株予約権
> (6)　非支配株主持分（連結財務諸表の場合）

　純資産の部の合計の中には，(1)〜(6)以外にも，その他有価証券評価差額金や
為替換算調整勘定，繰延ヘッジ損益のように，普通株主に関連しないような項
目もあります。

　その他有価証券評価差額金および為替換算調整勘定は，純資産の部会計基準
適用前から1株当たり純資産額の算定上期末純資産に含めて計算してきており，
期間比較可能性の観点から継続して含めることとしています（1株当たり利益
適用指針59）。

　また，繰延ヘッジ損益は，純資産の部会計基準によって純資産の部に表示さ
れることとなったもので，資産でも負債でもないという性質から純資産の部に
表示されることとなりました。基準上明言はされていませんが，繰延ヘッジ損
益を期末純資産に含めて計算するのは，上述のその他有価証券評価差額金や為
替換算調整勘定も同様の性格をもつものであり，これらを純資産に含めるので

あれば，繰延ヘッジ損益だけを除く必要はないとの見解であるものと考えられます。

Q9-4 種類株式を発行している場合の1株当たり情報の注記

Q	種類株式として配当優先株式を発行している場合，1株当たり情報の注記で具体的にどのような事項を算出して注記する必要があるのでしょうか。
A	配当優先株式を発行している場合には，1株当たり当期純利益を算定する際に，損益計算書上の当期純利益から，当期の優先配当後の配当に参加できる額（以下「参加可能額」といいます）を控除した上で算定することが求められます。

解 説

配当優先株式を含む参加型の株式は，普通株式とともに配当可能利益の分配を受けるため，1株当たり当期純利益を算定する場合，損益計算書上の当期純利益から参加可能額を控除することが適当であると考えられます。

1．累積型配当優先株式の場合

ある会計期間における優先配当が定められた額に達しない場合に，その不足額を累積して次の会計期間以降の利益からその累積した不足額を支払うかどうかにより，配当優先株式は累積型と非累積型とに分類されます。普通株主に帰属しない金額に含まれる優先配当額は，累積型配当優先株式の場合，定められた優先配当額に達しないときの当該不足額が翌会計期間以降に優先的に支払われるため，社債に係る支払利息と同様に，当該会計期間に係る要支払額を算定することが適当であると考えられます（1株当たり利益会計基準46前段）。

なお，累積型配当優先株式において，定められた優先配当額に達しないときの過年度の不足額は，過年度の1株当たり当期純利益の算定においてすでに反映されていると考えられます。このため，当期の1株当たり当期純利益の算定

においては，当該不足額は考慮せず，普通株主に帰属しない金額に含まれる優先配当額は，当該会計期間に係る要支払額となることに留意する必要があります（1株当たり利益会計基準46後段）。

2．非累積型配当優先株式の場合

非累積型配当優先株式の場合，剰余金の配当の決議により決定する当該優先株主に帰属する額を基礎として，当該会計期間に係る要支払額を算定することが適当であると考えられています（1株当たり利益会計基準46また書き）。

期末後の株主総会または取締役会において剰余金の配当の議案が決議され優先配当額が決定される場合，1株当たり当期純利益の算定上，普通株主に帰属しない金額に含まれる非累積型配当優先株式の優先配当額は，決議された株主総会または取締役会の日の属する会計期間の当期純利益から控除するのではなく，基準日の属する会計期間の剰余金の配当を基礎として算定し，当該会計期間の当期純利益から控除することが適当と考えられています（1株当たり利益会計基準16(2)，47）。

3．その他実務上の論点

別途積立金などの積立金の変動や，その他資本剰余金の処分による優先配当等は，1株当たり当期純利益の算定上，当期純利益から控除する普通株主に帰属しない金額には該当しないことに留意する必要があります（1株当たり利益会計基準48，49）。

このうち，別途積立金などの積立金の変動は，計数の変動のみであるため，損益計算書の当期純利益からは控除しないとされています。また，優先配当積立金や役員退職慰労積立金のような普通株主に帰属しない趣旨の積立金の変動であっても，1株当たり当期純利益の算定対象となる会計期間に係るものではない場合には，損益計算書上の当期純利益から控除する普通株主に帰属しない金額には該当しないことに留意が必要です（1株当たり利益会計基準48）。

その他資本剰余金の処分による優先配当等は，基本的には株主資本の払戻しの性格をもつため，1株当たり当期純利益の算定上，当期純利益から控除される普通株主に帰属しない金額には該当しないと考えられています。基準におい

ては，1株当たり当期純利益の算定上，当期純利益から控除される優先配当は，留保利益から行われるものに限定しています（1株当たり利益会計基準8，49）。

第10章

株式報酬

Point

- 代表的な株式報酬として，ストック・オプション，有償ストック・オプション，日本版ESOP，リストリクテッド・ストックおよびパフォーマンス・シェア・ユニットがあります。
- 有償ストック・オプションは，ストック・オプション会計基準に基づく会計処理が求められます。
- リストリクテッド・ストックおよびパフォーマンス・シェア・ユニットは，勤務条件や業績条件を付与して役員等に対して株式を交付するスキームです。

Q10-1 ストック・オプション制度の概要

Q	ストック・オプション制度の概要を教えてください。
A	ストック・オプションは，労働役務提供の対価として，自社株式オプションを従業員等に報酬として付与するものをいいます。

解説

1. ストック・オプション制度の概要

ストック・オプションは，ストック・オプション会計基準において，従業員等（企業と雇用関係にある使用人のほか，取締役，会計参与，監査役および執行役ならびにこれに準ずる者）に対して，報酬として付与する自社株式オプションの1つとして定義されています（ストック・オプション会計基準2(2)）。

ここで，自社株式オプションとは，自社の株式を原資産とするコール・オプションをいい，一定の権利行使期間内にあらかじめ定められた権利行使価格により，会社から株式を取得することができる権利である新株予約権がこれに該当します（ストック・オプション会計基準2(1)）。すなわち，ストック・オプションは，新株予約権のうち，特にインセンティブ・プランとして従業員等に付与される権利をいいます。

ストック・オプションを付与された者は，自社株式の市場価格が権利行使価格を上回る時期にオプションを行使して株式を取得し，市場で売却することにより，キャピタル・ゲインを得ることができます。一方，発行した会社側としては，被付与者が将来キャピタル・ゲインを得るために，企業価値の向上を目指して会社に対してよりよい労働サービスの提供をすることを期待してストック・オプションを付与することになります。

ここで，ストック・オプション会計基準第2項において，各用語は図表10-1のとおり定義されています。

第10章　株式報酬　*223*

| 図表10-1 | ストック・オプション等に関する各用語の定義 |

用　語	定　義
行使価格	ストック・オプションの権利行使にあたり，払い込むべきものとして定められたストック・オプションの単位当たりの金額をいう。
付与日	ストック・オプションが付与された日をいう。会社法における募集新株予約権の割当日（会238Ⅰ④）がこれに当たる。実務上は，会社における付与に関する意思決定後に，個別に従業員と付与に関する契約を締結するため，意思決定日と付与日は異なる。
権利確定日	権利の確定した日をいう。権利確定日が明らかではない場合には，原則として，ストック・オプションを付与された従業員等がその権利を行使できる期間（以下「権利行使期間」という）の開始日の前日を権利確定日とみなす。
権利行使日	ストック・オプションを付与された者がその権利を行使したことにより，行使価格に基づく金額が払い込まれた日をいう。
対象勤務期間	ストック・オプションと報酬関係にあるサービスの提供期間であり，付与日から権利確定日までの期間をいう。
公正な評価額	一般に，市場において形成されている取引価格，気配値または指標その他の相場（以下「市場価格」という）に基づく価額をいうが，市場価格がない場合でも，当該ストック・オプションの原資産である自社の株式の市場価格に基づき，合理的に算定された価額を入手できるときには，その合理的に算定された価額は公正な評価額と認められる。ストック・オプションの公正な評価額は，ストック・オプションの公正な評価単価にストック・オプション数を乗じることで算定される。
失効	ストック・オプションが付与されたものの，権利行使されないことが確定することをいう。失効には，権利確定条件が達成されなかったことによる失効（以下「権利不確定による失効」という）と，権利行使期間中に行使されなかったことによる失効（以下「権利不行使による失効」という）がある。

2．ストック・オプションの実務手続

　ストック・オプションを発行する場合の会社の決議関係や，実務手続については，後述の「3．役員報酬規制との関係」を除き，新株予約権を発行する場

合と同じです。詳細は，前述の第5章「Q5-3　新株予約権の発行手続」に記載しています。

　ただし，発行したストック・オプションが有利発行である場合（金銭の払込みを要しないこととすることが特に有利な条件に当たる場合や払込金額が特に有利な金額に当たる場合（会238Ⅲ））には，決議関係として，取締役は株主総会においてその発行を必要とする理由を述べる必要があります。また，ストック・オプション特有のものとして，新株予約権に勤務条件，あるいは業績条件などの行使条件を付す場合には，その内容を募集事項として決定しておく必要があります（会238Ⅰ①）。この場合，当該行使条件は登記事項とされています（会911Ⅲ⑫ハ）。

　なお，ストック・オプションは会社法上の有利発行に該当する場合が多いと考えられますが，ストック・オプション自体が無償で発行されたとしても，常に有利発行に該当するわけではありません。無償で発行する場合であっても，ストック・オプションの価値に見合う労働サービスを受ける場合や，労働意欲の向上等その他の効果が期待される場合には，適正な便益を受領したと評価できることから，ストック・オプションの公正な評価額と払込金額との単純な比較により判断されるものではないと考えられます[1]。

3．役員報酬規制との関係

(1)　取締役の報酬

　会社法上，取締役の報酬について，取締役自身に決定させるとお手盛りの可能性があるとして，定款での定めがない場合には，以下の事項について株主総会の決議が必要とされています（会361Ⅰ）。

①　報酬等のうち額が確定しているものについては，その額
②　報酬等のうち額が確定していないものについては，その具体的な算定方法
③　報酬等のうち金銭でないものについては，その具体的な内容

1　新日本監査法人調査研究部編『ストック・オプションの会計実務』（中央経済社，2007年）　7頁

第10章　株式報酬　　*225*

　ここで，ストック・オプションは，職務執行の対価としての報酬の性格を有し，取締役の報酬規制を受けることになります。

> **ここ注意！**
>
> 　ストック・オプションが，上記会社法第361条第1項の「①　報酬等のうち額が確定しているもの」なのか否かという点について問題となりますが，ここでいう「額」は，個々の取締役の報酬額を確定的に定める必要はなく，上限額等を定めることも認められています。このため，上場会社でかつストック・オプションの公正な評価額を算定している場合には，「①　報酬等のうち額が確定しているもの」とすることが可能となります。
> 　一方，未公開企業でストック・オプションの公正な評価額を算定できない場合には，上記会社法第361条第1項の「②　報酬等のうち額が確定していないもの」に該当すると考えられます。

(2)　監査役の報酬

　監査役の報酬規制は，適正な報酬等を確保し，その独立性を保持することが目的となっています。会社法第387条においては，定款に監査役の報酬額を定めていない場合には，株主総会の決議によって定めることとされています。この場合，各監査役の報酬についてまで株主総会の決議で定める必要はなく，総額または上限額を決定すれば足り，取締役の報酬規制のように，各報酬の具体的な額やその算定方法を定める必要はありません。このため，株主総会決議で監査役報酬の上限額を定め，ストック・オプションを付与した場合には，ストック・オプション以外の報酬等の額と，ストック・オプションとして付与する利益の額の合計額が当該条件の範囲内であれば，新たに会社法第387条の決議は不要とされています。

Q10-2 ストック・オプションの基本的な会計処理

Q	ストック・オプションの基本的な会計処理を教えてください。
A	ストック・オプションの発行会社は，従業員等からの労働サービスの取得に応じて費用を計上し，対応する金額をストック・オプションの権利の行使または失効までの間，貸借対照表の純資産の部に新株予約権として計上します。 権利確定後にストック・オプションが権利行使され，これに対して新株を発行した場合には，新株予約権として計上した額のうち，当該権利行使に対応する部分を払込資本に振り替えます。

解 説

1．権利確定前の会計処理

　ストック・オプションを付与した場合には，これに応じて会社が従業員等から取得するサービスは，その取得に応じて費用として計上し，対応する金額をストック・オプションの権利の行使または失効が確定するまでの間，貸借対照表の純資産の部に「新株予約権」として計上します（ストック・オプション会計基準4）。

　また，取得に応じて計上すべき費用の額は，ストック・オプションの公正な評価額のうち，対象勤務期間を基礎とする方法その他合理的な方法に基づき当期に発生したと認められる額になります（ストック・オプション会計基準5）。

　ここで，ストック・オプションの公正な評価額の構成要素である公正な評価単価とストック・オプション数について，後述の「Q10-3　ストック・オプションの条件変更の会計処理」にて説明する条件変更以外の会計処理上の取扱いについて説明します。

(1)　公正な評価単価の取扱い

　ストック・オプションの公正な評価単価を算定するにあたっては，市場価格が観察できるのであれば，市場価格を用いることが適当であると考えられます。

しかし，通常，ストック・オプションは，第三者への譲渡が禁止されており，また，市場において取引がなされていないため，市場価格を観察することができません。このため，株式オプションの合理的な価額の見積りに広く受け入れられている算定技法を利用することになります（ストック・オプション会計基準6(2)）。この算定技法として，例えばブラック・ショールズ式や二項モデル等の利用が考えられますが，これらは一般的な市場で売買される株式オプションモデルに利用されるものであるため，適宜，ストック・オプションの特性や条件等を適切に反映するように調整することになります（ストック・オプション会計基準48）。

さらに，ストック・オプションの公正な評価単価は，付与日現在で算定し，条件変更による場合を除き，その後の見直しは行いません（ストック・オプション会計基準6(1)）。また，失効の見込数は，公正な評価単価の算定上は考慮せず，ストック・オプション数に反映させます（ストック・オプション会計基準6(2)）。

(2) ストック・オプション数

ストック・オプションの公正な評価額の構成要素の1つであるストック・オプション数についての会計処理上の取扱いは以下のとおりです（ストック・オプション会計基準7）。

- ストック・オプション数の算定にあたっては，付与されたストック・オプション数から退職等による権利不確定による失効の見積数を控除して算定する。
- 付与日から権利確定日までの直前までの間に，条件変更以外で失効の見積数に重要な変動が生じた場合には，これに応じてストック・オプション数を見直す。ここで，ストック・オプション数を見直した場合には，見直し後のストック・オプション数に基づく公正な評価額により，その期までに費用計上すべき額とこれまでに計上した費用額との差額を，見直した期の損益として計上する。
- 権利確定日には，ストック・オプション数について，権利の確定した数と一致させる。なお，これによりストック・オプション数を修正した場合には，修正後のストック・オプション数に基づく公正な評価額に基づき，権利確定日までに費用計上すべき額と，これまでに計上した費用額との差額を権利確定日の属する期の損益として計上する。

2．権利確定後の会計処理

(1) 権利行使時の会計処理

　ストック・オプションが権利行使され，新株が発行された場合には，新株予約権として計上した額のうち，当該権利行使に対応する部分の金額と，払込金額を合わせて払込資本として処理します（ストック・オプション会計基準8本文）。

　また，権利行使時に自己株式の処分がなされた場合には，自己株式の取得原価と，新株予約権として計上した額のうち権利行使に対応する部分の金額および払込金額の合計額との差額は，自己株式処分差額として処理します（ストック・オプション会計基準8なお書き）。

(2) 権利不行使による失効の会計処理

　ストック・オプションの権利確定後，権利不行使により失効した場合には，新株予約権として計上した額のうち，当該失効に対応する部分を新株予約権戻入益等の利益として計上します（ストック・オプション会計基準9）。

設例10-1　**勤務条件のみが付されたストック・オプションを発行した場合の会計処理**

前提条件

　3月決算会社であるA社は，X1年6月の株主総会において，従業員50名に対して以下の条件のストック・オプション（新株予約権）を付与することを決議し，同年7月1日に付与した。

① 従業員1名につき10個（計500個）付与する。

② ストック・オプションの一部行使はできないものとする。

③ 行使により与えられる株式の数：合計500株

④ 行使時の払込金額：1株当たり80,000

⑤ ストック・オプションの権利確定条件：X1年7月1日からX3年6月30日まで在籍すること

⑥ ストック・オプションの権利確定日：X3年6月30日

⑦ ストック・オプションの行使期間：X3年7月1日からX5年6月30日

⑧ 付与されたストック・オプションは，他に譲渡できない。

第10章　株式報酬　　*229*

⑨　付与日におけるストック・オプションの公正な評価単価：6,000/個
⑩　行使された際に新株を発行する場合には，権利行使に伴う払込金額および行使された新株予約権の金額の合計額を資本金に計上する。
⑪　X1年6月の付与時点においてX3年6月30日までに5名の失効を見込んでいる。
⑫　X2年3月期の期末時点で失効見込人数を変更する必要はないと想定している。
⑬　X3年6月30日までに実際に退職したのは4名であった。
⑭　年度ごとのストック・オプションの実績は以下のとおりである。

	未行使数 （残数）	失効数 （累計）	行使数 （累計）	摘　要
付与時	500	—	—	
X2/3期	490	10	—	退職者1名
X3/3期	470	30	—	退職者2名
X4/3期	360	40	100	X3/4〜6の退職者 1名，行使10名
X5/3期	110	40	350	行使25名
X6/3期	—	60	440	行使9名，失効2名

⑮　税効果は考慮しないものとする。

会計処理

1．X2年3月期

＜付与時＞

> 仕訳なし

＜人件費の計上＞

> （借）　株式報酬費用　　(※1)1,012,500　　（貸）　新株予約権　　(※1)1,012,500

（※1）　6,000×10個×（50−5）名×9か月(※2)÷24か月(※3)＝1,012,500
（※2）　対象勤務期間のうち付与日からX2年3月31日までの期間：9か月
（※3）　対象勤務期間である付与日からX3年6月30日までの期間：24か月

２．X3年３月期

＜人件費の計上＞

（借）	株式報酬費用	(※1)1,402,500	（貸）	新株予約権	(※1)1,402,500

- （※1） 6,000×10個×(50−4(※2))名×21か月(※3)÷24か月−1,012,500＝1,402,500
- （※2） 期末時点で失効見込人数を４名に変更した。
- （※3） 対象勤務期間のうち付与日からX3年３月31日までの期間：21か月

３．X4年３月期

＜人件費の計上＞

（借）	株式報酬費用	(※1)345,000	（貸）	新株予約権	(※1)345,000

- （※1） 6,000×10個×(50−4)名×24か月(※2)÷24か月−(1,012,500＋1,402,500)＝345,000
- （※2） 対象勤務期間のうち付与日からX3年６月30日までの期間：24か月

＜権利行使時（新株を発行する場合）＞

（借）	現 金 預 金	(※1)8,000,000	（貸）	資 本 金	8,600,000
	新 株 予 約 権	(※2)600,000			

- （※1） 払込金額80,000×10株×10名＝8,000,000
- （※2） 行使されたストック・オプションの金額6,000×10個×10名＝600,000

＜権利行使時（自己株式を処分する場合）＞

処分する自己株式の取得原価は，１株当たり75,000であったとする。

（借）	現 金 預 金	(※1)8,000,000	（貸）	自 己 株 式	(※3)7,500,000
	新 株 予 約 権	(※2)600,000		自己株式処分差益	(※4)1,100,000

- （※1） 払込金額80,000×10株×10名＝8,000,000
- （※2） 行使されたストック・オプションの金額6,000×10個×10名＝600,000
- （※3） 処分された自己株式の取得原価75,000×10株×10名＝7,500,000
- （※4） 差額により算出

４．X5年３月期

省略

5．X6年3月期

＜権利行使時＞

（借）現 金 預 金 (※1)7,200,000	（貸）資　本　金　7,740,000
新 株 予 約 権 (※2) 540,000	

- （※1）　払込金額80,000×10株× 9 名＝7,200,000
- （※2）　行使されたストック・オプションの金額6,000×10個× 9 名＝540,000

＜失効時＞

（借）新 株 予 約 権 (※)120,000	（貸）新株予約権戻入益 (※)120,000

- （※）　6,000×10個× 2 名＝120,000

(3)　その他実務上の論点

①　合理的に予測することが困難な権利確定条件（株価条件等）が付された場合

　ストック・オプションには，さまざまな権利確定条件が付されることがありますが，例えば，将来一定の株価を上回った場合には権利行使が可能といったような株価条件が付される場合があります。通常，将来の株価を合理的に予測することは困難です。このため，株価条件のような権利確定日を合理的に予測することが困難な権利確定条件が付された場合には，対象勤務期間はないものとみなし，ストック・オプションの付与日に一時に費用を計上することになります（ストック・オプション適用指針18)。

②　未公開企業における取扱い

　ストック・オプションの公正な評価単価を算定するにあたって，未公開企業[2]については，自社の株式が市場で売買されていないことから，信頼性をもって公正な評価単価を算定することが困難な場合が多いと考えられます。このため，未公開企業の場合には，公正な評価単価に代えて，ストック・オプ

---

2 「未公開企業」とは，公開企業以外の企業をいいます。ここで「公開企業」とは，株式を証券取引所に上場している企業またはその株式が組織された店頭市場に登録されている企業をいいます（ストック・オプション会計基準 2 ⒁）。

ションの単位当たりの本源的価値（公正な評価額算定時点におけるストック・
オプションの原資産である自社の株式評価額と行使価格との差額）に基づいて
会計処理を行うことができます（ストック・オプション会計基準13）。

③　株式報酬型ストック・オプション

　株式報酬型ストック・オプションは，通常，行使価格を１円として設定する
ことで，実質的に株式自体を報酬として付与した場合と同様の経済的効果を与
えるものであり，１円ストック・オプションと呼ばれています。行使価格を１
円とすることで，被付与者側からすれば通常型ストック・オプションのように
株価が行使価格を上回らないことにより権利行使できないといったことがない
ため，通常型ストック・オプションと比較してインセンティブ効果が高いス
トック・オプションの形態になります。株式報酬型ストック・オプションの場
合であっても，通常型ストック・オプションと同様にストック・オプション会
計基準およびストック・オプション適用指針に従った会計処理がなされます。

Q10-3　ストック・オプションの条件変更の会計処理

Q	ストック・オプション発行後，権利確定前に条件変更を行うことは可能でしょうか。また，その場合の会計処理を教えてください。
A	ストック・オプションに係る条件変更には，①公正な評価単価を変動させる条件変更，②ストック・オプション数を変動させる条件変更，および③費用の合理的な計上期間を変動させる条件変更があります。

解　説

　ストック・オプションは，インセンティブ・プランとして従業員等に付与さ
れる権利であり，付与された従業員等は，前述の「Q10-1　ストック・オプ
ション制度の概要」にも記載のとおり，自社株式の市場価格が権利行使価格を
上回る時期にオプションを行使して株式を取得し，市場で売却することにより，

キャピタル・ゲインを得ることができます。しかし，付与日後に株価が下落し，権利行使期間中に株価が権利行使価格を上回る可能性が低い場合には，インセンティブ効果が薄れてしまいます。このような場合に，再度インセンティブ効果を高めるために権利行使価格を引き下げる等の条件変更を行うことが可能です。このほかにも，権利確定条件を変更する等，さまざまな条件変更が考えられます。

　ここで，条件変更には，公正な評価単価を変動させる条件変更，ストック・オプション数を変動させる条件変更および費用の合理的な計上期間を変動させる条件変更があります。以下，各条件変更の会計処理について説明します。

1．公正な評価単価を変動させる条件変更

　ストック・オプションについて，インセンティブ効果を高めるために，権利行使価格を変動させる等の条件変更により，公正な評価単価を変動させる場合があります。公正な評価単価を変動させた場合の会計処理は，図表10-2のとおりとなります（ストック・オプション会計基準10）。

| 図表10-2 | 公正な評価単価を変動させる条件変更に関する会計処理 |

条件変更日の公正な評価単価の状況	会計処理
条件変更日の公正な評価単価＞付与日の公正な評価単価	付与日の公正な評価単価による費用計上を継続することに加え，条件変更日の公正な評価単価が付与日の公正な評価単価を上回っている部分について条件変更日から権利確定日までの期間にわたって合理的に費用を計上する。
条件変更日の公正な評価単価≦付与日の公正な評価単価	付与日の公正な評価単価による費用計上を継続する。

> **ここ注意！**
>
> 　通常，インセンティブ効果を高めるために行使価格の変更を行うと考えられますが，場合によっては，この条件変更により公正な評価単価が付与日の公正な評価単価まで回復せずに，下回ってしまうケースもあります。条件変更がストック・オプションの条件を従業員等にとってより価値のあるものとして行われているにもかかわらず，費用計上額が減額することになるというパラドックスを回避するため，ストック・オプション会計基準では，条件変更日の公正な評価単価が付与日の公正な評価単価以下となる場合には，付与日の公正な評価単価による費用計上を継続することを求めています（ストック・オプション会計基準56）。

２．ストック・オプション数を変動させる条件変更

　ストック・オプションの権利確定条件である勤務条件や業績条件の変更等によって，ストック・オプション数が変動する場合があります。このような場合には，条件変更前の従来の費用計上を継続して行うことに加え，条件変更によるストック・オプション数の変動に見合うストック・オプションの公正な評価額の変動額を，残存期間にわたって合理的な方法に基づき計上することになります（ストック・オプション会計基準11）。

３．費用の合理的な計上期間を変動させる条件変更

　ストック・オプションの権利確定条件である勤務条件の対象勤務期間の短縮や延長等によって，費用の合理的な計上期間が変動する場合があります。このような場合には，条件変更前の従来の残存期間にわたって計上すると見込んでいた金額について，条件変更後の新たな残存期間にわたって合理的な方法に基づき費用を計上します（ストック・オプション会計基準12）。

第10章　株式報酬　　*235*

Q10-4 | ストック・オプションに関する開示

Q　ストック・オプションを発行した場合に，どのような開示が必要になるのでしょうか。

A　金融商品取引法，会社法それぞれにおいて開示すべき内容が規定されています。特に金融商品取引法においては，経理の状況において，ストック・オプション等関係注記としてストック・オプションに関する具体的な内容の記載が求められます。

解 説

　基本的には，ストック・オプションは会社法の新株予約権の制度を活用して行われるため，注記，開示関係も新株予約権に要求されている開示が行われます。ただし，金融商品取引法においては，ストック・オプション制度としての開示も，別に要求されていますので注意が必要です。

1．金融商品取引法上の開示
(1)　提出会社の状況

　ストック・オプションは前述のとおり，基本的に新株予約権の制度を活用して行われるため，有価証券報告書の提出会社の状況（株式等の状況）の「新株予約権等の状況」，「発行済株式数，資本金等の推移」において，図表10-3のとおりの記載が求められています。なお，平成30年3月31日以後終了する事業年度に係る有価証券報告書等から，「新株予約権等の状況」，「ライツプランの内容」および「ストックオプション制度の内容」の項目の「新株予約権等の状況」への統合，ストック・オプションについて財務諸表注記の記載の参照を可能とすること等の改正が行われています（開示府令第三号様式（記載上の注意）⒆，⒇，㉑，㉓b，第二号様式（記載上の注意）㊴，㊵，㊶）。

　また，「コーポレート・ガバナンスの状況等」においても，次頁の図表10-3のとおり役員の報酬等に関する記載が求められます（開示府令第三号様式（記載上の注意）㊳，第二号様式（記載上の注意）㊼）。

| 図表10-3 | 提出会社の状況の開示項目 |

開示区分	開示内容
株式等の状況	**【新株予約権等の状況】** • 付与決議に関する決議年月日 • 決議ごとの付与対象者の区分および対象者数 • 新株予約権の数 • 新株予約権の目的となる株式の種類および株式数 • 行使時の払込金額 • 行使期間 • 新株予約権の行使により株式を発行する場合の株式の発行価格および資本組入額 • 行使の条件 • 譲渡に関する事項 • 組織再編行為に伴う新株予約権の交付に関する事項 • 金銭以外の財産を新株予約権の行使の際に出資の目的とする場合には，その旨ならびに当該財産の内容および価額（「新株予約権等の状況」において有価証券報告書提出日の前月末現在の記載について，事業年度末の情報から変更がなければ，変更ない旨のみ記載することが認められている） **【発行済株式総数，資本金等の推移】** • 新株予約権の行使による発行済株式数・資本金等の増加の場合は，その旨を欄外に記載。 • 期末から提出日の前月末までに権利行使による増加がある場合は，注記事項とする。
コーポレート・ガバナンスの状況等	**【役員の報酬等】** 役員の区分ごとに報酬総額，種類別の報酬総額および対象となる役員の員数（役員報酬としてストック・オプションを付与している場合には，当該事業年度の費用計上額が種類別の報酬等として記載される）など（詳細は後記「Q10-10　有価証券報告書における役員報酬の開示」参照）

第10章　株式報酬　　237

(2)　経理の状況

　ストック・オプションを発行している場合には，経理の状況において，図表10-4の開示項目の記載が求められます。

図表10-4　　経理の状況の開示項目

開示項目	開示内容
貸借対照表（連結，個別）	純資産の部に「新株予約権」として表示する。 （連規43の3，財規68）
株主資本等変動計算書（連結，個別）	新株予約権の前期末と当期末の差額のみを記載。ただし，主要な変動ごとに記載または注記することを妨げない。 （連規75，財規105）
株主資本等変動計算書関係注記（連結，個別）	新株予約権の目的となる株式の種類，株式の数，期末残高を記載（連結で注記した場合には，個別での注記を要しない）。また，新株予約権を行使することができる期間の初日が到来していない新株予約権については，それが明らかになるように記載する（連規ガイドライン79-1-2，財規ガイドライン108-1-2）。なお，新株予約権の目的となる株式の種類，株式の数については，新株予約権がストック・オプションまたは自社株式オプションとして付与されている場合には，記載を要しない（連規79，財規108）。
ストック・オプション等関係注記（連結，個別）	・ストック・オプションの費用計上等に関する注記（当該年度の費用計上額および科目名，権利不行使による失効が生じた場合には利益計上額） ・ストック・オプションの内容，規模および変動状況等に関する注記 ・公正な評価単価の見積方法に関する注記 ・ストック・オプションの権利確定数の見積方法の注記 ・未公開企業がストック・オプションを付与している場合の公正な評価単価の見積方法 ・ストック・オプションの単位当たりの本源的価値による算定を行った場合の注記 ・ストック・オプションの条件変更による注記 （連結で注記した場合には，個別での注記を要しない） （連規15の9から15の11，財規8の14から8の16）

関連当事者注記（連結，個別）	ストック・オプションを取締役等に付与している場合，会計上は役員報酬として処理されるが，役員報酬は関連当事者との取引に関する注記の対象とはされていない（関連当事者会計基準9⑵）。ただし，行使により資本金等が増加した場合で，関連当事者適用指針第16項等の一定の基準を超えるものは資本取引として注記が必要と考えられる。
1株当たり情報（連結，個別）	ストック・オプションの行使は，希薄化効果を有する可能性があるため，潜在株式調整後1株当たり当期純利益の算定にその影響を加味する必要がある（1株当たり利益適用指針22，30から32）。新株予約権等の保有により，希薄化が生じている場合は普通株式増加数の主な内訳，希薄化が生じない場合は潜在株式の概要を記載する（連規65の3，連規ガイドライン65の2，財規95の5の3Ⅰ，Ⅲ，財規ガイドライン95の5の3の2）。
重要な後発事象の注記（連結，個別）	決算日後から監査報告書日の間にストック・オプションの付与または権利行使がなされた場合には，開示後発事象に該当する。当該付与および権利行使によって，翌事業年度以降に重要な影響を及ぼすような場合には，注記が必要となる（連規14の9，財規8の4）。

2. 会社法上の開示

⑴ 事業報告

　会社法においてもストック・オプションを発行した場合には，事業報告にて新株予約権関係や会社役員関係の事項の記載が求められます。記載内容は図表10-5のとおりです。

第10章　株式報酬　　*239*

図表10-5　事業報告の開示項目

開示項目	開示内容
新株予約権等に関する事項	①事業年度の末日において，会社役員（期末日在任者に限る）が新株予約権を有している場合には，次の区分ごとの新株予約権等の内容の概要および新株予約権を有する人数を記載する。 　● 当該株式会社の取締役（監査等委員であるものおよび社外役員を除き，執行役を含む） 　● 当該株式会社の社外取締役（監査等委員であるものを除き，社外役員に限る） 　● 当該株式会社の監査等委員である取締役 　● 当該株式会社の取締役（執行役を含む）以外の会社役員 ②事業年度中に次に掲げる者に対して交付した，次に掲げる者の区分ごとの新株予約権等の内容の概要および交付した人数を記載する。 　● 当該株式会社の使用人（当該株式会社の会社役員を兼ねている者を除く） 　● 当該株式会社の子会社の役員および使用人（当該株式会社の会社役員または使用人を兼ねている者を除く） ③上記のほか，新株予約権等に関する重要な事項を記載する。 （会施規119④，123）
会社役員に関する事項	会社法上の公開会社は，役員の区分ごとに報酬総額および員数を記載することとされている。 職務執行の対価としてのストック・オプションを付与している場合は，会社法上の報酬として取り扱われる。このため，ストック・オプション会計基準による当事業年度の費用計上額を記載することとなる。 ただし，ストック・オプション部分の内訳を示す必要はなく総額で足りることとされている。 （会施規121④，⑤，124 I ⑤，⑥）

(2)　計算書類等

　計算書類等の開示においては，次頁の図表10-6の開示項目の記載が求められます。

図表10-6	計算書類等の開示項目

開示項目	開示内容
貸借対照表（連結，個別）	純資産の部に「新株予約権」として表示する。 （会計規76 I ①ハ，②ハ）
株主資本等変動計算書（連結，個別）	新株予約権の前期末と当期末の差額のみを記載。ただし，主要な変動については，事由を明らかにすることを妨げない。 （会計規96Ⅷ）
株主資本等変動計算書関係注記（連結，個別）	期末現在発行している新株予約権（新株予約権の権利行使期間の初日が到来していないものを除く）の目的となる当該株式会社の株式の数（種類株式発行会社にあっては，種類および種類ごとの数）（連結で注記した場合には，個別での注記を要しない） （会計規105 I ④，106③）
重要な後発事象に関する注記（連結，個別）	金融商品取引法上の開示における重要な後発事象の注記と同様に，会社法においても，重要な開示後発事象に該当するストック・オプションの付与および権利行使がなされた場合には，注記が必要となる。 （会計規114）
その他の注記	会社の財産，損益の状況を正確に判断するために必要であると認められる場合には，会社法上も「ストック・オプション等関係注記」等の内容を記載することが認められている。 （会計規116）

　ここで，平成29年1月1日から平成29年12月31日までに提出された東京証券取引所に開示されている招集通知（会社法計算書類）において，どの程度の会社数が「ストック・オプション等関係注記」を記載しているかについては，図表10-7のとおりです。

図表10-7	会社法上のストック・オプション等関係注記の記載会社数

ストック・オプション採用会社数	ストック・オプション注記記載会社数
947	77

第10章　株式報酬　　*241*

Q10-5 有償ストック・オプションの内容と会計処理

Q	いわゆる有償ストック・オプションについて，無償発行のストック・オプションとの相違を含めた内容および会計処理を教えてください。
A	付与時において被付与者である従業員等は，金銭の払込みを要します。 権利確定前の会計処理について，権利確定条件付き有償新株予約権の公正な評価額から払込金額を控除するという点以外は，無償発行のストック・オプションと同様の会計処理を行います。 権利確定後の会計処理については，無償発行のストック・オプションと相違はありません。

解 説

1．有償ストック・オプションの内容

「Q10-1　ストック・オプション制度の概要」から「Q10-4　ストック・オプションに関する開示」まで説明してきた従来の無償発行のストック・オプションと異なり，付与時に被付与者である従業員等が金銭の払込みをする権利確定条件付き有償新株予約権が，いわゆる有償ストック・オプション[3]です。

一般的な有償ストック・オプションの取引の特徴として以下のようなものが挙げられます（有償ストック・オプション実務対応報告17）。

① 従業員等を引受先として，会社法の規定に基づき新株予約権の募集事項（募集新株予約権の内容（行使価格，権利確定条件等）および数，払込金額，割当日，払込期日等）を決定する。通常は，付与時点の公正な評価額を払込金額とする。また，行使価格は，付与時点の市場価格以上に設定されるケースが多くみられる。
② 権利確定条件として勤務条件および業績条件または業績条件のみを付与する。
③ 新株予約権を付与された従業員等は，払込期日までに一定の額の金銭を企業に払い込む。

3　インセンティブ報酬研究報告では，有償ストック・オプション実務対応報告と同じく「権利確定条件付き有償新株予約権」と表記していますが，本書では慣例的に「有償ストック・オプション」としています。

この有償ストック・オプションは，無償発行のストック・オプションの場合と違い，従業員等は実際に金銭の払込みをするため，株式価値を増加させるためにより一層の意欲や士気を与え，無償発行のストック・オプションよりもインセンティブ効果が高くなります。発行会社側からみれば，金銭の払込みがなされることで，無償発行のストック・オプションの場合と比較して，費用計上額が少なくなり，また，資金調達という効果もあります。しかし，付与時に金銭の払込みを要するという点以外では，無償発行のストック・オプションと類似しており，従業員等に限定して権利確定条件付きの有償新株予約権を付与するため，基本的に企業は従業員等から追加的な労働サービスの提供を期待しているものと考えられ，報酬としての性格を有していると考えられます。

2．有償ストック・オプションの会計処理

(1) 有償ストック・オプションの会計処理の概要

有償ストック・オプションの会計処理については，ストック・オプション会計基準の公表時には当該取引が想定されていなかったことから，ストック・オプション会計基準の適用範囲に含まれるのか，複合金融商品適用指針の範囲に含まれるのか明確に示されていませんでした。このようななか，企業会計基準委員会（ASBJ）は，有償ストック・オプション実務対応報告を平成30年1月12日に公表しています。この有償ストック・オプション実務対応報告において，権利確定条件付き有償新株予約権（有償ストック・オプション）は，基本的にストック・オプション会計基準第2項(2)に定めるストック・オプションに該当するとされ，ストック・オプション会計基準に従った処理が示されています。

なお，有償ストック・オプション実務対応報告に具体的な定めがない会計処理については，ストック・オプション会計基準およびストック・オプション適用指針に従うこととされています（有償ストック・オプション実務対応報告8）。また，有償ストック・オプションが，従業員等から受ける労働サービスの対価として用いられていないということを立証できる場合には，複合金融商品適用指針に従った会計処理を行うことになります（有償ストック・オプション実務対応報告4ただし書き）。

第10章　株式報酬　　243

⑵　権利確定前の会計処理

　まず，有償ストック・オプションの付与時において，無償発行のストック・オプションと異なり，従業員等からの払込みがなされます。その際の払込金額について「新株予約権」に計上することになります（有償ストック・オプション実務対応報告5⑴）。

　また，有償ストック・オプションを付与した場合には，これに応じて会社が従業員等から取得するサービスは，その取得に応じて費用として計上します。さらに，対応する金額を有償ストック・オプションの権利の行使または失効が確定するまでの間，貸借対照表の純資産の部に「新株予約権」を計上する点は，無償発行のストック・オプションと同様になります（有償ストック・オプション実務対応報告5⑵）。

　ただし，各会計期間の費用計上額の算定方法が無償発行のストック・オプションと異なります。有償ストック・オプションの場合の各会計期間の費用計上額は，公正な評価額（公正な評価単価×有償ストック・オプション数）から払込金額を差し引いた金額を，対象勤務期間を基礎とする方法その他合理的な方法に基づき当期に発生したと認められる金額を算定することになります（有償ストック・オプション実務対応報告5⑶）。すなわち，公正な評価額から付与時の払込金額を控除する点が無償発行のストック・オプションと異なります。

　その他，公正な評価単価の取扱い，有償ストック・オプション数の取扱いおよび権利不確定による失効の取扱い等については，無償発行のストック・オプションの場合と同様になります（有償ストック・オプション実務対応報告5⑷から⑹）。

⑶　権利確定後の会計処理

　権利確定後の会計処理については，無償発行のストック・オプションの場合と同様になります。すなわち，権利行使に伴い新株を発行した場合には，新株予約権として計上した額のうち，当該権利行使に対応する部分の金額と，払込金額を合わせて払込資本として処理します（有償ストック・オプション実務対応報告6⑴）。また，権利確定後，権利不行使により失効した場合には，新株予約権として計上した額のうち，当該失効に対応する部分を新株予約権戻入益

等の利益として計上します（有償ストック・オプション実務対応報告6(2)）。

Q10-6 日本版ESOPの内容と会計処理

Q	従業員向けのいわゆる日本版ESOPの内容および会計処理を教えてください。
A	従業員向けの日本版ESOPは，主に信託等のビークルを用いて，企業の拠出により従業員等に対して株式の給付を行う制度です。また，「従業員持株会発展型」と「株式給付型」の2種類があります。 会計処理としては，一定の要件を満たす信託に対して，総額法により信託財産の資産および負債を委託企業の貸借対照表に取り込むことになります。また，信託側で認識している損益については，正の値の場合は委託企業の負債として取り込み，負の値の場合には，委託企業の資産として取り込むことになります。

解 説

1．従業員向けの日本版ESOPの内容

　ESOPとは，Employee Stock-Ownership Planの略称であり，米国で発展した従業員向けの株式給付制度で，主に信託等のビークルを用いて，企業の拠出により従業員等に対して株式の給付を行うものです。そして，米国で発展したESOPをもとに，福利厚生制度の充実および継続的な自社株買いによる自己株式の受け皿確保の必要性の観点から，日本向けに発展させたものが日本版ESOP[4]ですが，各金融機関によっても商品性が異なります。日本版ESOP実務対応報告においては，主に次の2つの種類のスキームに区分されています。

(1) 従業員への福利厚生目的で従業員持株会に信託を通じて自社の株式を交付するスキーム

　日本で従来より普及していた従業員の財産形成を目的とした従業員持株会の

仕組みを活用する形で，信託等のビークルを用いる形態で発展したスキームが，いわゆる「従業員持株会発展型」のESOP制度です。このスキームでは，信託等のビークルが委託会社からの金銭および金融機関からの借入れ等により資金調達した後に，委託会社の株式を市場や委託会社から取得し，一定の条件や期間等が満たされた後に，ビークルから持株会に委託会社の株式を譲渡します。また，ビークルの金融機関からの借入れに，委託会社は債務保証を付します（日本版ESOP実務対応報告3）。このスキームを図で表すと図表10-8のとおりです。

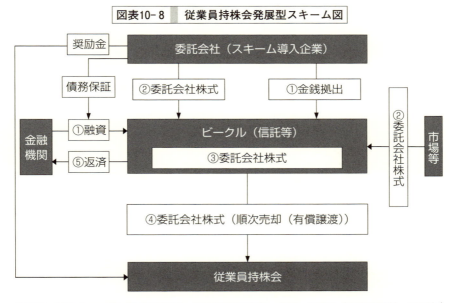

(出典) EY Japan編『取引手法別　資本戦略の法務・会計・税務』（中央経済社，2016年）318頁より引用，一部修正

4　日本版ESOP実務対応報告では「従業員等に信託を通じて自社の株式を交付する取引」，インセンティブ報酬研究報告では「株式交付信託」と表記されていますが，本書では慣例的に「日本版ESOP」としています（後述の「3．役員向けの株式交付信託制度の取扱い」における役員向け制度を除きます）。なお，日本版ESOP実務対応報告における「従業員等」の定義は，ストック・オプション会計基準の定義とは異なり，従業員または従業員持株会とされている点にも留意が必要です（日本版ESOP実務対応報告1，インセンティブ報酬研究報告Ⅱ2）。

(2) 従業員への福利厚生を目的として，自社の株式を受け取ることができる権利（受給権）を付与された従業員に信託を通じて自社の株式を交付する取引

　従来の退職時に現金を支給する退職金制度のみならず，退職金に類似する形で株式を給付するために用いられるケースやその他一定の要件を満たした在職中の従業員に株式を給付するために用いられるケースのスキームです。このスキームでは，信託等のビークルが委託会社からの金銭により資金調達した後に，委託会社の株式を市場や委託会社から取得し，従業員に対して，あらかじめ定められた株式給付規程等に基づき割り当てられたポイント付与数等に応じた株式数を交付します（以下，このスキームを「株式給付型」といいます）（日本版ESOP実務対応報告4）。このスキームを図で表すと図表10-9のとおりです。

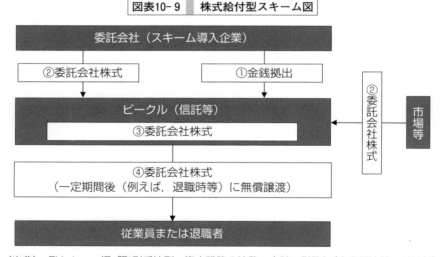

図表10-9　株式給付型スキーム図

（出典）　EY Japan編『取引手法別　資本戦略の法務・会計・税務』（中央経済社，2016年）319頁より引用，一部修正

　従業員持株会発展型と株式給付型の日本版ESOPの図表10-8および図表10-9の一般的なスキームに基づく共通点および相違点は図表10-10のとおりです。

第10章 株式報酬 *247*

| 図表10-10 | 従業員持株会発展型および株式給付型の共通点および相違点 |

共通点	● 一般的に信託等のビークルが長期間保有したのちに従業員持株会および従業員に譲渡する点 ● 主に委託会社および市場等から委託会社株式の調達をする点
相違点	● 従業員持株会発展型については，一般的にビークルは金融機関からの借入を行う点 ● 株式給付型については，委託会社はあらかじめ定められた株式給付規程等に基づき，受給権の算定基礎となるポイントの割当てを行う点 ● 従業員持株会発展型については譲渡時に入金があるが，株式給付型については無償譲渡がなされる点

2．従業員向けの日本版ESOPの会計処理

(1) 従業員持株会発展型

　従業員持株会発展型の個別財務諸表上の会計処理は，日本版ESOP実務対応報告に基づくと以下のとおりとなります（日本版ESOP実務対応報告5から8）。

① 総額法の適用

　対象となる信託が，「委託者が信託の変更をする権限を有している場合」および「企業に信託財産の経済効果が帰属しないことが明らかであるとは認められない場合」という2つの要件をいずれも満たす場合には，信託に対して総額法を適用して委託会社の個別財務諸表に計上することになります（日本版ESOP実務対応報告5）。すなわち，信託の資産および負債を委託会社の貸借対照表に取り込んで計上することになります。

　ただし，信託の損益については，そのまま委託会社の損益としては取り込まないことになります。信託の損益は最終的には株式の交付を受ける従業員に帰属するため，信託の損益が正の値の場合には負債に計上し，負の値の場合には資産として計上することになります（日本版ESOP実務対応報告8(2)）。総額法の適用について図表にて例を示すと，次頁の図表10-11のとおりです。

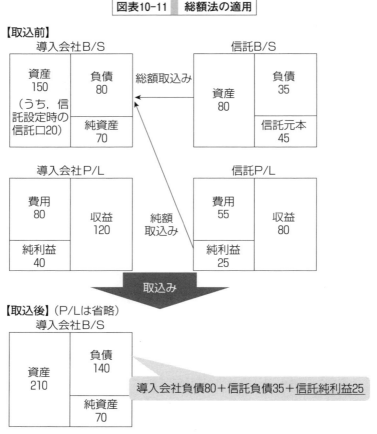

(出典) EY Japan編『取引手法別 資本戦略の法務・会計・税務』(中央経済社, 2016年) 327頁より引用, 一部修正

② 自己株式処分差額の認識時点

信託が委託会社から株式を取得する場合には, 委託会社は信託からの対価の払込期日に自己株式処分差額を認識することになります(日本版ESOP実務対応報告7)。認識時点について, このような考え方を採用している理由は, 日本版ESOP実務対応報告では, 従業員を受益者とする他益信託を対象としており, 企業と信託の存在は同一とはみなせないこと, および自己株式等適用指針

第10章　株式報酬　　*249*

第5項において，自己株式の処分については対価の払込期日に認識するとされている点とも整合的な取扱いであるためです（日本版ESOP実務対応報告32）。

③　期末における会計処理

日本版ESOP実務対応報告第8項では，期末において以下の点に留意するものとしています。

> (i)　信託に期末時点で残存する自社の株式（信託から従業員持株会に交付していない株式）を，信託における帳簿価額（付随費用の金額を除く）により株主資本において自己株式として計上する。なお，信託における帳簿価額に含められていた付随費用は，(ii)の信託に関する諸費用に含める。
> (ii)　信託の損益（従業員持株会に売却された株式に係る売却差損益，信託が保有する株式に対する配当金および信託に関する諸費用）の純額が，正の値の場合には負債として，負の値の場合には資産として適当な科目を用いて計上する。
> (iii)　信託の終了時点において，信託での借入金の返済や諸費用を支払うための資金が不足する場合，委託会社が信託の金融機関の借入金に対して行っている債務保証の履行により不足額を負担することになる。結果的に，この履行に伴う求償債権が回収不能となる可能性が高い場合で，かつ，これによって委託会社に生じる損失額を合理的に見積ることができる場合には，当期の負担に属する金額を債務保証損失引当金として計上する必要がある。このため，その負担可能性等も鑑みて引当金の計上の要否を判断することになる。
> (iv)　自己株式の処分および消却時の帳簿価額は，株式の種類ごとに算定するが，企業が保有する自己株式と信託が保有する自己株式については，帳簿価額を通算しない。
> (v)　企業が信託に支払った配当金等の企業と信託との間の取引は，相殺消去は行わない。

(2)　株式給付型

株式給付型の個別財務諸表上の会計処理は，日本版ESOP実務対応報告に基づくと以下のとおりとなります（日本版ESOP実務対応報告10から14）。

①　総額法の適用

従業員持株会発展型と同様に2つの要件をいずれも満たした場合には，総額法を適用することになります（日本版ESOP実務対応報告10，5(1)，(2)）。

② 自己株式処分差額の認識時点

従業員持株会発展型と同様に，委託会社は信託からの対価の払込期日に自己株式処分差額を認識することになります（日本版ESOP実務対応報告11）。

③ 従業員へのポイントの割当て等に関する会計処理

委託会社は，従業員に割り当てられたポイントに応じた株式数に，信託が自社の株式を取得したときの株価を乗じた金額を基礎とし，費用および対応する引当金を計上することになります（日本版ESOP実務対応報告12）。また，信託から従業員に対して株式が交付される場合には，ポイントの割当て時に計上した引当金を取り崩します。この取崩額は，信託が自社の株式を取得したときの株価に交付された株式数を乗じて算定します（日本版ESOP実務対応報告13）。

なお，費用および引当金の計上ならびに引当金の取崩しにあたって，株式の取得が複数回にわたって行われる場合には，当該取崩額を平均法または先入先出法によって算定することになります（日本版ESOP実務対応報告12，13）。

④ 期末における会計処理

日本版ESOP実務対応報告では，期末における株式給付型の会計処理について，前述の「(1)③　期末における会計処理」に記載の(iii)を除く(i)，(ii)，(iv)および(v)の事項に関して留意するものとしています（日本版ESOP実務対応報告14）。

3．役員向けの株式交付信託制度の取扱い

日本版ESOP実務対応報告においては，基本的に従業員向けの信託を通じた自社の株式の交付取引について実務上の取扱いを明らかにしていますが，近年，役員向けに信託を通じた自社の株式を交付する取引もみられます。役員向けのスキームは，業績達成度に応じた自社株式の交付や毎期役位ごとにポイントを付与し，累積ポイントに応じた自社株式の交付を目的として，あらかじめ信託銀行が株式を取得し，管理，給付するスキームです。この役員向けのスキームは，金融機関によって名称は異なるものの，基本的な仕組みは概ね共通してい

第10章　株式報酬　　*251*

ます。役員向けのスキームの場合には，従業員向けスキームの場合と異なり，前述の「Q10-1　ストック・オプション制度の概要」の「3．役員報酬規制との関係」にも記載の役員報酬に関する手続が必要になります。また，この役員向けのスキームの会計処理は，内容に応じて日本版ESOP実務対応報告を参考にすることが考えられます（日本版ESOP実務対応報告26なお書き）。

> **ここ注意！**
>
> 　役員向けのスキームの場合には，従業員向けのスキームの場合と制度目的や，対象者と会社との契約関係等で前提条件が異なると考えられます。このため，日本版ESOP実務対応報告第4項の定めにあるスキームとの類似性や同第10項（第5項）の要件を満たすかどうか等，慎重な判断を行う必要があります。

Q10-7　日本版ESOPに関する開示

Q	従業員向けの日本版ESOPを導入した際に，どのような開示が必要になるのでしょうか。
A	株主資本等変動計算書および1株当たり情報に関する注記での記載が求められます。また，追加情報に取引に関連する事項の注記として，取引の概要等の記載が求められます。その他，提出会社の状況の役員・従業員株式所有制度の内容の記載が求められます。

解　説

　従業員向けの日本版ESOPを導入し，日本版ESOP実務対応報告に記載の対象取引を行っている場合には，以下の事項の注記等が求められています。

1．取引に関連する事項

　連結財務諸表および個別財務諸表において，取引に関連する事項として追加情報に以下の注記が求められています。なお，連結財務諸表における注記と個

別財務諸表における注記の内容が同一となる場合には，個別財務諸表上は連結財務諸表に当該注記がある旨のみ記載すれば足ります（日本版ESOP実務対応報告16）。

- 取引の概要
- 期末における総額法の適用によって計上された自己株式について，純資産の部に自己株式として表示している旨，帳簿価額および株式数
- 従業員持株会発展型において，総額法の適用により計上された借入金の帳簿価額

2．株主資本等変動計算書の注記事項

　連結株主資本等変動計算書または株主資本等変動計算書注記において，以下の事項を注記することが求められています（日本版ESOP実務対応報告18）。

- 当期首および当期末の自己株式数に含まれる信託が保有する自社の株式数
- 当期に増加または減少した自己株式数に含まれる信託が取得または売却，交付した自社の株式数
- 配当金の総額に含まれる信託が保有する自社の株式に対する配当金額（前述の「Q10-6　日本版ESOPの内容と会計処理」にも記載のとおり，企業が信託に支払った配当金等の企業と信託との間の取引の相殺消去は行わない）

3．1株当たり情報の注記事項

　期末における総額法において計上された自己株式については，1株当たり当期純利益の算定上，期中平均株式数の計算において控除する自己株式に含め，また，1株当たり純資産額の算定においても，期末発行済株式数から控除する自己株式に含めることになります（日本版ESOP実務対応報告17本文，また書き）。

　なお，1株当たり情報に関する注記を記載する場合には，期末における総額法において計上された自己株式を，控除する自己株式に含めている旨ならびに期末および期中平均の自己株式数を注記することになります（日本版ESOP実務対応報告17なお書き）。

第10章　株式報酬　　*253*

４．提出会社の状況（役員・従業員株式所有制度の内容）

　有価証券報告書の提出会社の状況（株式等の状況）の「役員・従業員株式所有制度の内容」において，提出会社の役員，使用人その他の従業員（定義府令第16条第１項第７号の２イ(1)に規定する対象従業員を含みます）またはこれらの者を対象とする持株会（以下「役員・従業員持株会」といいます）に提出会社の株式を一定の計画に従い，継続的に取得させ，または売り付けることを目的として，当該提出会社の株式の取得または買付けを行う信託その他の仕組みを利用した制度（以下「役員・従業員株式所有制度」といいます）を導入している場合には，以下の事項を具体的に記載することが求められています（開示府令第三号様式（記載上の注意）(27)，第二号様式（記載上の注意）(46)）。

---

① 　当該役員・従業員株式所有制度の概要（役員・従業員株式所有制度の仕組みおよび信託を利用する場合には受益権の内容等）
② 　役員・従業員持株会に取得させ，または売り付ける予定の株式の総数または総額
③ 　当該役員・従業員株式所有制度による受益権その他の権利を受けることができる者の範囲

ここ注意！

　株式給付型日本版ESOPを採用している場合でも，記載が求められている点に留意が必要になります[5]。

5 　吉田信之「有価証券報告書作成上の留意点（平成22年３月期）」（『旬刊経理情報』（中央経済社），2010年６月１日号）　36頁

Q10-8 リストリクテッド・ストックの内容と会計処理

Q	いわゆるリストリクテッド・ストック（業績条件を付していない譲渡制限付株式）の内容および会計処理を教えてください。
A	役員または従業員に職務執行の対価として交付される一定期間の譲渡制限その他の条件等が付されている現物株式を報酬として付与する報酬形態です。事前交付型と事後交付型の２種類があります。 このうち事前交付型リストリクテッド・ストックの会計処理は，現物出資時点で前払費用等を資産として計上し，その後，対象勤務期間にわたって費用を計上していく方法が考えられます。

解 説

１．リストリクテッド・ストックの内容

　リストリクテッド・ストックとは，役員または従業員に職務執行の対価として交付される一定期間の譲渡制限その他の条件等が付されている現物株式を報酬として付与する報酬形態です。リストリクテッド・ストックには，職務執行開始後速やかに譲渡制限が付された株式を交付する形態の「事前交付型リストリクテッド・ストック」と職務執行期間が終了した後に株式を交付する「事後交付型リストリクテッド・ストック（リストリクテッド・ストック・ユニット）」があります[6]（2019年経産省手引きⅡＱ６，Ｑ19参照）。

　コーポレート・ガバナンスコードでも述べられているとおり，役員の報酬については，企業価値の向上につながるようなインセンティブを付与することが求められているものの，我が国においては，会社法上，無償での株式発行や労務出資が認められていないことから，役員に対して株式を直接報酬として付与することができないと考えられていました。この点，「「攻めの経営」を促す役

---

[6] インセンティブ報酬研究報告においては「事前交付型リストリクテッド・ストック」を「事前交付型譲渡制限付株式（リストリクテッド・ストック）」，「事後交付型リストリクテッド・ストック」を「事後交付型譲渡制限付株式（リストリクテッド・ストック・ユニット）」としています。

員報酬～新たな株式報酬（いわゆる「リストリクテッド・ストック」）の導入等の手引」が経済産業省より公表され，役員に対して金銭報酬債権を付与し，当該金銭報酬債権を現物出資する方法を用いることで，会社法上もリストリクテッド・ストックや後述の「Q10-9　パフォーマンス・シェア・ユニットの内容と会計処理」で説明するパフォーマンス・シェア・ユニットについても導入するための手続の整理がなされました。

(1) **事前交付型リストリクテッド・ストックの内容**

事前交付型リストリクテッド・ストックは，一定期間の譲渡制限が付された現物株式を事前に役員等に交付するものであり，業績条件は付さずに，導入企業が無償取得する事由として，いわゆる勤務条件のみが付されたものです（2019年経産省手引き，15頁参照）。株式の付与後に一定の譲渡制限期間が設けられているため，リテンション効果（転職防止）があり，また，役員自身が株式を保有することになるため，株主目線の経営を促す効果があります。事前交付型リストリクテッド・ストックのイメージ図は，図表10-12のとおりです。

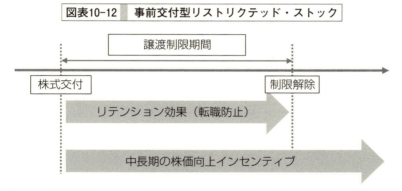

図表10-12　事前交付型リストリクテッド・ストック

（出典）　2019年経産省手引き，15頁

(2) **事後交付型リストリクテッド・ストック**

事後交付型リストリクテッド・ストックは，役員の株主総会の選任後にあらかじめ交付株式数を定め，中期経営計画の計画終了時や継続勤務期間など一定期間経過後にその株式を役員に交付する報酬形態です。事後交付型リストリク

テッド・ストックも，事前交付型リストリクテッド・ストックと同様にいわゆる勤務条件のみが付され，業績に係る条件は付しません。また，交付する株式について，インセンティブ効果を継続するために，一定期間の譲渡制限を付けることも考えられます。事後交付型リストリクテッド・ストックのイメージ図は，図表10-13のとおりです。

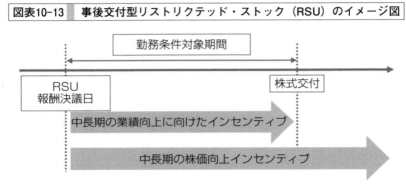

(出典) 2019年経産省手引き，15頁を基に作成

2．リストリクテッド・ストックの会計処理
(1) 事前交付型リストリクテッド・ストック

2019年経産省手引きⅡQ44において，事前交付型リストリクテッド・ストックの会計処理が示されています。また，現行会社法の枠組みの中で，インセンティブ報酬研究報告Ⅵ3においても会計処理が示されています。

リストリクテッド・ストックは，役員等に金銭報酬債権を付与し，その役員等からその金銭報酬債権の現物出資と引換えに，その役員等に対して株式を交付する取引です。役員等に対して金銭報酬債権を付与した際に，金銭報酬債権相当額を前払費用等で資産計上し，付与と同時に現物出資するため，金銭報酬債権相当額を払込資本として計上することとされています。また，株式交付後は，現物出資された金銭報酬債権相当額のうち，役員等が提供する役務として当期に発生したと認められる額を，対象勤務期間または譲渡制限期間を基礎とする方法等合理的な方法に基づき，前払費用等を取り崩し，費用として計上することとされています。

第10章　株式報酬　　*257*

　なお，譲渡制限解除の条件未達により，会社が役員等から株式を無償取得した場合には，付与した金銭報酬債権相当額のうち，無償取得することになった部分について，前払費用等を取り崩し，損失処理することになると考えられるとされています（2019年経産省手引きⅡQ44）。

設例10-2　事前交付型リストリクテッド・ストックの会計処理

前提条件

① 　X1年6月の株主総会において，取締役10名の報酬総額を6,000とすることを決議した。

② 　X1年7月の取締役会において，各取締役の報酬額を600とすることを決議し，また，株式の第三者割当の決議をした。さらに，7月の払込期日において，各取締役からの金銭報酬債権の現物出資と引換えに，各取締役に譲渡制限株式を交付した。

③ 　譲渡制限期間は，X1年7月からX4年6月までの3年間である。

④ 　譲渡制限の解除条件は，譲渡制限期間中，勤務を継続することである。

⑤ 　現物出資に際しては，全額を資本金に計上する。

⑥ 　X4年3月末に取締役のうち4名が自己都合により退職し，一部について譲渡制限の解除条件が未達となった。

⑦ 　税効果は考慮しないものとする。

⑧ 　本設例では，現行会社法を前提とした現物出資方式の下，2019年経産省手引きで示された会計処理を行うものとする。

会計処理

1．X2年3月期

＜金銭報酬債権の付与時（X1年7月）＞

（借）　前 払 費 用	6,000	（貸）　金 銭 報 酬 債 務	6,000

＜現物出資時（X1年7月）＞

（借）　金 銭 報 酬 債 権	6,000	（貸）　資　本　金	6,000

＜金銭報酬債権債務の相殺（X1年7月）＞

（借） 金銭報酬債務	6,000	（貸） 金銭報酬債権	6,000

＜人件費の計上＞

（借） 株式報酬費用	[※1]1,500	（貸） 前 払 費 用	[※1]1,500

（※1） 6,000×9か月[※2]÷36か月[※3]＝1,500
（※2） 対象勤務期間のうち現物出資時からX2年3月末までの期間：9か月
（※3） 対象勤務期間である現物出資時からX4年6月末までの期間：36か月

2．X3年3月期
＜人件費の計上＞

（借） 株式報酬費用	[※1]2,000	（貸） 前 払 費 用	[※1]2,000

（※1） 6,000×21か月[※2]÷36か月－1,500＝2,000
（※2） 対象勤務期間のうち現物出資時からX3年3月末までの期間：21か月

3．X4年3月期
＜人件費の計上＞

（借） 株式報酬費用	[※1]2,000	（貸） 前 払 費 用	[※1]2,000

（※1） 6,000×33か月[※2]÷36か月－3,500＝2,000
（※2） 対象勤務期間のうち現物出資時からX4年3月末までの期間：33か月

＜金銭報酬債権の無償取得＞

（借） 損　　　　　失	[※1]200	（貸） 前 払 費 用	200

（※1） 600×4名－600名×4名×33か月[※2]÷36か月＝200
（※2） 対象勤務期間のうち譲渡制限解除時であるX4年3月末までの期間：33か月

4．X5年3月期
＜人件費の計上＞

（借） 株式報酬費用	[※1]300	（貸） 前 払 費 用	300

（※1） 600×6名×36か月[※2]÷36か月－600名×6名×33か月[※3]÷36か月＝300
（※2） 対象勤務期間のうち現物出資時からX4年6月末までの期間：36か月
（※3） 対象勤務期間のうち現物出資時から前期末であるX4年3月末までの期間：33か月

第10章　株式報酬　　*259*

⑵　**事後交付型リストリクテッド・ストック（リストリクテッド・ストック・ユニット）**

　事後交付型リストリクテッド・ストックについては，特段会計基準等が定められておらず，また，2019年経産省手引きでも特段会計処理は示されていません。ここでは現行会社法の枠組みのなかで，インセンティブ報酬研究報告Ⅵ6に示されているパフォーマンス・シェア・ユニットの会計処理を参考にして，事後交付型リストリクテッド・ストックの会計処理について説明します。

　事後交付型リストリクテッド・ストック導入時から株式交付時点までのいわゆる勤務条件が付された対象勤務期間中に，すでに役員等から役務の提供を受けています。このため，将来付与される金銭報酬債権の金額について，役員等が提供する役務として当期に発生したと認められる額を，対象勤務期間を基礎とする方法等合理的な方法に基づき費用として計上し，相手勘定として負債を計上する会計処理が考えられます。

　また，事後交付型リストリクテッド・ストックについては，最終的に付与される金銭報酬債権の金額は，「対象勤務期間の末日等の株価×株数（いわゆる権利確定条件の達成度合いにより変動します）」として算定され，費用計上額を毎期末の時価（株価）によって測定し直していくことになると考えられます。

　株式交付時点においては，役員等に金銭報酬債権が付与され，現物出資がなされますが，負債として計上した金額は金銭報酬債権の付与に対応して金銭報酬債務に振り替えることになると考えられます。そして，現物出資によって払い込まれた債権と当該債務が相殺される形となります（後述の「Q10-9　パフォーマンス・シェア・ユニットの内容と会計処理」の設例10-3参照）。

Q10-9　パフォーマンス・シェア・ユニットの内容と会計処理

Q	パフォーマンス・シェア・ユニットの内容および会計処理を教えてください。
A	パフォーマンス・シェア・ユニットとは，中長期の業績目標の達成度合いに応じて，中期経営計画終了時等の将来の一定時期に株式を交付する報酬形態です。 その会計処理としては，将来付与される金銭報酬債権の金額について，役員等が提供する役務として当期に発生したと認められる額を，対象勤務期間を基礎とする方法等合理的な方法に基づき費用として計上し，相手勘定として負債を計上することが考えられます。

解説

1．パフォーマンス・シェアの内容

　パフォーマンス・シェアとは，中長期の業績目標の達成度合いに応じて，株式を交付する報酬形態です（2019年経産省手引きⅡQ74）。パフォーマンス・シェアには，事前交付型リストリクテッド・ストックの譲渡制限解除条件に業績に係る条件を付した「初年度発行－業績連動譲渡制限解除型」と中長期の業績目標の達成度合いに応じて，中期経営計画終了時等の将来の一定時期に株式を交付する「業績連動発行型（事後交付型，いわゆるパフォーマンス・シェア・ユニット）」の2種類があります[7]。しかし，平成29年度税制改正により，「初年度発行－業績連動譲渡制限解除型」は，税務上損金に算入されないこととなり，今後導入企業が減少すると考えられます。ただし，基本的な会計処理については，事前交付型リストリクテッド・ストックと同じであると考えられます。

7　インセンティブ報酬研究報告においては，「初年度発行－業績連動譲渡制限解除型」を「初年度発行型パフォーマンス・シェア」，「業績連動発行型（事後交付型）」を「業績連動発行型パフォーマンス・シェア（パフォーマンス・シェア・ユニット）」としています。

事前交付型および事後交付型リストリクテッド・ストックと相違するのは，業績条件を付している点になります。業績目標の達成度合いに応じて，交付される株式数，すなわち報酬額が変動するため，よりインセンティブ効果が高い報酬形態と考えられます。

ここで，パフォーマンス・シェア・ユニットは導入時において，株主総会決議等（取締役に付与する株式数の具体的な算定方法を決定する取締役会決議等を含みます）を行います。また，その際に，取締役会にて役員報酬規程の制定や，会社と取締役との間で個別に契約を締結することも考えられます。株式交付時においては，あらかじめ定められた算定方法により，個別の役員に対する株式交付数をもとに金銭報酬債権を算定し，当該金銭報酬債権を現物出資することにより，株式の交付を行うことになります。

パフォーマンス・シェア・ユニットのイメージ図は，図表10-14のとおりです。

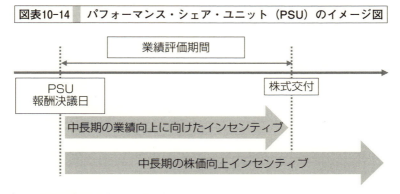

図表10-14　パフォーマンス・シェア・ユニット（PSU）のイメージ図

(出典)　2019年経産省手引き，15頁を基に作成

2．パフォーマンス・シェア・ユニットの会計処理

パフォーマンス・シェア・ユニットについては，特段会計基準等が定められておらず，また，2019年経産省手引きでも特段会計処理は示されていません。ここでは現行会社法の枠組みのなかで，インセンティブ報酬研究報告Ⅵ6に示されている会計処理について説明します。

事後交付型リストリクテッド・ストックと同様に，パフォーマンス・シェ

ア・ユニット導入時から株式交付時点までの業績に係る条件が付された対象勤務期間中にすでに役員等から役務の提供を受けています。このため，将来付与される金銭報酬債権の金額について，役員等が提供する役務として当期に発生したと認められる額を，対象勤務期間を基礎とする方法等合理的な方法に基づき費用として計上し，相手勘定として負債を計上する会計処理が考えられます。

　株式交付時点においては，役員等に金銭報酬債権が付与され，現物出資がなされることから，当該金銭報酬債権の金額が払込資本として計上され，結果的に当該金銭報酬債権と負債が相殺されることになると考えられます。

　また，業績条件の達成可能性をどのように負債（引当金）計上に反映させるかが問題となります。ここで，業績条件の反映方法としては，ストック・オプションの考え方を参考に業績条件の達成可能性を株式交付数に織り込んで算定する方法（ストック・オプション会計基準7参照）と，我が国における引当金の考え方を参考にあらかじめ定められた業績等の条件を達成する可能性が高くなった場合に負債（引当金）を計上する方法が考えられます。

　さらに，当初決議時点において，業績目標の達成度合いごとに「株数」を決定しておくようなスキームでは，業績目標の達成度合いのみならず，株価の変動によって交付される株式の時価総額が結果的に異なるため，毎期の株式報酬費用をどのように算定するのかが問題となります。この場合，最終的な金銭報酬債権の金額は，「業績連動期間の末日等の株価×株数（業績目標の達成度合いにより変動します）」という算式で決定され，業績連動期間の経過に応じて義務が生じていると考えられます。このため，費用計上額も毎期末の時価（株価）によって測定し直していくことが考えられます。

設例10-3　パフォーマンス・シェア・ユニットの会計処理

前提条件

① X1年6月の株主総会において，取締役10名に対して，X1年6月からX3年6月までの2年間の職務執行期間を対象として業績連動報酬総額の上限額を1,000,000とすることを決議した。また，あわせて具体的な報酬の算定方法は取締役会に委任する決議を行った。

② X1年7月の取締役会において業績連動株式報酬制度（業績評価期間はX1年4

第10章　株式報酬　　*263*

月からX3年3月までの2年間）に使用する指標を連結営業利益，目標額を2年間累計で200億円と設定し，連結営業利益の達成率を基礎とする業績連動係数は目標達成率に応じて0％から150％とした。また，業績評価の対象期間を2年とすること，および業績連動係数に応じて付与する金銭報酬債権の基礎となる交付株式数の算定方法を，基準交付株式数×業績連動係数とする決定をした。

③　基準交付株式数は，基準額を業績等連動期間の開始日前1か月間の株価の平均値で除した数とし，1人当たり200株と算出する。

④　X2年3月期の連結営業利益の実績値は90億円であった。また，翌期の業績予想における連結営業利益は170億円である。過去の業績予想の達成実績からも予算の達成は見込まれる状況である。

⑤　X2年3月末の株価は1株当たり200である。

⑥　会社のX3年3月期の連結営業利益は150億円であった。また，X3年3月末の株価は1株当たり250であった。

⑦　1人当たりの交付株式数は240株（基準交付株式数200株×業績連動係数120％（連結営業利益（累計）240億円÷業績目標200億円））と算出された。

⑧　X3年7月の取締役会において240株の株式を交付するのに必要な金銭報酬債権720,000を対象取締役10名に対して付与し，取締役は当該金銭報酬債権を現物出資財産として払い込み，会社は取締役に対して取締役会決議で株式を発行した。なお，払込資本の全額を資本金として計上するものとする。

⑨　交付株式数を基礎とした金銭報酬債権額の算定にあたっては，対象期間終了後の金銭報酬債権額を決定する取締役会決議の日の前日の株価を基礎として算出することとし，当該日における株価は1株当たり300であった。

⑩　税効果は考慮しないものとする。

会計処理

1．X2年3月期

＜株主総会および取締役会決議日＞

仕訳なし

＜人件費の計上＞

| （借）　株式報酬費用 | (※1)195,000 | （貸）　負債（引当金） | 195,000 |

（※1）　基準交付株式数200株×業績連動係数130％（（X2年3月期実績90億円＋X3年3月期業績予想170億円）÷業績目標200億円）×X2年3月末株価200×対象取締役10名×（職務執行期間9か月÷対象期間24か月）＝195,000

２．X3年3月期

＜人件費の計上＞

（借）　株式報酬費用　　（※1）330,000	（貸）　負債（引当金）　　　　330,000

（※1）　基準交付株式数200株×業績連動係数120％（（X2年3月期実績90億円＋X3年3月期実績150億円）÷業績目標200億円）×X3年3月末株価250×対象取締役10名×（職務執行期間21か月÷対象期間24か月）－X2年3月期計上額195,000＝330,000

３．X4年3月期

＜人件費の計上＞

（借）　株式報酬費用　　（※1）195,000	（貸）　負債（引当金）　　　　195,000

（※1）　基準交付株式数200株×業績連動係数120％（（X2年3月期実績90億円＋X3年3月期実績150億円）÷業績目標200億円）×X3年7月取締役会決議日前日株価300×対象取締役10名－（X2年3月期計上額195,000＋X3年3月期計上額330,000）＝195,000

＜金銭報酬債権の付与時（X3年7月）＞

取締役に対して金銭報酬債権を付与することによって，確定債務へと振り替える処理を行います。

（借）　負債（引当金）　　　720,000	（貸）　金銭報酬債務　　　　720,000

＜現物出資時（X3年7月）＞

付与した金銭報酬債権は直ちに現物出資財産として払い込まれます。

（借）　金銭報酬債権　　　720,000	（貸）　資　　本　　金　　　720,000

＜金銭報酬債権債務の相殺（X3年7月）＞

自己宛の金銭報酬債権が現物出資されることにより，債権と債務が混同により消滅します。

（借）　金銭報酬債務　　　720,000	（貸）　金銭報酬債権　　　　720,000

第10章　株式報酬　　*265*

Q10-10　有価証券報告書における役員報酬の開示

Q　有価証券報告書の提出会社の状況（コーポレート・ガバナンスの状況等）において，役員報酬についてどのような開示が必要になるのでしょうか。

A　役員の報酬等について，その金額のみならず報酬等の額またはその算定方法の決定に関する方針を定めている場合には，方針の内容および決定方法の記載が求められています。
また，平成31年1月の開示府令の改正によって，役員の報酬について，業績連動報酬に関する情報や役職ごとの方針等の開示が求められるようになりました。

解　説

　役員報酬について，有価証券報告書の提出会社の状況（コーポレート・ガバナンスの状況等）においても一定の開示が求められています。また，平成31年1月に開示府令が改正されていることから，その記載内容について注意が必要です。

1．役員報酬の情報提供の拡充に関する背景

　平成25年に政府が閣議決定した「日本再興戦略」およびその翌年の改定版に基づき，我が国の成長戦略の一環として，平成27年からコーポレートガバナンス・コードが施行されています。コーポレートガバナンス・コードは，5つの基本原則で構成され，(1)株主の権利・平等性の確保，(2)株主以外のステークホルダーとの適切な協働，(3)適切な情報開示と透明性の確保，(4)取締役会等の責務，(5)株主との対話，に関する指針が示されています。

　コーポレートガバナンス・コードの原則4-2において，「経営陣の報酬については，中長期的な会社の業績や潜在的リスクを反映させ，健全な起業家精神の発揮に資するようなインセンティブ付けを行うべきである。」とされており，また，補充原則4-2①において，「取締役会は，経営陣の報酬が持続的な成長に向けたインセンティブとして機能するよう，客観性・透明性ある手続

に従い，報酬制度を設計し，具体的な報酬額を決定すべきである。」とされています。さらに，基本原則3において，「上場会社は，会社の財政状態・経営成績等の財務情報や，経営戦略・経営議題，リスクやガバナンスに係る情報等の非財務情報について，法令に基づく開示を適切に行うとともに，法令に基づく開示以外の財務情報にも主体的に取り組むべきである。」とされています。その上で，原則3－1において，「取締役会が経営陣幹部・取締役の報酬を決定するに当たっての方針と手続」の開示が求められ，加えて，補充原則3－1①において，「上記の情報の開示（法令に基づく開示を含む）に当たっても，取締役会は，ひな型的な記述や具体性を欠く記述を避け，利用者にとって付加価値の高い記載となるようにすべきである。」とされています。

　このように，我が国においては，役員の報酬に対してインセンティブを付与し，株主の目線に立った経営を促すとともに，役員報酬を含むコーポレート・ガバナンスの状況に関する情報提供を充実させ株主と会社との建設的な対話を促すことが求められるようになりました。また，平成31年1月に開示府令が改正され，有価証券報告書の提出会社の状況（コーポレート・ガバナンスの状況等）において，建設的な対話の促進に向けた役員報酬に関する開示の拡充が求められています。

2．有価証券報告書の提出会社の状況の開示

　有価証券報告書の提出会社の状況（コーポレート・ガバナンスの状況等）の「役員の報酬等」において，提出会社の役員（取締役，監査役および執行役をいい，最近事業年度の末日までに退任した者を含みます）の報酬等（報酬，賞与その他職務執行の対価としてその会社から受ける財産上の利益であって，当事業年度に係るものおよび当事業年度において受け，または受ける見込みの額が明らかとなったもの（当事業年度前のいずれかの事業年度に係る有価証券報告書に記載したものを除きます）をいいます）について，以下の事項を記載することが求められています（開示府令第三号様式（記載上の注意）(38)，第二号様式（記載上の注意）(57)）。

第10章　株式報酬　　*267*

① 提出会社の役員の報酬等の額またはその算定方法の決定に関する方針の内容および決定方法。また，当該方針を定めていない場合には，その旨
② 取締役（監査等委員および社外取締役を除く），監査等委員（社外取締役を除く），監査役（社外監査役を除く），執行役および社外役員の区分（以下「役員区分」という）ごとに，報酬等の総額，報酬等の種類別（例えば，固定報酬，業績連動報酬および退職慰労金等の区分をいう）の総額および対象となる役員の員数
③ 提出会社の役員ごとに，氏名，役員区分，提出会社の役員としての報酬等（主な連結子会社としての報酬等がある場合には，当該報酬等を含む。以下「連結報酬等」という）の総額および連結報酬等の種類別の額（提出会社と各主要な連結子会社に区分して記載。ただし，連結報酬等の総額が1億円以上である者に限ることができる）
④ 使用人兼務役員の使用人給与のうち重要なものがある場合には，その総額，対象となる役員の員数およびその内容
⑤ 提出会社の役員の報酬等に，利益の状況を示す指標，株式の市場価格の状況を示す指標その他の提出会社または当該提出会社の関連会社の業績を示す指標を基礎として算定される報酬等（以下「業績連動報酬」という）が含まれる場合において，業績連動報酬と業績連動報酬以外の報酬等の支給割合の決定に関する方針を定めているときは，当該方針の内容
⑥ 業績連動報酬に係る指標，当該指標を選択した理由および当該業績連動報酬の額の決定方法
⑦ 提出会社の役員の報酬等の額またはその算定方法の決定に関する役職ごとの方針を定めている場合には，当該方針の内容
⑧ 提出会社の役員の報酬等に関する株主総会の決議があるときは，当該株主総会の決議年月日。当該株主総会の決議がないときは，提出会社の役員の報酬等について定款に定めている事項の内容
⑨ 提出会社の役員の報酬等に業績連動報酬が含まれる場合には，最近事業年度における当該業績連動報酬に係る指標の目標および実績
⑩ 提出会社の役員の報酬等の額またはその算定方法の決定に関する方針の決定権限を有する者の氏名または名称，その権限の内容および裁量の範囲
⑪ 提出会社の役員の報酬等の額またはその算定方法の決定に関する方針の決定に関与する委員会（提出会社が任意に設置する委員会その他これに類するものをいう。以下「委員会等」という）が存在する場合には，その手続の概要
⑫ 最近事業年度の提出会社の役員の報酬等の額の決定過程における，提出会社の取締役会および委員会等の活動内容

　なお，平成31年1月の開示府令の改正に伴い，⑤から⑫の記載が追加的に求

められている点に留意が必要になります。

　ここで，業績連動報酬に係る指標については，業績連動報酬に定性的な評価に基づく報酬も含まれると判断した場合であり，定性的な評価に係る明確な指標がないときは，定性的な評価を行う項目名等を記載することが考えられます。また，業績連動報酬に係る指標の目標について，役位別または個人別に異なって設定されている場合には，役位別または個人別に記載することが考えられます。さらに，当該指標が複数の指標を組み合わせて設定されている場合には，その目標を記載するほか，目標設定の考え方および達成率等についてもあわせて記載することが考えられます。なお，当該指標の目標が存在しない場合には，その旨およびその理由を記載する必要があると考えられます[8]。

Q10-11 株式報酬制度に係る税務上の取扱い

Q	代表的な株式報酬制度に関する税務上の取扱いを教えてください。
A	各制度に応じて税務上の取扱いは異なりますが，役員に対して株式報酬を付与し，退職給与に該当しない場合には，事前確定届出給与または業績連動給与として損金算入要件を満たす必要があります。

解 説

　代表的な株式報酬制度として，前述の「Q10-1　ストック・オプション制度の概要」から「Q10-9　パフォーマンス・シェア・ユニットの内容と会計処理」までに記載しているストック・オプション（有償ストック・オプションを含みます），日本版ESOP，リストリクテッド・ストックおよびパフォーマンス・シェアの税務上の取扱いについて説明します。

8　公益財団法人 財務会計基準機構編『有価証券報告書の作成要領（平成31年3月期提出用）』（公益財団法人 財務会計基準機構，2019年）157頁

1. ストック・オプションに係る税務上の取扱い

　ストック・オプションの基本的な税務上の取扱いについては，前述の第5章「Q5-8　新株予約権に係る税務上の取扱い」にて説明しているため，ここでは平成29年度税制改正による変更点のみ説明します。

　平成29年度税制改正においての主な改正ポイントは，従来役員に対して付与されていた非適格ストック・オプションにつき，発行会社側は新株予約権行使時において，原則として給与として損金に算入することができました。平成29年度税制改正後は，平成29年10月1日以後の付与決議に関するストック・オプションについては，非適格ストック・オプションであったとしても，事前確定届出給与または業績連動給与として損金算入要件を満たす必要があります。

　また，事前確定届出給与とは，役員の職務につき所定の時期に，確定した額の金銭，確定した数の株式もしくは新株予約権，または確定した額の金銭債権に係る特定譲渡制限付株式等を支給する給与で，定期同額給与および業績連動給与のいずれにも該当しないものをいいます（法法34Ⅰ②）。事前確定届出給与として，損金算入が認められるためには，以下の条件を満たす必要があります（法法34Ⅰ②イからハ）。

- 定期給与を支給しない役員に対して支給する給与以外の給与の場合，政令で定めるところにより納税地の所轄税務署長にその定めの内容に関する届出をしていること
- 株式を交付する場合，当該株式が市場価格のある株式または市場価格のある株式と交換される株式であること
- 新株予約権を交付する場合，当該新株予約権がその行使により市場価格のある株式が交付される新株予約権であること

　さらに，業績連動給与とは，利益の状況を示す指標，株式の市場価格の状況を示す指標その他の業績を示す指標を基礎として算定される額の給与をいいます（法法34Ⅴ）。業績連動給与として損金算入が認められるためには，以下の条件を満たす必要があります。

- 非同族会社であること
- 業務執行役員のすべてに対して要件を満たす業績連動給与を支給すること

- 算定方法について，客観的な業績指標であること
- 確定した額または確定した数を限度としていること
- 所定の日までに報酬委員会（当該法人の業務執行役員または当該業務執行役員と特殊の関係のある者が委員となっているものを除く）の決定その他適正な手続を経ていること
- 内容について，有価証券報告書に記載されていることなどの方法により開示されていること
- 業績確定後一定期間以内に金銭等が交付されること
- 損金経理されていること

2．日本版ESOPに係る税務上の取扱い

(1)　従業員持株会発展型

　従業員持株会発展型の日本版ESOPの基本的な税務上の取扱いは，図表10-15のとおりです。

(2)　株式給付型

　株式給付型の日本版ESOPの税務上の基本的な取扱いについては，従業員持株会を用いたスキームかどうかという相違はあるものの，基本的な税務上の取扱いは従業員持株会発展型と同様になります。

3．リストリクテッド・ストックに係る税務上の取扱い

(1)　事前交付型リストリクテッド・ストック

　事前交付型リストリクテッド・ストックは，「特定譲渡制限付株式」の交付の一種です。ここで，「特定譲渡制限付株式」とは，法人から役員または従業員等に役務提供の対価として交付される一定期間の譲渡制限その他の条件が付されている株式です（2019年経産省手引きⅡQ19）。このため，特定譲渡制限付株式の交付による報酬には，おもにいわゆる勤務条件のみを付した事前交付型リストリクテッド・ストックと業績に係る条件を付した「初年度発行－業績連動譲渡制限解除型」のパフォーマンス・シェアが該当します。

　事前交付型リストリクテッド・ストックを役員に付与する場合において，退職給与に該当するときには，いわゆる勤務条件を満たし譲渡制限が解除された

第10章　株式報酬　　*271*

図表10-15	従業員持株会発展型の税務上の取扱い
項　目	税務上の取扱い
信託設定時	従業員のインセンティブ効果を高めるため，信託行為の定めにより，信託終了時まで従業員持株会に参加している等の一定の条件を満たした場合に受益権を付与する場合には，当該条件を満たすまでは従業員は受益者ではない。ここで，導入企業が，信託の変更をする権限を有する等の条件を満たしている場合には，導入企業がみなし受益者に該当する（法法12Ⅱ）。 導入企業である委託者がみなし受益者に該当する場合には，信託財産は引き続き導入企業に帰属することになるため，課税関係は生じないと考えられる。
受託者（信託）に対して自己株式の処分または新株を発行する場合	導入企業が受託者（信託）に自己株式の処分または新株を発行した場合であっても，受託者が所有する株式は，税務上のみなし受益者である導入企業が保有しているものとみなされる（法法12Ⅰ，Ⅱ）。結果的に，税務上は自己株式の処分または新株発行は行われていないことになる。
受託者から従業員持株会に株式が譲渡される場合	受託者が保有する株式は，税務上はみなし受益者である導入企業が保有しているとみなされているため，受託者から従業員への株式の譲渡は，導入企業が従業員持株会に対して自己株式を処分する取引として扱われることになる（法令8Ⅰ①）。
信託終了時	信託終了時において，信託終了までの間，従業員持株会に参加しているなどの一定の条件を満たしている従業員に信託の受益権が付与されることになる。この場合において，みなし受益者である導入企業から新たに受益者となった従業員に信託財産が移転することから，導入企業から従業員に対する給与とみなされ，導入企業の法人税法上，給与として損金に算入されることになると考えられる。

時に損金に算入されることになります（法法54Ⅰ）。

　一方，退職給与以外に該当するときには，事前確定届出給与の要件を満たすことで，譲渡制限解除時に損金に算入することが可能です。なお，事前確定届出給与として損金に算入するためには，上場株式を交付する必要があります。

(2) 事後交付型リストリクテッド・ストック

　事後交付型リストリクテッド・ストックを役員に付与する場合において，退職給与に該当するときには，勤務条件を満たし株式の交付が確定した日に損金に算入されることになります（法法22Ⅲ）。

　一方，退職給与以外に該当するときには，事前確定届出給与の要件を満たすことで，株式の交付が確定した日に損金に算入することが可能です。また，事前交付型リストリクテッド・ストックの場合と同様に，事前確定届出給与として損金に算入するためには，上場株式を交付する必要があります。

4．パフォーマンス・シェアの税務上の取扱い

　「初年度発行－業績連動譲渡制限解除型」のパフォーマンス・シェアについては，平成29年度税制改正により，特定譲渡制限付株式として「業績連動給与」に該当し，その全額が損金に算入できないこととされています（法法34Ⅰ③）。

　一方，「業績連動発行型（事後交付型）」のパフォーマンス・シェア・ユニットを役員に付与する場合において，退職給与に該当するときには，業績条件を満たし株式の交付が確定した日に損金に算入されることになります（法法22Ⅲ）。また，退職給与以外に該当するときには，業績連動給与の要件を満たすことで，株式の交付が確定した日に損金に算入することが可能です（法法34）。

第11章

組織再編

Point

- 株式の発行または自己株式の処分による組織再編の場合，増加資本の処理が論点となります。
- 組織再編は，法的形式（合併，会社分割，株式交換等）に基づく分類と，経済的実態（取得，共同支配企業の形成，共通支配下の取引等）に基づく分類等があります。

Q11-1 組織再編時の増加資本

Q	組織再編時の増加資本の論点について教えてください。
A	株式を対価に含む組織再編が実施された場合に，株式を発行する企業（または自己株式を処分する企業）において増加資本の処理が論点となります。

解 説

1．組織再編の分類

(1) 法的形式による分類

組織再編の法的形式による分類は，図表11-1のとおり整理されます（会2）。

図表11-1　組織再編の法的形式

名 称	内 容	条文
吸収合併	会社が他の会社とする合併であって，合併により消滅する会社の権利義務の全部を合併後存続する会社に承継させるもの	会2㉗
新設合併	2以上の会社がする合併であって，合併により消滅する会社の権利義務の全部を合併により設立する会社に承継させるもの	会2㉘
吸収分割	株式会社または合同会社がその事業に関して有する権利義務の全部または一部を分割後他の会社に承継させること	会2㉙
新設分割	1または2以上の株式会社または合同会社がその事業に関して有する権利義務の全部または一部を分割により設立する会社に承継させること	会2㉚
株式交換	株式会社がその発行済株式（株式会社が発行している株式をいう。以下同じ）の全部を他の株式会社または合同会社に取得させること	会2㉛
株式移転	1または2以上の株式会社がその発行済株式の全部を新たに設立する株式会社に取得させること	会2㉜

(2) 経済的実態による分類

組織再編の経済的実態による分類は，図表11-2のとおり整理されます。

図表11-2 組織再編の経済的実態

名　称	内　容	条文
取得	ある企業が他の企業または企業を構成する事業に対する支配を獲得すること	企業結合会計基準9
共同支配企業の形成	複数の独立した企業が契約等に基づき，当該共同支配企業を形成する企業結合	企業結合会計基準11
共通支配下の取引 (※)	結合当事企業（または事業）のすべてが，企業結合の前後で同一の株主により最終的に支配され，かつ，その支配が一時的ではない場合の企業結合	企業結合会計基準16

(※) 企業集団を構成する子会社における親会社（当該子会社以外の子会社を含む）以外の株主（非支配株主）と親会社の取引は「非支配株主との取引」とされ，例えば，非支配株主が存在する子会社を親会社が吸収合併する取引や株式交換によって完全子会社化する取引によって，非支配株主に親会社の株式が交付される取引がこれに当たる。企業結合会計基準第40項および企業結合・事業分離適用指針第200項では，共通支配下の取引と非支配株主との取引を合わせて「共通支配下の取引等」として定義し，企業集団内の組織再編として位置付けている。なお，後述の図表11-3の分類では，本来は「共通支配下の取引等」とすべきケースも，便宜的に企業集団内の組織再編を示すものとして「共通支配下の取引」として表記している。

また，経済的実態としては，取得に該当するが，株式を交付した企業と企業結合会計上の取得企業が一致しないという意味で，逆取得と呼ばれる企業結合もあります（企業結合会計基準20，79）。

(3) 対価の種類による分類

組織再編を対価の種類により分類することもできます。組織再編の対価は，株式のみ，現金等の財産のみ，株式と現金等の財産の組み合わせ，無対価があります。増加資本が論点となるのは，株式を対価として用いた場合ですので，本章では，株式を対価として用いていることを前提とします。

2．組織再編の分類と増加資本

次節以降では，図表11-3に示した組織再編の分類と増加資本のパターンごとに解説をしていきます。

図表11-3　組織再編の分類と増加資本

吸収合併

取　得

Q11-2	取得に該当する吸収合併における吸収合併存続会社（取得企業）の増加資本
Q11-3	逆取得に該当する吸収合併における吸収合併存続会社（被取得企業）の増加資本
Q11-4	逆取得に該当する吸収合併における連結財務諸表上の増加資本

共同支配企業の形成

Q11-5	共同支配企業の形成に該当する吸収合併における吸収合併存続会社（共同支配企業）の増加資本

共通支配下の取引

Q11-6	親会社が子会社を吸収合併する場合における吸収合併存続会社（親会社）の増加資本
Q11-7	子会社が親会社を吸収合併する場合における吸収合併存続会社（子会社）の増加資本
Q11-8	同一の株主（企業）により支配されている子会社同士の合併における吸収合併存続会社（子会社）の増加資本

新設合併

取　得

Q11-9	取得に該当する新設合併における新設合併設立会社の増加資本

共同支配企業の形成

Q11-10	共同支配企業の形成に該当する新設合併における新設合併設立会社の増加資本

共通支配下の取引

Q11-11	共通支配下の取引等に該当する新設合併における新設合併設立会社の増加資本

第11章 組織再編　*277*

吸収分割		
取　得		
	Q11-12	取得に該当する吸収分割における吸収分割承継会社（取得企業）の増加資本
	Q11-13	逆取得に該当する吸収分割における吸収分割承継会社（被取得企業）の増加資本
共同支配企業の形成		
	Q11-14	共同支配企業の形成に該当する吸収分割における吸収分割承継会社（共同支配企業）の増加資本
共通支配下の取引		
	Q11-15	株式のみを対価とする子会社から親会社への吸収分割における吸収分割承継会社（親会社）の増加資本
	Q11-16	分割型の会社分割による子会社から親会社への吸収分割（共通支配下の取引等）における吸収分割承継会社（親会社）の増加資本
	Q11-17	株式のみを対価とする親会社から子会社への吸収分割（共通支配下の取引）における吸収分割承継会社（子会社）の増加資本
	Q11-18	分割型の会社分割による親会社から子会社への吸収分割における吸収分割承継会社（子会社）の増加資本
新設分割		
取得・共同支配企業の形成・共通支配下の取引		
	Q11-19	単独新設分割における新設分割設立会社の設立時資本
	Q11-20	共同支配企業の形成に該当する共同新設分割における新設分割設立会社の設立時資本
株式交換		
取　得		
	Q11-21	取得に該当する株式交換における株式交換完全親会社（取得企業）の増加資本
	Q11-22	逆取得に該当する株式交換における株式交換完全親会社（被取得企業）の増加資本
共同支配企業の形成		
	―	

共通支配下の取引	
	Q11-23　共通支配下の取引等に該当する株式交換における株式交換完全親会社の増加資本

株式移転

取　得	
	Q11-24　取得に該当する株式移転における株式移転設立完全親会社の増加資本

共同支配企業の形成	
	―

共通支配下の取引	
	Q11-25　親会社と子会社が実施する株式移転（共通支配下の取引等）における株式移転設立完全親会社の増加資本

Q11-2　取得に該当する吸収合併における吸収合併存続会社（取得企業）の増加資本

Q	取得に該当する吸収合併における吸収合併存続会社（取得企業）の増加資本について教えてください。
A	増加すべき株主資本の額を算定し，当該額を払込資本の増加として処理します。増加すべき払込資本の具体的な内訳項目は吸収合併契約の定めに従います。

解　説

1. 概　要

取得に該当する吸収合併とは，図表11-4のような組織再編です。

図表11-4　取得に該当する吸収合併

2．増加資本の取扱い

　取得に該当する吸収合併において，対価として新株を発行した場合，吸収合併存続会社は，増加すべき株主資本の額を払込資本の増加として処理します（企業結合・事業分離適用指針79）。

　また，対価として自己株式を処分した場合，吸収合併存続会社は，増加すべき株主資本の額（自己株式の処分の対価の額。新株の発行と自己株式の処分を同時に行った場合には，新株の発行と自己株式の処分の対価の額）から処分した自己株式の帳簿価額を控除した額を払込資本の増加（当該差額がマイナスとなる場合にはその他資本剰余金の減少）として処理します（企業結合・事業分離適用指針80）。

(1)　増加資本の額

　増加すべき株主資本の額は，以下のとおりに算定します（企業結合・事業分離適用指針38，79）。

① 　取得企業の株式に市場価格（金融商品会計実務指針48）がある場合には，企業結合日における株価に交付株式数を乗じた額
② 　①がない場合で，取得企業の株式に合理的に算定された価額（金融商品会計実務指針54）を得られるときは，企業結合日における当該価額に交付株式数を乗じた額。なお，合理的に算定された価額には，類似会社比準方式による評価額（金融商品会計実務指針54(1)），割引将来キャッシュ・フロー法による評価額（同(2)）などが含まれる。複数の評価額が利用されているときは，これらを加重平均するなど，当該価額を合理的に算定する。当該取扱いは③にも適用する。
③ 　②が得られない場合で，被取得企業の株式に合理的に算定された価額があるときは，企業結合日における当該価額に交付株式数（交換比率考慮後）を乗じ

た額

④ ③が得られない場合には，被取得企業から受け入れた識別可能資産および負債の企業結合日の時価を基礎とした正味の評価額

(2) 増加すべき払込資本の内訳

取得に適用されるパーチェス法の会計処理においては，対価として新株を発行または自己株式を処分した取得企業は払込資本を増加させることが適当と考えられます。このため，資本金または資本剰余金を増加させます。なお，留保利益である利益剰余金を増加させることはできません（企業結合・事業分離適用指針79，384）。

増加すべき払込資本の具体的な内訳項目（資本金，資本準備金またはその他資本剰余金）は，会社法の規定に基づき，吸収合併存続会社が吸収合併契約の定めに従いそれぞれ定めた額となります（企業結合・事業分離適用指針79，384，会計規35Ⅱ）。なお，通常の増資とは異なり，増加すべき払込資本の内訳に関する制約はなく，すべてその他資本剰余金とすることもできます。

3．吸収合併存続会社が新株予約権等を交付した場合

吸収合併が取得とされた場合において，吸収合併存続会社が，新株予約権等を交付したときの会計処理は以下のように行います（企業結合・事業分離適用指針50）。

① 吸収合併消滅会社の株主に対して，当該吸収合併消滅会社株式と引換えに，吸収合併存続会社の新株予約権を交付したときは，取得の対価として処理する。このとき，吸収合併存続会社が交付した新株予約権に付すべき帳簿価額は，合併期日の時価による。

② 吸収合併消滅会社の新株予約権者に対して，吸収合併消滅会社の新株予約権と引換えに，吸収合併存続会社の新株予約権または現金を交付したときは，当該新株予約権または現金は取得原価に含める。新株予約権に付すべき帳簿価額は，原則として，合併期日の時価による。

第11章　組織再編　*281*

設例11-1　取得に該当する吸収合併における吸収合併存続会社（取得企業）の増加資本

前提条件

① 　A社とB社は，A社を吸収合併存続会社として合併した。当該合併は取得とされ，A社が取得企業，B社が被取得企業とされた。

条　件	内　容
企業結合日	X1年4月1日（合併期日）
発行済株式総数	A社1,000株，B社1,000株
合併比率	A社：B社＝1：0.5
交付株式の内訳	A社株式500株（新株450株，自己株式50株（帳簿価額300））
企業結合日のA社株式の時価	1株当たり7
増加すべき払込資本の内訳	資本金1,000，資本準備金500，残額はその他資本剰余金

② 　X1年3月31日現在のA社およびB社の個別貸借対照表は以下のとおりである。

A社個別貸借対照表			
諸資産 [※]	2,200	資本金	600
		その他利益剰余金	1,900
		自己株式	△300
合計	2,200	合計	2,200

（※）　企業結合日における諸資産の時価は2,600である。

B社個別貸借対照表			
諸資産 [※]	1,850	資本金	750
		資本準備金	500
		その他利益剰余金	400
		その他有価証券評価差額金	200
合計	1,850	合計	1,850

（※）　企業結合日における諸資産の時価は2,000である。

③ 　税効果は考慮しないものとする。

（会計処理）

1. 企業結合日におけるA社の個別財務諸表上の会計処理

（借）	諸　資　産	(※1)2,000	（貸）	資　本　金	(※2)1,000
	の　れ　ん	(※3)1,500		資本準備金	(※2)500
				その他資本剰余金	(※4)1,700
				自　己　株　式	(※5)300

（※1）　受け入れた資産の企業結合日における時価2,000
（※2）　吸収合併契約により定められた増加すべき払込資本の内訳項目
（※3）　対価合計3,500 (※6) −受け入れた資産の企業結合日における時価2,000＝1,500
（※4）　対価合計3,500 (※6) −資本金1,000−資本準備金500−自己株式の帳簿価額300＝1,700
（※5）　対価として交付する自己株式の帳簿価額
（※6）　対価として交付する株式500株×時価7 ＝3,500
（※7）　吸収合併消滅会社の合併期日の前日の評価・換算差額等は引き継ぎません。

2. 企業結合日におけるA社の個別財務諸表

A社個別貸借対照表			
諸資産	4,200	資本金	1,600
のれん	1,500	資本準備金	500
		その他資本剰余金	1,700
		その他利益剰余金	1,900
合計	5,700	合計	5,700

第11章　組織再編　　*283*

Q11-3 逆取得に該当する吸収合併における吸収合併存続会社（被取得企業）の増加資本

Q	逆取得に該当する吸収合併における吸収合併存続会社（被取得企業）の増加資本について教えてください。
A	増加すべき株主資本の額を算定し，当該額を払込資本の増加として処理します。ただし，吸収合併消滅会社の合併期日の前日の内訳項目をそのまま引き継ぐこともできます。

解　説

1．概　要

逆取得に該当する吸収合併とは，図表11-5のような組織再編です。

図表11-5　逆取得に該当する吸収合併

2．増加資本の取扱い

逆取得に該当する吸収合併では，吸収合併存続会社は，吸収合併消滅会社（取得企業）の資産および負債を合併直前の適正な帳簿価額により計上し（企業結合会計基準34），当該資産および負債の差額を以下のように会計処理します（企業結合・事業分離適用指針84）。

(1)　新株を発行した場合

①　増加資本の額

吸収合併消滅会社（取得企業）の合併期日の前日の適正な帳簿価額による株主資本の額を増加すべき株主資本の額として処理します（企業結合・事業分離

適用指針84(1)①ア本文，会計規35Ⅰ③)。

② 原則的な会計処理

　増加すべき払込資本の内訳項目（資本金，資本準備金またはその他資本剰余金）は，会社法の規定に基づき，吸収合併存続会社が吸収合併契約の定めに従いそれぞれ定めた額となります（企業結合・事業分離適用指針84(1)①ア本文，会計規35Ⅱ)。

　このとき，以下のような抱合せ株式等がある場合には，払込資本から減額します（企業結合・事業分離適用指針84-2(1))。

(i)　吸収合併消滅会社等が保有していた当該会社の自己株式
(ii)　吸収合併存続会社が保有する吸収合併消滅会社株式（抱合せ株式）

　なお，吸収合併消滅会社の合併期日の前日の適正な帳簿価額による株主資本の額がマイナスとなる場合および抱合せ株式等の会計処理により株主資本の額がマイナスとなる場合には，払込資本をゼロとし，その他利益剰余金のマイナスとして処理します（企業結合・事業分離適用指針84(1)①アまた書き，会計規35Ⅱただし書き）。

③ 認められる会計処理

　合併の対価として吸収合併存続会社（被取得企業）が新株のみを発行している場合には，吸収合併消滅会社の合併期日の前日の資本金，資本準備金，その他資本剰余金，利益準備金およびその他利益剰余金の内訳科目を，そのまま引き継ぐことができます（企業結合・事業分離適用指針84(1)①イ本文，会計規36)。

　ただし，抱合せ株式等については，その他資本剰余金から減額します（企業結合・事業分離適用指針84-2(2))。また，積立目的の趣旨は同じであるときに，吸収合併存続会社と吸収合併消滅会社の間でその名称が形式上異なる場合には，任意積立金の名称変更を行うこともできます。

　これらの取扱いは，吸収合併消滅会社の適正な帳簿価額による株主資本の額がマイナスとなる場合も同様です（企業結合・事業分離適用指針84(1)①イ本文)。

さらに，吸収合併の手続とともに，株主資本の計数の変動手続（会447から452）が行われ，その効力が合併期日に生じる場合には，合併期日において，企業の意思決定機関で定められた結果に従い，株主資本の計数を変動させることができます。なお，株主資本の計数の変動に際しては，資本剰余金と利益剰余金の混同とならないように留意する必要があります（企業結合・事業分離適用指針84(1)①イまた書き，自己株式等会計基準19）。

以上をまとめると図表11-6のようになります。

図表11-6	逆取得に該当する吸収合併における吸収合併存続会社（被取得企業）の増加資本

	原則的な会計処理	認められる会計処理
増加資本	適正な帳簿価額による株主資本の額を払込資本として処理する。増加すべき払込資本の内訳は，吸収合併契約の定めによる。	吸収合併消滅会社の合併期日の前日の株主資本の内訳科目を，そのまま引き継ぐ。意思決定機関で定められた結果に従い，株主資本の計数を変動させることができる。
抱合せ株式等	払込資本から減額	その他資本剰余金から減額
備考	株主資本の額がマイナスの場合はその他利益剰余金のマイナスとして処理	株主資本の額がマイナスであっても同様の処理

(2) 自己株式を処分した場合

① 増加資本の額

吸収合併消滅会社（取得企業）の合併期日の前日の適正な帳簿価額による株主資本の額から処分した自己株式の帳簿価額を控除した差額を増加すべき株主資本の額として処理します（企業結合・事業分離適用指針84(2)①，会計規35Ⅰ③）。

② 原則的な会計処理

増加すべき払込資本の内訳項目（資本金，資本準備金またはその他資本剰余

金）は，新株を発行した場合と同様に，会社法の規定に基づき，吸収合併存続会社が吸収合併契約の定めに従いそれぞれ定めた額となりますが，増加すべき株主資本の額がマイナスとなる場合にはその他資本剰余金の減少として処理します（企業結合・事業分離適用指針84(2)①，会計規35Ⅱ）。

なお，抱合せ株式等がある場合には，株主資本の額から処分した自己株式の帳簿価額を控除した差額から減額します（企業結合・事業分離適用指針84-3(1)）。

③ 認められる会計処理

合併の対価として吸収合併存続会社（被取得企業）の自己株式を処分した場合には，吸収合併消滅会社の合併期日の前日の株主資本の構成をそのまま引き継ぎ，処分した自己株式の帳簿価額をその他資本剰余金から控除することができます（企業結合・事業分離適用指針84(2)②）。なお，抱合せ株式等がある場合には，その他資本剰余金から減額します（企業結合・事業分離適用指針84-3(2)，会計規36）。

(3) 株主資本以外の項目の取扱い

吸収合併存続会社（被取得企業）は，吸収合併消滅会社（取得企業）の合併期日の前日の評価・換算差額等および新株予約権の適正な帳簿価額を引き継ぎます。したがって，例えば，吸収合併消滅会社のその他有価証券評価差額金や土地再評価差額金の適正な帳簿価額もそのまま引き継ぐことになります（企業結合・事業分離適用指針84(1)②，(2)なお書き）。

第11章 組織再編　*287*

設例11-2　逆取得に該当する吸収合併における吸収合併存続会社（被取得企業）の増加資本

前提条件

① A社とB社は，A社を吸収合併存続会社として合併した。当該合併は取得とされ，A社が被取得企業，B社が取得企業とされた（逆取得）。

条　件	内　容
企業結合日	X1年4月1日（合併期日）
発行済株式総数	A社1,000株，B社1,000株
合併比率	A社：B社＝1：4
交付株式の内訳	A社株式4,000株（すべて新株発行）
企業結合日のB社株式の時価	1株当たり14
増加すべき払込資本の内訳	資本金1,000，資本準備金500，残額はその他資本剰余金

② X1年3月31日現在のA社およびB社の個別貸借対照表は以下のとおりである。

A社個別貸借対照表			
諸資産 (※)	2,200	資本金 その他利益剰余金	600 1,600
合計	2,200	合計	2,200

（※）　企業結合日における諸資産の時価は2,600である。

B社個別貸借対照表			
諸資産 (※)	1,850	資本金 資本準備金 その他利益剰余金 その他有価証券評価差額金	750 500 400 200
合計	1,850	合計	1,850

（※）　企業結合日における諸資産の時価は2,000である。

③ 税効果は考慮しないものとする。

（会計処理）

【原則的な会計処理】

1．企業結合日におけるＡ社の個別財務諸表上の会計処理

（借）　諸　　資　　産	(※1)1,850	（貸）　資　　本　　金	(※2)1,000
		資　本　準　備　金	(※2)500
		その他資本剰余金	(※3)150
		その他有価証券 評　価　差　額　金	(※4)200

- （※1）　受け入れた資産の企業結合日の前日の適正な帳簿価額
- （※2）　吸収合併契約により定められた増加すべき払込資本の内訳項目
- （※3）　受け入れた資産および引き受けた負債の差額1,850−資本金1,000−資本準備金500
　　　−その他有価証券評価差額金200＝150
- （※4）　吸収合併消滅会社の合併期日の前日の評価・換算差額等をそのまま引き継ぎます。

2．企業結合日におけるＡ社の個別財務諸表

A社個別貸借対照表			
諸資産	4,050	資本金	1,600
		資本準備金	500
		その他資本剰余金	150
		その他利益剰余金	1,600
		その他有価証券評価差額金	200
合計	4,050	合計	4,050

【認められる会計処理】

1．企業結合日におけるＡ社の個別財務諸表上の会計処理

（借）　諸　　資　　産	(※1)1,850	（貸）　資　　本　　金	(※2)750
		資　本　準　備　金	(※2)500
		その他利益剰余金	(※2)400
		その他有価証券 評　価　差　額　金	(※2)200

- （※1）　受け入れた資産の企業結合日の前日の適正な帳簿価額
- （※2）　吸収合併消滅会社の合併期日の前日の株主資本および評価・換算差額等をそのま
　　　ま引き継ぎます。

第11章　組織再編　　*289*

2．企業結合日におけるＡ社の個別財務諸表

A社個別貸借対照表			
諸資産	4,050	資本金	1,350
		資本準備金	500
		その他利益剰余金	2,000
		その他有価証券評価差額金	200
合計	4,050	合計	4,050

ここ注意！

　合併の対価として吸収合併存続会社（被取得企業）の新株のみを発行している場合や吸収合併存続会社の自己株式を処分した場合には，吸収合併消滅会社の合併期日の前日の株主資本の構成をそのまま引き継ぐ会計処理（合併の対価として自己株式を処分した場合には，処分した自己株式の帳簿価額はその他資本剰余金から控除します）が認められます。

Q11-4　逆取得に該当する吸収合併における連結財務諸表上の増加資本

Q 逆取得に該当する吸収合併における連結財務諸表上の増加資本について教えてください。

A 会社法の規定などにより実施された個別財務諸表上の会計処理を必要に応じて修正する必要があります。

解　説

1．概　要

　逆取得に該当する企業結合の場合，取得企業の個別財務諸表上，会社法の規定などにより会計処理が規定されていますが，連結財務諸表上は，パーチェス法を適用した会計処理を実施する必要があるため，個別財務諸表における会計処理を修正する必要があります。

２．逆取得における連結財務諸表上の取得原価

　パーチェス法を適用したあるべき取得原価は，取得の場合（前述の「Q 11-2　取得に該当する吸収合併における吸収合併存続会社（取得企業）の増加資本」参照）と同様，原則として，取得の対価となる財の企業結合日における時価により算定します。

　ただし，取得の対価となる財の時価は，吸収合併存続会社（被取得企業）の株主が合併後の会社（結合後企業）に対する実際の議決権比率と同じ比率を保有するのに必要な数の吸収合併消滅会社（取得企業）の株式を，吸収合併消滅会社（取得企業）が交付したものとみなして算定します。

　例えば，A社（吸収合併直前の発行済株式総数：100株）とB社（吸収合併直前の発行済株式総数：200株）とが，A社を吸収合併存続会社，B社を吸収合併消滅会社として，A社株式400株の対価により合併したとします。当該吸収合併の結果，合併後A社の議決権比率80%（400株÷（100株＋400株））を吸収合併消滅会社であるB社の株主が保有することとなるため，当該吸収合併は原則として逆取得と判定されるものと思われます。

　このような逆取得の場合，旧A社株主が合併後A社に対する議決権比率20%を保有するために必要となる数のB社株式を，B社が発行したものとみなして，取得の対価となる財の時価を算定します。なお，発行したとみなすB社株式の数（X）は以下の式により算定します。

　$X \div (200 + X) = 20\%$

　$X = 20\% \times (200 + X)$

　$X = 40 + 0.2X$

　$0.8X = 40$

　$X = 50$

	A社株式を発行（実際）			B社が株式を発行したものとみなす場合		
	合併前	合併後	比率	合併前	合併後	比率
A社株主	100	100	20%	—	50	20%
B社株主	—	400	80%	200	200	80%
合計	100	500	100%	200	250	100%

第11章 組織再編 *291*

　なお，吸収合併消滅会社（取得企業）が吸収合併直前に吸収合併存続会社（被取得企業）の株式を保有していた場合には，合併期日の吸収合併存続会社の株式の時価と吸収合併消滅会社が交付したものとみなされた株式の時価を合算して取得の対価を算定し，吸収合併直前の吸収合併存続会社の株式の帳簿価額と合併期日の時価との差額は，連結財務諸表上，当期の段階取得に係る損益として処理されます（企業結合・事業分離適用指針85(1)）。

3．増加資本の取扱い

　パーチェス法を適用したあるべき株主資本とするべく，前述の「2．逆取得における連結財務諸表上の取得原価」にて算定された取得の対価を払込資本に加算します。ただし，連結財務諸表上の資本金は，吸収合併存続会社（被取得企業）の資本金とし，これと合併直前の連結財務諸表上の資本金（吸収合併消滅会社の資本金）が異なる場合には，その差額を資本剰余金に振り替えます（企業結合・事業分離適用指針85(3)）。

設例11-3　逆取得に該当する吸収合併における連結財務諸表上の増加資本

【前提条件】

　設例11-2と同じ。

【会計処理】

1．企業結合日におけるＡ社の個別財務諸表上の会計処理

　設例11-2と同じ。

2．企業結合日におけるＡ社の個別財務諸表

　設例11-2と同じ。

3．連結財務諸表上の会計処理

（借） 諸　資　産	(※1)400	（貸） 資 本 剰 余 金	(※2)2,700
の　れ　ん	(※3)900		
利 益 剰 余 金	(※4)1,200		
その他有価証券 　　　評 価 差 額 金	(※5)200		

- （※1） A社資産の企業結合日における時価2,600－A社資産の企業結合日の前日の適正な帳簿価額2,200＝400
- （※2） B社（取得企業）の合併期日の前日の財務諸表の金額を計上するための修正項目（その他利益剰余金1,200（※4），その他有価証券評価差額金200（※5））の相手勘定
- （※3） 対価合計3,500（※6）－A社資産の企業結合日における時価2,600＝900
- （※4） A社個別財務諸表上のその他利益剰余金1,600－B社個別財務諸表上のその他利益剰余金400＝1,200
- （※5） A社個別財務諸表上のその他有価証券評価差額金200－B社個別財務諸表上のその他有価証券評価差額金0＝200
- （※6） B社が交付したとみなす株式250株（※7）×時価14＝3,500
- （※7） B社が交付したとみなす株式数をX株とおきます。
  X株÷（X株＋1,000）＝企業結合後のA社の持分比率20％（※8）
  X株＝250株
- （※8） A社の持株1,000株÷企業結合後のA社株式数5,000株（※9）＝20％
- （※9） 企業結合前株式数1,000株＋企業結合による発行4,000株＝5,000株

3．企業結合日における連結財務諸表

連結貸借対照表			
諸資産	4,450	資本金（※）	1,600
のれん	900	資本剰余金	3,350
		利益剰余金	400
合計	5,350	合計	5,350

（※）　資本金については吸収合併存続会社A社の資本金とします。

ここ注意！

　連結財務諸表上の増加資本は，吸収合併消滅会社（取得企業）が吸収合併存続会社（被取得企業）の株主に対して自社の株式を発行したと仮定して算定しますが，連結財務諸表上の資本金は，吸収合併存続会社（被取得企業）の資本金とされます。

Q11-5 共同支配企業の形成に該当する吸収合併における吸収合併存続会社（共同支配企業）の増加資本

Q 共同支配企業の形成に該当する吸収合併における吸収合併存続会社（共同支配企業）の増加資本について教えてください。

A 増加すべき株主資本の額を算定し，当該額を払込資本の増加として処理します。ただし，吸収合併消滅会社の合併期日の前日の内訳項目をそのまま引き継ぐこともできます。

解 説

1．概 要

共同支配企業の形成に該当する吸収合併とは，図表11-7のような組織再編です。

図表11-7 共同支配企業の形成に該当する吸収合併

2．増加資本の取扱い

親会社を異にする子会社同士の吸収合併による共同支配企業の形成の場合，吸収合併存続会社（共同支配企業）は，移転された資産および負債を企業結合日の前日における吸収合併消滅会社の適正な帳簿価額により計上し（企業結合・事業分離適用指針184），当該資産および負債の差額を以下のように会計処理します（企業結合・事業分離適用指針185）。

(1) 新株を発行した場合

① 増加資本の額

吸収合併消滅会社の合併期日の前日の適正な帳簿価額による株主資本の額を増加すべき株主資本の額として処理します（企業結合・事業分離適用指針185(1)，会計規35Ⅰ③）。

② 原則的な会計処理

増加すべき払込資本の内訳項目（資本金，資本準備金またはその他資本剰余金）は，会社法の規定に基づき，吸収合併存続会社が吸収合併契約の定めに従いそれぞれ定めた額となります（企業結合・事業分離適用指針185(1)①本文，会計規35Ⅱ）。

このとき，抱合せ株式等がある場合には，払込資本から減額します（前述の「Q11-3　逆取得に該当する吸収合併における吸収合併存続会社（被取得企業）の増加資本」参照）（企業結合・事業分離適用指針185柱書きまた書き，84-2(1)）。

なお，吸収合併消滅会社の合併期日の前日の適正な帳簿価額による株主資本の額がマイナスとなる場合および抱合せ株式等の会計処理により株主資本の額がマイナスとなる場合には，払込資本をゼロとし，その他利益剰余金のマイナスとして処理します（企業結合・事業分離適用指針185(1)①なお書き，会計規35Ⅱただし書き）。

③ 認められる会計処理

合併の対価として吸収合併存続会社が新株のみを発行している場合には，吸収合併消滅会社の合併期日の前日の資本金，資本準備金，その他資本剰余金，利益準備金およびその他利益剰余金の内訳科目を，そのまま引き継ぐことができます（企業結合・事業分離適用指針185(1)②本文）。

ただし，抱合せ株式等については，その他資本剰余金から減額します（前述の「Q11-3　逆取得に該当する吸収合併における吸収合併存続会社（被取得企業）の増加資本」参照）（企業結合・事業分離適用指針185柱書きまた書き，84-2(2)）。また，積立目的の趣旨は同じであるときに，吸収合併存続会社と吸

収合併消滅会社の間でその名称が形式上異なる場合には，任意積立金の名称変更を行うこともできます。

これらの取扱いは，吸収合併消滅会社の適正な帳簿価額による株主資本の額がマイナスとなる場合も同様です（企業結合・事業分離適用指針185(1)②本文）。

さらに，吸収合併の手続とともに，株主資本の計数の変動手続（会447から452）が行われ，その効力が合併期日に生じる場合には，合併期日において，企業の意思決定機関で定められた結果に従い，株主資本の計数を変動させることができます。なお，株主資本の計数の変動に際しては，資本剰余金と利益剰余金の混同とならないように留意する必要があります（企業結合・事業分離適用指針185(1)②また書き，自己株式等会計基準19）。

以上をまとめると図表11-8のようになります。

図表11-8	共同支配企業の形成に該当する吸収合併における吸収合併存続会社（共同支配企業）の増加資本

	原則的な会計処理	認められる会計処理
増加資本	適正な帳簿価額による株主資本の額を払込資本として処理する。増加すべき払込資本の内訳は，吸収合併契約の定めによる。	吸収合併消滅会社の合併期日の前日の株主資本の内訳科目を，そのまま引き継ぐ。意思決定機関で定められた結果に従い，株主資本の計数を変動させることができる。
抱合せ株式等	払込資本から減額	その他資本剰余金から減額
備考	株主資本の額がマイナスの場合はその他利益剰余金のマイナスとして処理	株主資本の額がマイナスであっても同様の処理

(2) 自己株式を処分した場合

① 増加資本の額

吸収合併消滅会社（取得企業）の合併期日の前日の適正な帳簿価額による株主資本の額から処分した自己株式の帳簿価額を控除した差額を増加すべき株主資本の額として処理します（企業結合・事業分離適用指針186(1)，会計規35Ⅰ

③）。

② 原則的な会計処理

増加すべき払込資本の内訳項目（資本金，資本準備金またはその他資本剰余金）は，新株を発行した場合と同様に，会社法の規定に基づき，吸収合併存続会社が吸収合併契約の定めに従いそれぞれ定めた額となりますが，増加すべき株主資本の額がマイナスとなる場合にはその他資本剰余金の減少として会計処理します（企業結合・事業分離適用指針186⑴）。なお，抱合せ株式等がある場合には，株主資本の額から処分した自己株式の帳簿価額を控除した差額から減額します（前述の「Q11-3　逆取得に該当する吸収合併における吸収合併存続会社（被取得企業）の増加資本」参照）（企業結合・事業分離適用指針186柱書きなお書き，84-3⑴）。

③ 認められる会計処理

合併の対価として吸収合併存続会社の自己株式を処分した場合には，吸収合併消滅会社の合併期日の前日の株主資本の構成をそのまま引き継ぎ，処分した自己株式の帳簿価額をその他資本剰余金から控除することができます（企業結合・事業分離適用指針186⑵）。なお，抱合せ株式等がある場合には，その他資本剰余金から減額します（前述の「Q11-3　逆取得に該当する吸収合併における吸収合併存続会社（被取得企業）の増加資本」参照）（企業結合・事業分離適用指針186柱書きなお書き，84-3⑵）。

⑶ 株主資本以外の項目の取扱い

吸収合併存続会社は，吸収合併消滅会社の合併期日の前日の評価・換算差額等および新株予約権の適正な帳簿価額を引き継ぎます。したがって，例えば，吸収合併消滅会社のその他有価証券評価差額金や土地再評価差額金の適正な帳簿価額もそのまま引き継ぐことになります（企業結合・事業分離適用指針185⑵）。

第11章　組織再編　　*297*

設例11-4　共同支配企業の形成に該当する吸収合併における吸収合併存続会社（共同支配企業）の増加資本

前提条件

① 　X社の100％子会社であるA社とY社の100％子会社であるB社は，A社を吸収合併存続会社として合併した。この際，X社とY社はA社を共同支配する契約を締結し，当該吸収合併は共同支配企業の形成と判定された。

条　件	内　容
企業結合日	X1年4月1日（合併期日）
発行済株式総数	A社1,000株，B社1,000株
合併比率	A社：B社＝1：1
交付株式の内訳	A社株式1,000株（すべて新株発行）
増加すべき払込資本の内訳	資本金1,000，資本準備金500，残額はその他資本剰余金

② 　X1年3月31日現在のA社およびB社の個別貸借対照表は以下のとおりである。

A社個別貸借対照表			
諸資産 ^(※)	2,200	資本金	600
		その他利益剰余金	1,600
合計	2,200	合計	2,200

（※）　企業結合日における諸資産の時価は2,600である。

B社個別貸借対照表			
諸資産 ^(※)	1,850	資本金	750
		資本準備金	500
		その他利益剰余金	400
		その他有価証券評価差額金	200
合計	1,850	合計	1,850

（※）　企業結合日における諸資産の時価は2,000である。

298

（会計処理）

【原則的な会計処理】

1．企業結合日におけるＡ社の個別財務諸表上の会計処理

（借）諸　　資　　産	(※1)1,850	（貸）資　　本　　金	(※2)1,000
		資 本 準 備 金	(※2)500
		その他資本剰余金	(※3)150
		その他有価証券 評 価 差 額 金	(※4)200

（※1）　受け入れた資産の企業結合日の前日の適正な帳簿価額
（※2）　吸収合併契約により定められた増加すべき払込資本の内訳項目
（※3）　受け入れた資産および引き受けた負債の差額1,850 − 資本金1,000 − 資本準備金500
　　　　− その他有価証券評価差額金200 ＝ 150
（※4）　吸収合併消滅会社の合併期日の前日の評価・換算差額等をそのまま引き継ぎます。

2．企業結合日におけるＡ社の個別財務諸表

Ａ社個別貸借対照表			
諸資産	4,050	資本金	1,600
		資本準備金	500
		その他資本剰余金	150
		その他利益剰余金	1,600
		その他有価証券評価差額金	200
合計	4,050	合計	4,050

【認められる会計処理】

1．企業結合日におけるＡ社の個別財務諸表上の会計処理

（借）諸　　資　　産	(※1)1,850	（貸）資　　本　　金	(※2)750
		資 本 準 備 金	(※2)500
		その他利益剰余金	(※2)400
		その他有価証券 評 価 差 額 金	(※2)200

（※1）　受け入れた資産の企業結合日の前日の適正な帳簿価額
（※2）　吸収合併消滅会社の合併期日の前日の株主資本および評価・換算差額等をそのま
　　　　ま引き継ぎます。

2．企業結合日におけるA社の個別財務諸表

A社個別貸借対照表			
諸資産	4,050	資本金	1,350
		資本準備金	500
		その他利益剰余金	2,000
		その他有価証券評価差額金	200
合計	4,050	合計	4,050

Q11-6 親会社が子会社を吸収合併する場合における吸収合併存続会社（親会社）の増加資本

Q 親会社が子会社を吸収合併する場合における吸収合併存続会社の増加資本について教えてください。

A 株主資本相当額を合併期日直前の持分比率に基づき，親会社持分相当額と非支配株主持分相当額とに按分し，それぞれ会計処理します。

解説

1．概要

親会社による子会社の吸収合併とは，図表11-9のような組織再編です。

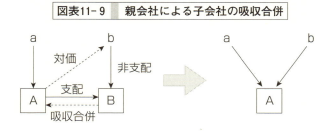

図表11-9　親会社による子会社の吸収合併

2．増加資本の取扱い

親会社が子会社を吸収合併する場合（共通支配下の取引等），吸収合併存続

会社（親会社）は，子会社から受け入れる資産および負債を合併期日の前日に付された適正な帳簿価額（後述の「3．受け入れる資産および負債の修正処理」参照）により計上し（企業結合会計基準41，企業結合・事業分離適用指針206(1)），当該受け入れた資産と負債との差額のうち株主資本の額を合併期日直前の持分比率に基づき，親会社持分相当額と非支配株主持分相当額に按分し，それぞれ以下のように処理します（企業結合・事業分離適用指針206(2)①）。

(1) 親会社持分相当額

　親会社が合併直前に保有していた子会社株式（抱合せ株式）の適正な帳簿価額との差額を，特別損益に計上します（企業結合・事業分離適用指針206(2)①ア）。

(2) 非支配株主持分相当額

　非支配株主持分相当額と，取得の対価（非支配株主に交付した親会社株式の時価）（企業結合・事業分離適用指針37から47）との差額をその他資本剰余金とします。合併により増加する親会社の株主資本の額は払込資本とし，取得の会計処理（前述の「Q11-2　取得に該当する吸収合併における吸収合併存続会社（取得企業）の増加資本」参照）に準じて会計処理します（企業結合・事業分離適用指針206(2)①イ，79から82）。

　なお，株主資本以外の項目については，親会社は子会社の合併期日の前日の評価・換算差額等（親会社が作成する連結財務諸表において投資と資本の消去の対象とされたものを除きます）および新株予約権の適正な帳簿価額を引き継ぎます。したがって，例えば，子会社のその他有価証券評価差額金や土地再評価差額金の適正な帳簿価額のうち，支配獲得後に当該子会社が計上したものをそのまま引き継ぐことになります（企業結合・事業分離適用指針206(2)②）。

3．受け入れる資産および負債の修正処理

　親会社と子会社が合併する場合には，親会社の個別財務諸表では，原則として，子会社の適正な帳簿価額により資産および負債を受け入れますが，親会社

第11章　組織再編　　*301*

が作成する連結財務諸表において，当該子会社の資産および負債の帳簿価額を修正しているときは，個別財務諸表上も，連結財務諸表上の金額である修正後の帳簿価額（のれんを含みます）により計上する必要があります（企業結合会計基準（注9））。子会社の資産および負債の帳簿価額を修正しているときの具体例およびその会計処理は，以下のとおりです（企業結合・事業分離適用指針207）。

---

(1) 連結精算表上のみの修正事項

　　資本連結にあたり子会社の資産および負債を時価評価している場合には，親会社の個別財務諸表上，時価評価後の金額により受け入れる。また，連結財務諸表上，子会社株式の取得に係るのれんの未償却残高が計上されている場合には，親会社の個別財務諸表上も当該金額をのれんとして引き継ぐ。

(2) 未実現損益に関する修正事項

　　連結財務諸表の作成にあたり，子会社の資産または負債に含まれる未実現損益（親会社の個別財務諸表上，損益に計上された額に限る）を消去している場合には，親会社の個別財務諸表上も，未実現損益消去後の金額で当該資産または負債を受け入れる。当該修正に伴う差額は，親会社の個別財務諸表上，特別損益に計上する。

　　ただし，実務上の観点から，企業結合後，短期間に第三者に処分される見込みの棚卸資産に係る未実現損益や金額的重要性が低いものについては，未実現損益の消去をせず，子会社の適正な帳簿価額をそのまま受け入れることができるとされている。

4．連結財務諸表上の会計処理

　　吸収合併が行われた後も親会社が連結財務諸表を作成する場合には，前述の「2．(1)　親会社持分相当額」の損益は連結財務諸表上，過年度に認識済みの損益となるため，相殺消去します（企業結合・事業分離適用指針208）。

設例11-5　**親会社が子会社を吸収合併する場合における吸収合併存続会社の増加資本**

前提条件

①　P社は，X1年3月31日にS社の発行済株式総数の80％を3,400で取得し，子会社としていた。なお，のれんの償却期間は5年としている。

② X1年3月31日現在のP社およびS社の個別貸借対照表は以下のとおりである。

P社個別貸借対照表			
諸資産	600	資本金	2,000
S社株式	3,400	資本準備金	2,000
合計	4,000	合計	4,000

S社個別貸借対照表			
諸資産 (※)	3,000	資本金	2,000
		その他利益剰余金	800
		その他有価証券評価差額金	200
合計	3,000	合計	3,000

（※） X1年3月31日における諸資産の時価は簿価と一致していた。

③ X1年3月31日現在のP社の連結貸借対照表は以下のとおりである。

連結貸借対照表			
諸資産	3,600	資本金	2,000
のれん	1,000	資本剰余金	2,000
		非支配株主持分	600
合計	4,600	合計	4,600

④ P社とS社は，X2年4月1日に，P社を吸収合併存続会社として合併した。
なお，X2年3月期のS社の当期純利益は2,000であった。

条 件	内 容
企業結合日	X2年4月1日（合併期日）
発行済株式総数	P社1,000株，S社1,000株
合併比率	P社：S社＝1：1
交付株式の内訳	S社の非支配株主に対して200株
企業結合日のP社株式の時価	1株当たり6
増加すべき払込資本の内訳	すべてその他資本剰余金

第11章　組織再編　　*303*

⑤　X2年3月31日現在のP社およびS社の個別貸借対照表は以下のとおりである。

P社個別貸借対照表			
諸資産	600	資本金	2,000
S社株式	3,400	資本準備金	2,000
合計	4,000	合計	4,000

S社個別貸借対照表			
諸資産	5,200	資本金	2,000
		その他利益剰余金	2,800
		その他有価証券評価差額金	400
合計	5,200	合計	5,200

⑥　X2年3月31日現在のP社の連結貸借対照表は以下のとおりである。

連結貸借対照表			
諸資産	5,800	資本金	2,000
のれん[※1]	800	資本剰余金	2,000
		利益剰余金[※2]	1,400
		その他有価証券評価差額金[※3]	160
		非支配株主持分[※4]	1,040
合計	6,600	合計	6,600

（※1）　取得時ののれん1,000（S社株式の取得原価3,400－S社の取得時の純資産の時価3,000の80%）から，X2年3月期の償却額200を控除した金額となる。
（※2）　S社の取得後利益剰余金1,600（2,000×80%）の合計から，のれんのX2年3月期の償却額200を控除した金額となる。
（※3）　S社のその他有価証券評価差額金の支配獲得時からの増加額200のうち親会社株主持分160（200×80%）について計上される。
（※4）　取得時の600（S社の取得時の純資産の時価3,000×20%），取得後利益剰余金400（2,000×20%）およびその他有価証券評価差額金の増加額40（200×20%）の合計額となる。

304

会計処理

1．企業結合日におけるＰ社の個別財務諸表上の会計処理

＜親会社持分相当額＞

(借)	諸 資 産	[※1]4,160	(貸)	Ｓ 社 株 式	[※2]3,400
	の れ ん	[※3]800		その他有価証券 評 価 差 額 金	[※4]160
				抱 合 せ 株 式 消 滅 差 益	[※5]1,400

- （※1） 子会社から受け入れる諸資産の連結財務諸表上の帳簿価額のうち親会社持分相当
額4,160（＝5,200×80％）
- （※2） Ｓ社株式（抱合せ株式）の帳簿価額
- （※3） のれん未償却残高
- （※4） その他有価証券評価差額金のうち，投資と資本の消去の対象とされていない額
（支配獲得後に増減した額）のうち親会社持分相当額160（＝200×80％）
- （※5） 親会社持分相当額（のれんの未償却残高800を含む）4,800と親会社が合併直前に
保有していたＳ社株式（抱合せ株式）の帳簿価額3,400の差額1,400

＜非支配株主持分相当額＞

(借)	諸 資 産	[※1]1,040	(貸)	その他資本剰余金	[※2]1,200
	その他資本剰余金	[※3]200		その他有価証券 評 価 差 額 金	[※4]40

- （※1） 子会社から受け入れる諸資産の連結財務諸表上の帳簿価額のうち非支配株主持分
相当額1,040（＝5,200×20％）
- （※2） 取得の対価：非支配株主に交付したＰ社株式200株×時価6＝1,200
- （※3） 取得の対価1,200[※2]と子会社から受け入れる資産および負債の非支配株主持分
相当額1,000との差額200
- （※4） その他有価証券評価差額金のうち，投資と資本の消去の対象とされていない額
（支配獲得後に増減した額）のうち非支配株主持分相当額40（＝200×20％）

企業結合日におけるＰ社の個別貸借対照表は以下のとおりです。

P社個別貸借対照表			
諸資産	5,800	資本金	2,000
のれん	800	資本準備金	2,000
		その他資本剰余金	1,000
		その他利益剰余金	1,400
		その他有価証券評価差額金	200
合計	6,600	合計	6,600

第11章　組織再編　　*305*

2．連結財務諸表上の会計処理

（借）	抱 合 せ 株 式 消 滅 差 益	(※)1,400	（貸）	利 益 剰 余 金 期 首 残 高	(※)1,400

（※）　過年度に認識済みの損益であるため，利益剰余金と相殺消去します。

　企業結合日におけるP社の連結貸借対照表は以下のとおりです。

連結貸借対照表			
諸資産	5,800	資本金	2,000
のれん	800	資本剰余金	3,000
		利益剰余金	1,400
		その他有価証券評価差額金	200
合計	6,600	合計	6,600

ここ注意！

　合併以前の親会社の連結財務諸表において，子会社の資産および負債の帳簿価額を修正している場合には，合併時の親会社の個別財務諸表においても，当該修正後の帳簿価額（のれんを含みます）により計上します。

Q11-7　子会社が親会社を吸収合併する場合における吸収合併存続会社（子会社）の増加資本

Q	子会社が親会社を吸収合併する場合における吸収合併存続会社の増加資本について教えてください。
A	逆取得となる吸収合併の会計処理に準じて，合併期日の前日における資産および負債の適正な帳簿価額の差額を払込資本として会計処理します。

解説

1．概　要

　子会社による親会社の吸収合併とは，次頁の図表11-10のような組織再編です。

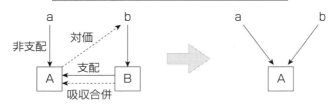

2. 増加資本の取扱い

　子会社が親会社を吸収合併する場合，吸収合併存続会社（子会社）は，親会社から受け入れる資産および負債を合併期日の前日に付された適正な帳簿価額により計上し（企業結合会計基準41），親会社が所有していた自社の株式（親会社における子会社株式）を自己株式として株主資本から控除します（企業結合・事業分離適用指針210(1)）。移転された資産および負債の差額は，逆取得となる吸収合併の会計処理に準じて，払込資本として会計処理します（企業結合・事業分離適用指針210(2)，84）。増加すべき払込資本の具体的な内訳項目（資本金，資本準備金またはその他資本剰余金）は，会社法の規定に基づき，吸収合併存続会社が吸収合併契約の定めに従いそれぞれ定めた額となりますが（企業結合・事業分離適用指針84(1)①ア，会計規35Ⅱ），合併の対価として新株のみを発行している場合には，吸収合併消滅会社の合併期日の前日の資本金，資本準備金，その他資本剰余金，利益準備金およびその他利益剰余金の内訳科目を，そのまま引き継ぐことができます（企業結合・事業分離適用指針84(1)①イ，会計規36）。詳細は，前述の「Q11-3　逆取得に該当する吸収合併における吸収合併存続会社（被取得企業）の増加資本」をご参照ください。

3. 連結財務諸表上の会計処理

　吸収合併が行われた後に子会社が連結財務諸表を作成する場合には，子会社の個別財務諸表における処理を振り戻し，親会社が子会社の非支配株主から株式を取得したものとした会計処理を行います。
　具体的には，時価評価替後の資産および負債を連結財務諸表上の帳簿価額として受け入れ，また，合併に際し子会社が受け入れた自己株式とそれに対する

増加すべき株主資本は内部取引として消去します。子会社の非支配株主が保有していた子会社株式は，当該合併に際して，親会社株式との交換はないものの，連結財務諸表上，親会社株式との交換があったものとみなして，時価を基礎として取得原価を算定します。

なお，連結財務諸表上の資本金は，吸収合併存続会社（子会社）の資本金とし，これと合併直前の連結財務諸表上の資本金（親会社の資本金）が異なる場合には，その差額を資本剰余金に振り替えます（企業結合・事業分離適用指針212）。

設例11-6　子会社が親会社を吸収合併する場合における吸収合併存続会社の増加資本

(前提条件)

① P社は，X1年3月31日にS社の発行済株式総数の80％を3,400で取得し，子会社としていた。なお，のれんの償却期間は5年としている。

② X1年3月31日現在のP社およびS社の個別貸借対照表は以下のとおりである。

P社個別貸借対照表			
諸資産	600	資本金	2,000
S社株式	3,400	資本準備金	2,000
合計	4,000	合計	4,000

S社個別貸借対照表			
諸資産 (※)	3,000	資本金	2,000
		その他利益剰余金	800
		その他有価証券評価差額金	200
合計	3,000	合計	3,000

(※) X1年3月31日における諸資産の時価は簿価と一致していた。

③ X1年3月31日現在のP社の連結貸借対照表は以下のとおりである。

連結貸借対照表			
諸資産	3,600	資本金	2,000
のれん	1,000	資本剰余金	2,000
		非支配株主持分	600
合計	4,600	合計	4,600

④ P社とS社は，X2年4月1日に，S社を吸収合併存続会社として合併した。なお，X2年3月期のS社の当期純利益は2,000であった。

条　件	内　容
企業結合日	X2年4月1日（合併期日）
発行済株式総数	P社1,000株，S社1,000株
合併比率	P社：S社＝1：1
交付株式の内訳	P社の株主に対して1,000株
企業結合日のP社株式の時価	1株当たり7
増加すべき払込資本の内訳	すべてその他資本剰余金

⑤ X2年3月31日現在のP社およびS社の個別貸借対照表は以下のとおりである。

P社個別貸借対照表			
諸資産	600	資本金	2,000
S社株式	3,400	資本準備金	2,000
合計	4,000	合計	4,000

S社個別貸借対照表			
諸資産	5,200	資本金	2,000
		その他利益剰余金	2,800
		その他有価証券評価差額金	400
合計	5,200	合計	5,200

⑥ X2年3月31日現在のP社の連結貸借対照表は以下のとおりである。

第11章　組織再編　　*309*

連結貸借対照表			
諸資産	5,800	資本金	2,000
のれん [※1]	800	資本剰余金	2,000
		利益剰余金 [※2]	1,400
		その他有価証券評価差額金 [※3]	160
		非支配株主持分 [※4]	1,040
合計	6,600	合計	6,600

（※1）　取得時ののれん1,000（S社株式の取得原価3,400－S社の取得時の純資産の時価3,000の80％）から，X2年3月期の償却額200を控除した金額となる。

（※2）　S社の取得後利益剰余金1,600（＝2,000×80％）の合計から，のれんのX2年3月期の償却額200を控除した金額となる。

（※3）　S社のその他有価証券評価差額金の支配獲得時からの増加額200のうち親会社株主持分160（＝200×80％）について計上される。

（※4）　取得時の600（S社の取得時の純資産の時価3,000×20％），取得後利益剰余金400（＝2,000×20％）およびその他有価証券評価差額金の増加額40（＝200×20％）の合計額となる。

会計処理

1．企業結合日におけるS社の個別財務諸表上の会計処理
＜合併の仕訳＞

（借）　諸　　資　　産	[※1]600	（貸）　その他資本剰余金	[※2]4,000
S　社　株　式	[※1]3,400		

（※1）　親会社から受け入れる諸資産の合併期日の前日の適正な帳簿価額
（※2）　吸収合併契約により定められた増加すべき払込資本の内訳項目

＜自己株式への振替＞

（借）　自　己　株　式	3,400	（貸）　S　社　株　式	3,400

　企業結合日におけるS社の個別貸借対照表は以下のとおりです。

S社個別貸借対照表			
諸資産	5,800	資本金	2,000
		その他資本剰余金	4,000
		その他利益剰余金	2,800
		その他有価証券評価差額金	400
		自己株式	△3,400
合計	5,800	合計	5,800

2．連結財務諸表上の会計処理

（借）	非支配株主持分	(※1)1,040	（貸）	資 本 剰 余 金	(※2)1,400
	資 本 剰 余 金	(※1)400		その他有価証券 評 価 差 額 金	(※1)40

（※1）　結果として，合併前の連結財務諸表で計上していた非支配株主持分1,040に非支配
　　　　株主に帰属するその他有価証券評価差額金40を控除した1,000が増加すべき払込資本
　　　　となります。

（※2）　P社にとっては，S社を吸収合併存続会社とする合併の経済実態は，非支配株主
　　　　持分340を取得するために，対価1,400（＝200株(※3)×時価7）をS社株主に支払っ
　　　　た取引と考えます。

（※3）　S社を吸収合併したとしたら発行していたP社株式1,000株のうちS社の非支配株
　　　　主に交付する株式数200株

　　企業結合日におけるS社の連結貸借対照表は以下のとおりです。

連結貸借対照表			
諸資産	5,800	資本金	2,000
のれん	800	資本剰余金	3,000
		利益剰余金	1,400
		その他有価証券評価差額金	200
合計	6,600	合計	6,600

> **ここ注意！**
> 合併後に子会社が連結財務諸表を作成する場合には，子会社の個別財務諸表上の処理をすべて振り戻して，従前の親会社が子会社の非支配株主から株式を追加取得し100％子会社化したものとして処理します。

Q11-8 同一の株主（企業）により支配されている子会社同士の合併における吸収合併存続会社（子会社）の増加資本

Q 同一の株主（企業）により支配されている子会社同士の合併における吸収合併存続会社の増加資本について教えてください。

A 共同支配企業の形成に該当する吸収合併の会計処理に準じて会計処理します。

解説

1．概　要

同一の株主（企業）により支配されている子会社同士の合併とは，図表11-11のような組織再編です。

図表11-11　同一の株主（企業）により支配されている子会社同士の合併

2．増加資本の取扱い

同一の株主（企業）により支配されている子会社同士の合併の場合，吸収合併存続会社（子会社）は，吸収合併消滅会社（子会社）から受け入れる資産および負債を合併期日の前日に付された適正な帳簿価額により計上し（企業結合

会計基準41），共同支配企業の形成に該当する吸収合併の会計処理（前述の
「Q11-5　共同支配企業の形成に該当する吸収合併における吸収合併存続会社
（共同支配企業）の増加資本」参照）に準じて，払込資本として会計処理しま
す（企業結合・事業分離適用指針247，185）。増加すべき払込資本の具体的な
内訳項目（資本金，資本準備金またはその他資本剰余金）は，会社法の規定に
基づき，吸収合併存続会社が吸収合併契約の定めに従いそれぞれ定めた額とな
りますが（企業結合・事業分離適用指針185(1)①，会計規35Ⅱ），合併の対価と
して吸収合併存続会社が新株のみを発行している場合には，吸収合併消滅会社
の合併期日の前日の資本金，資本準備金，その他資本剰余金，利益準備金およ
びその他利益剰余金の内訳科目を，そのまま引き継ぐことができます（企業結
合・事業分離適用指針185(1)②，会計規36）。

3．連結財務諸表上の会計処理

　吸収合併消滅会社の株主（親会社）は，連結財務諸表上，吸収合併存続会社
に係る当該株主（親会社）の持分の増加額（吸収合併消滅会社の株主としての
持分比率が増加する場合は，吸収合併消滅会社に係る当該株主（親会社）の持
分の増加額）と吸収合併消滅会社に係る株主（親会社）の持分の減少額（吸収
合併存続会社の株主としての持分比率が減少する場合は，吸収合併存続会社に
係る当該株主（親会社）の持分の減少額）との間に生じる差額を，資本剰余金
に計上します（企業結合・事業分離適用指針249）。

Q11-9　取得に該当する新設合併における新設合併設立会社の増加資本

Q	取得に該当する新設合併における新設合併設立会社の設立時資本について教えてください。
A	設立時資本の額を算定し，当該額を設立時の払込資本として処理します。払込資本の具体的な内訳項目は新設合併契約の定めに従います。

解 説

1．概　要

取得に該当する新設合併とは，図表11-12のような組織再編です。

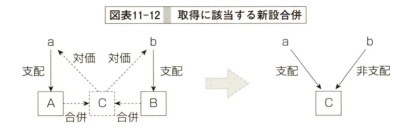

図表11-12　取得に該当する新設合併

2．設立時資本の取扱い

(1) 設立時資本の額

新設合併が支配取得に該当する場合には，新設合併設立会社の設立時資本の額は，以下の合計額になります（会計規45Ⅰ）。

① 取得企業の新設合併直前における資産および負債の適正な帳簿価額
② 取得の対価（支払対価）となる財の企業結合日における時価

新設合併取得会社以外の新設合併消滅会社（被取得企業）の株主に交付される対価に相当する資本の額は，取得の対価（支払対価）となる財の企業結合日における時価により計算されることから，いわゆるパーチェス法が適用されることを意味しています（企業結合会計基準17，企業結合・事業分離適用指針79，38参照）。一方で，新設合併取得会社の株主に交付される対価に相当する資本の額は，取得企業の新設合併直前における資産および負債の適正な帳簿価額により計算されます（企業結合・事業分離適用指針227(2)参照）。

このような取扱いの基礎には，取得に該当する場合の新設合併は，新設合併取得会社がその事業に関して有する権利義務のすべてを分割により設立する会社に承継させた後に，当該会社が新設合併取得会社でない新設合併消滅会社（被取得企業）を吸収合併することと，経済的には同じであるという発想があると考えられます。

(2) 設立時資本の内訳

　設立時資本の資本金および資本剰余金の額は，設立時資本の額の範囲内で，新設合併消滅会社が新設合併契約の定めに従いそれぞれ定めた額とし，利益剰余金の額はゼロとします。なお，通常の増資とは異なり，増加すべき払込資本の内訳に関する制約はなく，すべてその他資本剰余金とすることもできます。ただし，設立時資本の額がゼロ未満の場合には，当該額を設立時のその他利益剰余金の額とし，資本金，資本剰余金および利益準備金の額はゼロとします（会計規45Ⅱ，企業結合・事業分離適用指針227(2)）。

　また，新設合併の対価が株式のみである場合には，新設合併設立会社の設立時の資本金，資本剰余金および利益剰余金の額のうち，新設合併取得会社（取得企業）に係る部分（前述の「(1)　設立時資本の額」の①に相当する部分）については，新設合併直前における当該新設合併消滅会社の資本金，資本剰余金および利益剰余金の額をそれぞれ当該新設合併設立会社の設立時の資本金，資本剰余金および利益剰余金の額とすることができます（会計規47，企業結合・事業分離適用指針409）。

Q11-10 共同支配企業の形成に該当する新設合併における新設合併設立会社の増加資本

Q	共同支配企業の形成に該当する新設合併における新設合併設立会社の設立時資本について教えてください。
A	新設合併設立会社が承継する資産および負債の合併期日の前日における適正な帳簿価額により設立時資本の額とします。

解　説

1．概　要

　共同支配企業の形成に該当する新設合併とは，図表11-13のような組織再編です。

図表11-13　共同支配企業の形成に該当する新設合併

2．設立時資本の取扱い
(1) 設立時資本の額

共同支配企業の形成に該当する新設合併の場合，設立時資本の額は，新設合併設立会社が承継する資産および負債の合併期日の前日における適正な帳簿価額による差額となります（会計規48，45Ⅰ②）。

これは，共同支配企業の形成においては，共同支配企業は，共同支配投資企業から移転する資産および負債を，移転直前に共同支配投資企業において付されていた適正な帳簿価額により計上し，当該資産および負債の差額により，設立時の株主資本等の額を計算するためと考えられます。ただし，新設合併消滅会社の株主の中に一般投資企業が含まれている場合には，パーチェス法が適用されることになるため，当該一般投資企業に交付される対価に相当する資本の額は，取得の対価（支払対価）となる財の企業結合日における時価により計算されます（企業結合会計基準17，企業結合・事業分離適用指針188参照）。

(2) 設立時資本の内訳

新設合併設立会社の設立時の資本金，資本剰余金および利益剰余金の額は，以下に掲げる部分の区分に応じ，それぞれ算定される額の合計額とします（会計規46Ⅱ，企業結合・事業分離適用指針185(1)参照）。

---
① 株主資本承継消滅会社に係る部分
　　新設合併直前における当該株主資本承継消滅会社の資本金，資本剰余金および利益剰余金の額
② 非株主資本承継消滅会社に係る部分
　　資本金および資本剰余金については新設合併契約の定めに従い算定された額，

利益剰余金についてはゼロ

　ただし，対価の全部が新設合併設立会社の株式であり，かつ，新設合併消滅会社における新設合併の直前の株主資本等を引き継ぐものとして計算することが適切であるときには，新設合併の直前の各新設合併消滅会社の資本金，資本剰余金および利益剰余金の額の各合計額をそれぞれ当該新設合併設立会社の設立時の資本金，資本剰余金および利益剰余金の額とすることができます（会計規47 I，企業結合・事業分離適用指針185(1)参照）。このとき，対価の全部が新設合併設立会社の株式であることが求められるのは，新設合併に際して，財産の流出が生じて，新設合併消滅会社のすべての資産および負債が新設合併設立会社に承継されないという状況が生じないようにするためと考えられます。

Q11-11 共通支配下の取引等に該当する新設合併における新設合併設立会社の増加資本

Q	共通支配下の取引等に該当する新設合併における新設合併設立会社の設立時資本について教えてください。
A	新設合併設立会社が承継する資産および負債の合併期日の前日における適正な帳簿価額により設立時資本の額とします。

解 説

1．概　要

　共通支配下の取引等に該当する新設合併とは，図表11-14のような組織再編です。

2．設立時資本の取扱い

(1) 設立時資本の額

　共通支配下の取引等に該当する新設合併の場合，設立時資本の額は，原則として，新設合併設立会社が承継する資産および負債の合併期日の前日における

第11章 組織再編　　*317*

図表11-14　共通支配下の取引等に該当する新設合併

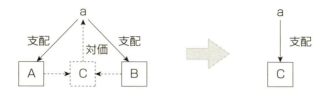

適正な帳簿価額による差額となります（会計規46Ⅰ）。

　これは，共通支配下の取引により企業集団内を移転する資産および負債は，移転直前に付されていた適正な帳簿価額により計上し，移転された資産および負債の差額は，純資産として処理する（企業結合会計基準41，42参照）こととされているためと考えられます。

　ただし，支払対価となる財の企業結合日における時価により計算されるケースがあるとしており（会計規46Ⅰかっこ書き），非支配株主に新設合併設立会社の株式が交付されるケースがこれに当たります。

(2) 設立時資本の内訳

　設立時資本の額が，新設合併契約において定められた株主資本承継消滅会社に係る部分と非株主資本承継消滅会社に係る部分とに分けて，以下のとおり算定し，その合計額とします（会計規46Ⅱ，47Ⅰ，45Ⅱ，企業結合・事業分離適用指針247(2)参照）。

---
① 株主資本承継消滅会社に係る部分
　　新設合併直前における当該株主資本承継消滅会社の資本金，資本剰余金および利益剰余金の額
② 非株主資本承継消滅会社に係る部分
　　資本金および資本剰余金については新設合併契約の定めに従い算定された額，利益剰余金についてはゼロ

　ただし，対価の全部が新設合併設立会社の株式であり，かつ，新設合併消滅会社における新設合併の直前の株主資本等を引き継ぐものとして計算することが適切であるときには，新設合併の直前の各新設合併消滅会社の資本金，資本

剰余金および利益剰余金の額の各合計額を，それぞれ当該新設合併設立会社の設立時の資本金，資本剰余金および利益剰余金の額とすることができます（会計規47 I，企業結合・事業分離適用指針247(2)参照）。このとき，対価の全部が新設合併設立会社の株式であることが求められるのは，新設合併に際して，財産の流出が生じて，新設合併消滅会社のすべての資産および負債が新設合併設立会社に承継されないという状況が生じないようにするためと考えられます。

Q11-12 取得に該当する吸収分割における吸収分割承継会社（取得企業）の増加資本

Q	取得に該当する吸収分割における吸収分割承継会社（取得企業）の増加資本について教えてください。
A	取得に該当する吸収合併における吸収合併存続会社（取得企業）の会計処理と同様の会計処理を行います。

解 説

1．概 要

取得に該当する吸収分割とは，図表11-15のような組織再編です。なお，取得に該当する現物出資も，取得に該当する吸収分割と同様に会計処理されることになります。

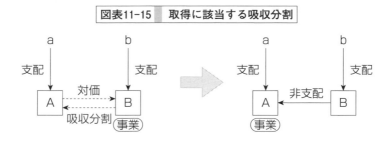

図表11-15 取得に該当する吸収分割

第11章　組織再編　　*319*

２．増加資本の取扱い

　取得に該当する吸収合併における吸収合併存続会社（取得企業）と同様に，対価として新株を発行した場合には，吸収分割承継会社は，増加すべき株主資本の額を払込資本の増加として処理し，また，対価として自己株式を処分した場合には，吸収分割承継会社は，増加すべき株主資本の額（自己株式の処分の対価の額。新株の発行と自己株式の処分を同時に行った場合には，新株の発行と自己株式の処分の対価の額）から処分した自己株式の帳簿価額を控除した額を払込資本の増加（当該差額がマイナスとなる場合にはその他資本剰余金の減少）として会計処理します（企業結合・事業分離適用指針79，80）。

　詳細は，前述の「Ｑ11-2　取得に該当する吸収合併における吸収合併存続会社（取得企業）の増加資本」をご参照ください。

Q11-13	逆取得に該当する吸収分割における吸収分割承継会社（被取得企業）の増加資本

Q	逆取得に該当する吸収分割における吸収分割承継会社（被取得企業）の増加資本について教えてください。
A	移転事業に係る株主資本相当額を払込資本として処理します。具体的な増加すべき払込資本の内訳項目は，吸収分割契約の定めに従います。

解　説

１．概　要

　逆取得に該当する吸収分割とは，次頁の図表11-16のような組織再編です。なお，逆取得に該当する現物出資も，逆取得に該当する吸収分割と同様に会計処理されることになります。

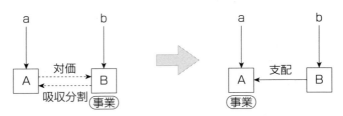

2. 増加資本の取扱い

　逆取得に該当する吸収分割では，吸収分割承継会社は，吸収分割会社（取得企業）の資産および負債を移転直前の適正な帳簿価額により計上し，当該資産および負債の差額を以下のように会計処理します。なお，吸収分割承継会社が受け入れた自己株式（吸収分割会社（取得企業）から移転された吸収分割承継会社株式）は，吸収分割会社（取得企業）における適正な帳簿価額により，吸収分割承継会社（被取得企業）の株主資本からの控除項目として表示します（企業結合・事業分離適用指針87）。

(1) 新株を発行した場合

① 移転事業に係る株主資本相当額の取扱い

　吸収分割承継会社に移転された事業に係る資産および負債の移転直前の適正な帳簿価額による差額から移転事業に係る評価・換算差額等および新株予約権を控除した額（以下「移転事業に係る株主資本相当額」といいます）を払込資本（資本金または資本剰余金）として処理します。増加すべき払込資本の具体的な内訳項目（資本金，資本準備金またはその他資本剰余金）は，会社法の規定に基づき，吸収分割承継会社が吸収分割契約の定めに従いそれぞれ定めた額となります（企業結合・事業分離適用指針87(1)①本文，会計規37Ⅱ）。なお，通常の増資とは異なり，増加すべき払込資本の内訳に関する制約はなく，すべてその他資本剰余金とすることもできます。

　また，抱合せ株式等がある場合（前述の「Q11-3　逆取得に該当する吸収合併における吸収合併存続会社（被取得企業）の増加資本」参照）には，払込

第11章 組織再編 *321*

資本から減額します（企業結合・事業分離適用指針87(1)①なお書き，84-2(1)）。

　ただし，移転事業に係る株主資本相当額がマイナスになる場合および抱合せ株式等の会計処理により株主資本の額がマイナスとなる場合には，払込資本をゼロとし，その他利益剰余金のマイナスとして処理します（企業結合・事業分離適用指針87(1)①また書き，会計規35Ⅱただし書き）。

②　移転事業に係る評価・換算差額等の取扱い

　吸収分割承継会社に移転された事業に係る評価・換算差額等および新株予約権（以下「移転事業に係る評価・換算差額等」といいます）については，吸収分割会社の移転直前の適正な帳簿価額を引き継ぎます。したがって，移転された事業にその他有価証券や土地再評価法に基づき再評価した土地が含まれ，吸収分割会社が当該その他有価証券や土地を時価または再評価額をもって分割期日の前日の貸借対照表価額としている場合には，吸収分割承継会社は，分割期日の前日のその他有価証券および土地の貸借対照表価額ならびにその他有価証券評価差額金および土地再評価差額金もそのまま引き継ぐことになります（企業結合・事業分離適用指針87(1)②）。

⑵　自己株式を処分した場合

　逆取得に該当する吸収合併における自己株式の原則的な会計処理に準じて，移転事業に係る株主資本相当額から処分した自己株式の帳簿価額を控除した差額を払込資本の増加（当該差額がマイナスとなる場合にはその他資本剰余金の減少）として会計処理します（企業結合・事業分離適用指針87(2)本文）。なお，抱合せ株式等がある場合には，払込資本から減額します（企業結合・事業分離適用指針87(2)なお書き，84-3(1)）。

　詳細は，前述の「Q11-3　逆取得に該当する吸収合併における吸収合併存続会社（被取得企業）の増加資本」をご参照ください。

Q11-14 共同支配企業の形成に該当する吸収分割における吸収分割承継会社（共同支配企業）の増加資本

Q	共同支配企業の形成に該当する吸収分割における吸収分割承継会社（共同支配企業）の増加資本について教えてください。
A	移転事業に係る株主資本相当額を払込資本として処理します。具体的な増加すべき払込資本の内訳項目は，吸収分割契約の定めに従います。

解説

1．概　要

共同支配企業の形成に該当する吸収分割とは，図表11-17のような組織再編です。なお，共同支配企業の形成に該当する共同新設分割も経済的には同質の組織再編と考えられます。

図表11-17　共同支配企業の形成に該当する吸収分割

2．増加資本の取扱い

共同支配企業の形成に該当する吸収分割では，吸収分割承継会社は，吸収分割会社より移転された資産および負債を分割期日の前日における適正な帳簿価額により計上し（企業結合会計基準38），当該資産および負債の差額を以下のように会計処理します（企業結合・事業分離適用指針193）。

(1) 新株を発行した場合

① 移転事業に係る株主資本相当額の取扱い

吸収分割承継会社は，移転事業に係る株主資本相当額を払込資本（資本金ま

たは資本剰余金）として処理します。増加すべき払込資本の具体的な内訳項目（資本金，資本準備金またはその他資本剰余金）は，会社法の規定に基づき，吸収分割承継会社が吸収分割契約の定めに従いそれぞれ定めた額となります（企業結合・事業分離適用指針193(1)本文，会計規37Ⅱ）。なお，通常の増資とは異なり，増加すべき払込資本の内訳に関する制約はなく，すべてその他資本剰余金とすることもできます。

　また，移転事業に係る株主資本相当額がマイナスになる場合には，払込資本をゼロとし，その他利益剰余金のマイナスとして処理します（企業結合・事業分離適用指針193(1)なお書き，会計規35Ⅱただし書き）。

②　移転事業に係る評価・換算差額等の取扱い

　移転事業に係る評価・換算差額等については，吸収分割会社の移転直前の適正な帳簿価額を引き継ぎます。したがって，移転された事業にその他有価証券や土地再評価法に基づき再評価した土地が含まれ，吸収分割会社が当該その他有価証券や土地を時価または再評価額をもって分割期日の前日の貸借対照表価額としている場合には，吸収分割承継会社は，分割期日の前日のその他有価証券および土地の貸借対照表価額ならびにその他有価証券評価差額金および土地再評価差額金もそのまま引き継ぐことになります（企業結合・事業分離適用指針193(2)）。

(2)　自己株式を処分した場合

　吸収分割の対価として吸収分割承継会社が自己株式を処分した場合には，共同支配企業の形成に該当する吸収合併における自己株式の会計処理（前述の「Q11-5　共同支配企業の形成に該当する吸収合併における吸収合併存続会社（共同支配企業）の増加資本」参照）に準じて，移転事業に係る株主資本相当額から処分した自己株式の帳簿価額を控除した差額を払込資本の増加（当該差額がマイナスとなる場合にはその他資本剰余金の減少）として会計処理します（企業結合・事業分離適用指針193-2，186(1)）。

　詳細は，前述の「Q11-5　共同支配企業の形成に該当する吸収合併における吸収合併存続会社（共同支配企業）の増加資本」をご参照ください。

324

設例11-7 共同支配企業の形成に該当する共同新設分割における吸収分割承継会社 (共同支配企業) の増加資本

(前提条件)

① X1年4月1日，A社とB社は，共同新設分割によりY社を設立した。なお，A社とB社はY社を共同支配する契約を締結しており，当該共同新設分割は共同支配企業の形成と判定されたものとする。

② A社が移転するa事業の分割期日前日の個別貸借対照表は以下のとおりである。

a事業の貸借対照表			
諸資産 ^(※)	1,500	株主資本	1,200
		その他有価証券評価差額金	300
合計	1,500	合計	1,500

(※) X1年4月1日における諸資産の時価は1,800であった。

③ B社が移転するb事業の分割期日前日の個別貸借対照表は以下のとおりである。

b事業の貸借対照表			
諸資産 ^(※)	540	株主資本	540
合計	540	合計	540

(※) X1年3月31日における諸資産の時価は1,200であった。

条　件	内　容
企業結合日	X1年4月1日 (分割期日)
分割対価	A社宛：1,200株，B社宛：800株
増加すべき払込資本の内訳	資本金1,000 (a事業受入の際に計上するものとする)，残額はその他資本剰余金

第11章　組織再編　*325*

会計処理

1．企業結合日におけるＹ社の個別財務諸表上の会計処理

＜ａ事業受入の会計処理＞

（借）　諸　　資　　産		（貸）　資　　本　　金	
（借）諸資産	$^{(※1)}$1,500	（貸）資本金	$^{(※2)}$1,000
		その他資本剰余金	$^{(※2)}$200
		その他有価証券 評価差額金	$^{(※3)}$300

（※１）　移転される資産および負債の分割期日の前日における適正な帳簿価額
（※２）　新設分割契約により定められた増加すべき払込資本の内訳項目
（※３）　移転事業に係る評価・換算差額等の帳簿価額をそのまま引き継ぎます。

＜ｂ事業受入の会計処理＞

（借）　諸　　資　　産	$^{(※1)}$540	（貸）　その他資本剰余金	$^{(※2)}$540

（※１）　移転される資産および負債の分割期日の前日における適正な帳簿価額
（※２）　新設分割契約により定められた増加すべき払込資本の内訳項目

　X1年４月１日現在のＹ社の個別貸借対照表は以下のとおりです。

Ｙ社個別貸借対照表			
諸資産	2,040	資本金	1,000
		その他資本剰余金	740
		その他有価証券評価差額金	300
合計	2,040	合計	2,040

Q11-15 株式のみを対価とする子会社から親会社への吸収分割における吸収分割承継会社（親会社）の増加資本

Q 株式のみを対価とする子会社から親会社への吸収分割における吸収分割承継会社（親会社）の増加資本について教えてください。

A 移転事業に係る株主資本相当額を払込資本として処理します。増加すべき払込資本の具体的な内訳項目は，吸収分割契約の定めに従います。

解説

1．概　要

株式のみを対価とする子会社から親会社への吸収分割とは，図表11-18のような組織再編です。

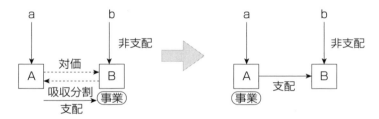

図表11-18　株式のみを対価とする子会社から親会社への吸収分割

2．増加資本の取扱い

株式のみを対価とする子会社から親会社への吸収分割では，吸収分割承継会社は，吸収分割会社より移転された資産および負債を分割期日の前日における適正な帳簿価額により計上し（企業結合会計基準41，企業結合・事業分離適用指針214(1)），移転事業に係る評価・換算差額等（親会社が作成する連結財務諸表において投資と資本の消去の対象とされたものを除きます）を引き継ぐとともに，移転事業に係る株主資本相当額は払込資本（資本金または資本剰余金）として処理します。増加すべき払込資本の具体的な内訳項目（資本金，資本準備金またはその他資本剰余金）は，会社法の規定に基づき，吸収分割承継会社

が吸収分割契約の定めに従いそれぞれ定めた額となります（企業結合・事業分離適用指針214(2)本文，会計規37Ⅱ）。

　ただし，移転事業に係る株主資本相当額がマイナスになる場合には，払込資本をゼロとし，その他利益剰余金のマイナスとして処理します（企業結合・事業分離適用指針214(2)なお書き，会計規35Ⅱただし書き）。

３．受け入れる資産および負債の修正処理

　吸収分割会社から受け入れる資産および負債は，原則として適正な帳簿価額により計上することになりますが，親会社が作成する連結財務諸表において，当該移転事業に係る資産および負債の帳簿価額を修正しているときは，親会社による子会社の吸収合併の場合（前述の「Q11-6　親会社が子会社を吸収合併する場合における吸収合併存続会社（親会社）の増加資本」参照）と同様に，個別財務諸表上も，連結財務諸表上の金額である修正後の帳簿価額（のれんを含みます）により資産および負債を受け入れます（企業結合・事業分離適用指針215，207，207-2）。

設例11-8　株式のみを対価とする子会社から親会社への吸収分割（共通支配下の取引）における吸収分割承継会社（親会社）の増加資本

（前提条件）

①　P社は，X1年3月31日に2,400を出資し，子会社S社（持分割合80％）を設立していた。

②　吸収分割直前（X2年3月31日）のP社，S社の個別貸借対照表および連結貸借対照表は以下のとおりである。

P社個別貸借対照表			
諸資産	3,600	資本金	3,000
S社株式	2,400	その他利益剰余金	3,000
合計	6,000	合計	6,000

S社個別貸借対照表			
諸資産	3,000	資本金	3,000
a事業資産	3,300	その他利益剰余金	3,000
		その他有価証券評価差額金 (※)	300
合計	6,300	合計	6,300

（※）　a事業資産に含まれる有価証券に係るものであり，支配獲得後に計上されたものとする。

連結貸借対照表			
諸資産	6,600	資本金	3,000
a事業資産	3,300	利益剰余金	5,400
		その他有価証券評価差額金	240
		非支配株主持分	1,260
合計	9,900	合計	9,900

③　P社はX2年4月1日にS社からa事業を受け入れた。

条　件	内　容
事業分離日	X2年4月1日（分割期日）
a事業の内容	諸資産の適正な帳簿価額：3,300 株主資本相当額：3,000 評価・換算差額等：300 諸資産の時価：3,600 a事業の時価：3,750
対価	P社株式50株（すべて新株発行）
事業分離日のP社株式の時価	75
増加すべき払込資本の内訳	すべてその他資本剰余金

第11章　組織再編　　*329*

（会計処理）

＜事業分離日におけるＰ社の個別財務諸表上の会計処理＞

（借）	諸　資　産	(※1)3,300	（貸）	その他資本剰余金	(※2)3,000
				その他有価証券評価差額金	(※3)300

（※1）　受け入れた諸資産の分割期日の前日における適正な帳簿価額
（※2）　吸収分割契約により定められた増加すべき払込資本の内訳項目
（※3）　移転事業に係る評価・換算差額等の帳簿価額をそのまま引き継ぎます。

　事業分離日におけるＰ社の個別貸借対照表は以下のとおりです。

Ｐ社個別貸借対照表			
諸資産	3,600	資本金	3,000
Ｓ社株式	2,400	その他資本剰余金	3,000
ａ事業資産	3,300	その他利益剰余金	3,000
		その他有価証券評価差額金	300
合計	9,300	合計	9,300

Q11-16　分割型の会社分割による子会社から親会社への吸収分割（共通支配下の取引等）における吸収分割承継会社（親会社）の増加資本

Q　分割型の会社分割による子会社から親会社への吸収分割における吸収分割承継会社（親会社）の増加資本について教えてください。

A　移転事業に係る株主資本相当額を払込資本として処理します。増加すべき払込資本の具体的な内訳項目は，吸収分割契約の定めに従います。

解　説

１．概　要

　分割型の会社分割による子会社から親会社への吸収分割とは，次頁の図表11-19のような組織再編です。

2. 増加資本の取扱い

　分割型の会社分割による子会社から親会社への吸収分割では，吸収分割承継会社は，吸収分割会社より移転された資産および負債を分割期日の前日における適正な帳簿価額により計上し（企業結合会計基準41），当該資産と負債との差額を以下のとおり会計処理します（企業結合・事業分離適用指針218）。

(1) 親会社持分相当額

　会社分割直前に保有していた子会社株式（分割に係る抱合せ株式）の適正な帳簿価額のうち，受け入れた資産および負債と引き換えられたものとみなされる額との差額を，特別損益に計上します（企業結合・事業分離適用指針218(2)，206(2)①ア）。

　分割に係る抱合せ株式の適正な帳簿価額のうち，受け入れた資産および負債と引き換えられたものとみなされる額は，以下のいずれかの方法のうち合理的と認められる方法により算定します（企業結合・事業分離適用指針219）。

> ① 関連する時価の比率で按分する方法
> 　分割された移転事業に係る株主資本相当額の時価と会社分割直前の子会社の株主資本の時価との比率により，子会社の株式の適正な帳簿価額を按分する。
> ② 時価総額の比率で按分する方法
> 　会社分割直前直後の子会社の時価総額の差額を分割された事業の時価とみなし，会社分割直前の子会社の時価総額との比率により，子会社の株式の適正な帳簿価額を按分する。
> ③ 関連する帳簿価額（連結財務諸表上の帳簿価額を含む）の比率で按分する方法

> 分割された移転事業に係る株主資本相当額の適正な帳簿価額と会社分割直前の子会社の株主資本の適正な帳簿価額との比率により，子会社の株式の適正な帳簿価額を按分する。

(2) 非支配株主持分相当額

　非支配株主持分相当額と，取得の対価（非支配株主に交付した親会社株式の時価）（企業結合・事業分離適用指針37から47）との差額をその他資本剰余金とします。合併により増加する親会社の株主資本の額は払込資本とし，取得の会計処理（前述の「Q11-2　取得に該当する吸収合併における吸収合併存続会社（取得企業）の増加資本」参照）に準じて会計処理します（企業結合・事業分離適用指針218(2)，206(2)①イ，79から82）。

　なお，当該組織再編において，親会社は，子会社に対して新株を発行（または自己株式を処分）すると同時に，子会社から当該株式を配当として受け取ることとなるため，親会社は発行した新株（または処分した自己株式）を自己株式として保有することになります。会計上，親会社による新株の発行（または自己株式の処分）と当該自己株式の取得は一体の取引とみて，親会社が受け入れた自己株式の帳簿価額はゼロとします（自己株式を処分した場合には，当該自己株式に対応する適正な帳簿価額を付します）（企業結合・事業分離適用指針218(2)なお書き）。

3．受け入れる資産および負債の修正処理

　吸収分割会社から受け入れる資産および負債は，原則として適正な帳簿価額により計上することになりますが，親会社が作成する連結財務諸表において，当該移転事業に係る資産および負債の帳簿価額を修正しているときは，親会社による子会社の吸収合併の場合（前述の「Q11-6　親会社が子会社を吸収合併する場合における吸収合併存続会社（親会社）の増加資本」参照）と同様に，個別財務諸表上も，連結財務諸表上の金額である修正後の帳簿価額（のれんを含みます）により資産および負債を受け入れます（企業結合・事業分離適用指針220，207，207-2）。

332

| 設例11-9 | 分割型の会社分割による子会社から親会社への吸収分割（共通支配下の取引等）における吸収分割承継会社（親会社）の増加資本 |

前提条件

① P社は，X1年3月31日に2,400を出資し，子会社S社（持分割合80％）を設立していた。

② 吸収分割直前（X2年3月31日）のP社，S社の貸借対照表および連結貸借対照表は以下のとおりである。

P社個別貸借対照表			
諸資産	3,600	資本金	3,000
S社株式	2,400	その他利益剰余金	3,000
合計	6,000	合計	6,000

S社個別貸借対照表			
諸資産	3,000	資本金	3,000
a事業資産	3,300	その他利益剰余金	3,000
		その他有価証券評価差額金 [※]	300
合計	6,300	合計	6,300

（※） a事業資産に含まれる有価証券に係るものであり，支配獲得後に計上されたものとする。

連結貸借対照表			
諸資産	6,600	資本金	3,000
a事業資産	3,300	利益剰余金	5,400
		その他有価証券評価差額金	240
		非支配株主持分	1,260
合計	9,900	合計	9,900

③ P社は，X2年4月1日にS社よりa事業を受け入れた。また，S社は，受け取ったP社株式300株を，その取得と同時に（S社の非支配株主に60株，P社に240株）配当した（分割型の会社分割）。なお，S社は事業移転に伴う資産の減少に対応して，利益剰余金を減少させた。

第11章　組織再編　　333

条　件	内　容
事業分離日	X2年4月1日（分割期日）
a事業の内容	諸資産の適正な帳簿価額：3,300 株主資本相当額：3,000 評価・換算差額等：300 諸資産の時価：3,600 a事業の時価：3,750
対価	P社株式300株（すべて新株発行）
事業分離日のP社株式の時価	25
増加すべき払込資本の内訳	すべてその他資本剰余金

○会計処理

1．事業分離日におけるP社の個別財務諸表上の会計処理

＜親会社持分相当額＞

（借）諸　　資　　産	(※1)2,640	（貸）S　社　株　式	(※2)1,200
		その他有価証券 評 価 差 額 金	(※3)240
		抱 合 せ 株 式 消 滅 差 益	(※4)1,200

（※1）　子会社から受け入れる諸資産の連結財務諸表上の帳簿価額のうち親会社持分相当額2,640（＝3,300×80％）
（※2）　分割に係る抱合せ株式の帳簿価額のうち，受け入れた資産および負債と引き換えられたものとみなされる額1,200 (※5)
（※3）　その他有価証券評価差額金のうち，投資と資本の消去の対象とされていない額（支配獲得後に増減した額）のうち親会社持分相当額240（＝300×80％）
（※4）　親会社持分相当額2,400と親会社が合併直前に保有していたS社株式（抱合せ株式）の帳簿価額1,200の差額1,200
（※5）　関連する帳簿価額の比率（S1事業に係る株主資本相当額の適正な帳簿価額3,000とS社の分割直前の株主資本の適正な帳簿価額との比率）50％（＝3,000÷（3,000＋3,000））で按分する方法が合理的と認められる方法であるものとし，以下のように，S社株式の帳簿価額のうち，受け入れた資産および負債と引き換えられたものとみなされる額を算定しています。
　　　S社株式の帳簿価額2,400×50％＝1,200

＜非支配株主持分相当額＞

（借）	諸　資　産	(※1)660	（貸）	その他資本剰余金	(※2)750
	その他資本剰余金	(※3)150		その他有価証券 評　価　差　額　金	(※4)60

（※1）　子会社から受け入れる諸資産の連結財務諸表上の帳簿価額のうち非支配株主持分
相当額660（＝3,300×20％）

（※2）　取得の対価：非支配株主に交付したP社株式30株×時価25＝750

（※3）　取得の対価750^{（※2）}と子会社から受け入れる資産および負債の非支配株主持分相
当額600との差額150

（※4）　その他有価証券評価差額金のうち，投資と資本の消去の対象とされていない額
（支配獲得後に増減した額）のうち非支配株主持分相当額60（＝300×20％）

X2年4月1日現在のP社の個別貸借対照表は以下のとおりです。

P社個別貸借対照表			
諸資産	3,600	資本金	3,000
S社株式	1,200	その他資本剰余金	600
a事業資産	3,300	その他利益剰余金	4,200
		その他有価証券評価差額金	300
合計	8,100	合計	8,100

Q11-17 株式のみを対価とする親会社から子会社への吸収分割（共通支配下の取引）における吸収分割承継会社（子会社）の増加資本

Q	株式のみを対価とする親会社から子会社への吸収分割（共通支配下の取引）における吸収分割承継会社（子会社）の増加資本について教えてください。
A	移転事業に係る株主資本相当額を払込資本として処理します。増加すべき払込資本の具体的な内訳項目は，吸収分割契約の定めに従います。

解　説

1．概　要

株式のみを対価とする親会社から子会社への吸収分割とは，図表11-20のよ

うな組織再編です。

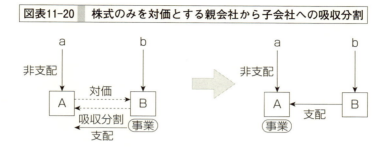

2．増加資本の取扱い

　株式のみを対価とする親会社から子会社への吸収分割では，吸収分割承継会社は，吸収分割会社より移転された資産および負債を分割期日の前日における適正な帳簿価額により計上し（企業結合会計基準41，企業結合・事業分離適用指針227(1)），移転事業に係る評価・換算差額等を引き継ぐとともに，移転事業に係る株主資本相当額は払込資本（資本金または資本剰余金）として処理します。増加すべき払込資本の具体的な内訳項目（資本金，資本準備金またはその他資本剰余金）は，会社法の規定に基づき，吸収分割承継会社が吸収分割契約の定めに従いそれぞれ定めた額となります（企業結合・事業分離適用指針227(2)本文，会計規37Ⅱ）。

　ただし，移転事業に係る株主資本相当額がマイナスになる場合には，払込資本をゼロとし，その他利益剰余金のマイナスとして処理します（企業結合・事業分離適用指針227(2)なお書き，会計規35Ⅱただし書き）。

3．受け入れる資産および負債の修正処理

　吸収分割会社から受け入れる資産および負債は，原則として適正な帳簿価額により計上することになりますが，親会社が作成する連結財務諸表において，当該移転事業に係る資産および負債の帳簿価額を修正しているときは，親会社による子会社の吸収合併の場合（前述の「Q11-6　親会社が子会社を吸収合併する場合における吸収合併存続会社（親会社）の増加資本」参照）と同様に，

個別財務諸表上も，連結財務諸表上の金額である修正後の帳簿価額により資産および負債を受け入れます（企業結合・事業分離適用指針228, 211）。

Q11-18 分割型の会社分割による親会社から子会社への吸収分割における吸収分割承継会社（子会社）の増加資本

Q 分割型の会社分割による親会社から子会社への吸収分割における吸収分割承継会社（子会社）の増加資本について教えてください。

A 移転事業に係る株主資本相当額を払込資本として処理します。増加すべき払込資本の具体的な内訳項目は，吸収分割契約の定めに従います。

解説
1．概　要
分割型の会社分割による親会社から子会社への吸収分割とは，図表11-21のような組織再編です。

図表11-21　分割型の会社分割による親会社から子会社への吸収分割

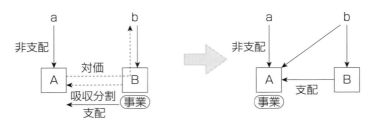

2．増加資本の取扱い
分割型の会社分割による親会社から子会社への吸収分割では，吸収分割承継会社は，吸収分割会社より移転された資産および負債を分割期日の前日における適正な帳簿価額により計上し（企業結合会計基準41，企業結合・事業分離適用指針234(1)），移転事業に係る評価・換算差額等を引き継ぐとともに，移転事

業に係る株主資本相当額は払込資本（資本金または資本剰余金）として処理します。増加すべき払込資本の具体的な内訳項目（資本金，資本準備金またはその他資本剰余金）は，会社法の規定に基づき，吸収分割承継会社が吸収分割契約の定めに従いそれぞれ定めた額となります（企業結合・事業分離適用指針234(2)本文，会計規37Ⅱ）。

　ただし，受け入れた資産および負債の対価として子会社の株式のみを交付している場合には，親会社で計上されていた株主資本の内訳を適切に配分した額をもって計上することができます。この場合，株主資本の内訳の配分額は，親会社が減少させた株主資本の内訳の額と一致させる必要があります（企業結合・事業分離適用指針234(2)ただし書き）。なお，配分に際して用いた適切な方法としては，帳簿価額の比率に基づく比例配分などさまざまなものが考えられますが，当該方法を吸収分割会社において注記することが望ましいとされています（企業結合・事業分離適用指針446）。

3．受け入れる資産および負債の修正処理

　吸収分割会社から受け入れる資産および負債は，原則として適正な帳簿価額により計上することになりますが，親会社が作成する連結財務諸表において，当該移転事業に係る資産および負債の帳簿価額を修正しているときは，子会社による親会社の吸収合併の場合（前述の「Q11-7　子会社が親会社を吸収合併する場合における吸収合併存続会社（子会社）の増加資本」参照）と同様に，個別財務諸表上も，連結財務諸表上の金額である修正後の帳簿価額により資産および負債を受け入れます（企業結合・事業分離適用指針234(2)本文，228，211）。

> **ここ注意！**
>
> 　吸収分割会社（親会社）で計上されていた株主資本の内訳を適切に配分した額をもって株主資本の構成要素を計上する場合には，親会社における株主資本の適切な配分方法が論点となりますが，会計基準では明記されていないため，実態に適合する配分方法を選択する必要があります。

Q11-19 単独新設分割における新設分割設立会社の設立時資本

Q 単独新設分割における新設分割設立会社の設立時資本について教えてください。

A 設立時資本の額を算定し，当該額を設立時の払込資本として処理します。具体的な払込資本の内訳項目は，新設分割会社が定めた新設分割計画に従います。

解 説
1．概 要

単独新設分割とは，図表11-22のような組織再編です。

図表11-22 単独新設分割

2．設立時資本の取扱い
(1) 設立時資本の額

新設分割設立会社（共同新設分割を除きます）の設立時資本の額（株主資本等変動額）は，新設分割会社における新設分割の直前の当該事業に係る資産および負債の帳簿価額を基礎として算定します（会計規49Ⅰ，企業結合・事業分離適用指針261，227）。これは，新設分割による子会社の設立については，共通支配下の取引に係る会計処理に準じて処理するのが適当と考えられているためです（企業結合・事業分離適用指針118）。

(2) 設立時資本の内訳

新設分割設立会社（共同新設分割を除きます）の資本金および資本剰余金の

第11章　組織再編　　*339*

額は，株主資本等変動額の範囲内で，新設分割会社が新設分割計画の定めに従いそれぞれ定めた額とし，利益剰余金の額はゼロとします。これは，現物出資の場合と同様に，株式を発行した場合には，払込資本（資本金または資本剰余金）の増加として処理するべきと考えられるためです。ただし，株主資本等変動額がゼロ未満の場合には，当該株主資本等変動額をその他利益剰余金の額とし，資本金，資本剰余金および利益準備金の額はゼロとするとされています（会計規49Ⅱ，企業結合・事業分離適用指針261，227参照）。これは，資本金，資本準備金および利益準備金の額は，その性質に照らし，負の値になり得ないこと，払込資本を意味する資本剰余金を負の値とすることは不適切と考えられることによります。

　なお，分割型新設合併の対価が株式のみである場合であって，新設分割会社における新設分割の直前の株主資本を引き継ぐものとして計算することが適切であるときには，分割型新設分割により変動する新設分割会社の資本金，資本剰余金および利益剰余金の額をそれぞれ新設分割設立会社の設立時の資本金，資本剰余金および利益剰余金の額とすることができます（会計規50，企業結合・事業分離適用指針409(3)）。これは，旧商法における人的分割（分割型の会社分割）のように，新設分割会社自体が分割したと考えて株主資本の内訳も分割することを認める必要があると考えられるためです。

Q11-20　共同支配企業の形成に該当する共同新設分割における新設分割設立会社の設立時資本

Q	共同支配企業の形成に該当する共同新設分割における新設分割設立会社の設立時資本について教えてください。
A	初めに各新設分割会社が単独新設分割を行うことを仮定して資本の計算を行い，次にそれぞれの会社が新設合併するものとみなして，当該共同新設分割設立会社の設立時資本の額の計算を行います。

解 説
1．概 要
　共同支配企業の形成に該当する共同新設合併とは，図表11-23のような組織再編です。

図表11-23　共同支配企業の形成に該当する共同新設分割

2．設立時資本の取扱い
　共同支配企業の形成に該当する共同新設分割を実施する場合には，以下のとおり，新設分割設立会社の株主資本を計算します（会計規51，企業結合・事業分離適用指針34(2)①参照）。

> ①　各新設分割会社が他の新設分割会社と共同しないで新設分割を行うことを仮定して，単独新設分割設立会社の計算を行う。
> ②　その後，単独新設分割設立会社が，新設合併をすることにより設立される会社が共同新設分割設立会社となるものとみなして，当該共同新設分割設立会社の計算を行う。

　すなわち，まずは，各新設分割会社がそれぞれ単独新設分割の処理（前述の「Q11-19　単独新設分割における新設分割設立会社の設立時資本」参照）を行い，続いて，各単独新設分割設立会社が新設合併することにより1つの会社となる処理（前述の「Q11-10　共同支配企業の形成に該当する新設合併における新設合併設立会社の増加資本」参照）を行い，結果として，当該会社が共同新設分割設立会社になるという考え方です。

Q11-21 取得に該当する株式交換における株式交換完全親会社（取得企業）の増加資本

Q 取得に該当する株式交換における株式交換完全親会社（取得企業）の増加資本について教えてください。

A 増加すべき株主資本の額を算定し，当該額を払込資本の増加として処理します。増加すべき払込資本の具体的な内訳項目は株式交換契約の定めに従います。

解説

1．概 要

取得に該当する株式交換とは，図表11-24のような組織再編です。

図表11-24　取得に該当する株式交換

2．増加資本の取扱い

取得に該当する株式交換において，対価として株式交換完全親会社が新株を発行した場合には，増加すべき株主資本の額を払込資本（資本金または資本剰余金）の増加として会計処理します（企業結合・事業分離適用指針111）。また，自己株式を処分した場合には，増加すべき株主資本の額（自己株式の処分の対価の額。新株の発行と自己株式の処分を同時に行った場合には，新株の発行と自己株式の処分の対価の額）から処分した自己株式の帳簿価額を控除した額を払込資本の増加（当該差額がマイナスとなる場合にはその他資本剰余金の減少）として会計処理します（企業結合・事業分離適用指針112）。

(1) 増加資本の額

　増加すべき株主資本の額は，取得に該当する吸収合併の場合（前述の「Q11-2　取得に該当する吸収合併における吸収合併存続会社（取得企業）の増加資本」参照）と同様に，対価として交付した取得企業の株式の市場価格を基礎として算定します（企業結合・事業分離適用指針110）。詳細は，「Q11-2　取得に該当する吸収合併における吸収合併存続会社（取得企業）の増加資本」をご参照ください。

(2) 増加すべき払込資本の内訳項目

　増加すべき払込資本の具体的な内訳項目（資本金，資本準備金またはその他資本剰余金）は，会社法の規定に基づき，株式交換完全親会社が株式交換契約の定めに従い定めた額とし，利益剰余金の額は変動しません（会計規39Ⅱ）。なお，通常の増資とは異なり，増加すべき払込資本の内訳に関する制約はなく，すべてその他資本剰余金とすることもできます。

3．新株予約権付社債を承継する場合等

　取得に該当する株式交換において，株式交換完全親会社が株式交換完全子会社の新株予約権者に新株予約権を交付する場合，または株式交換完全親会社が新株予約権付社債を承継する場合には，当該新株予約権または新株予約権付社債の時価を子会社株式の取得原価に加算するとともに，同額を新株予約権または新株予約権付社債として純資産の部または負債の部に計上します（企業結合・事業分離適用指針110-2）。

設例11-10	取得に該当する株式交換における株式交換完全親会社（取得企業）の増加資本

（前提条件）

① 　A社とB社は，A社を株式交換完全親会社，B社を株式交換完全子会社とする株式交換を行った。当該株式交換は取得とされ，A社が取得企業，B社が被取得企業とされた。

第11章　組織再編　　*343*

条　件	内　容
企業結合日	X1年 4 月 1 日（株式交換日）
発行済株式総数	Ａ社1,000株，Ｂ社1,000株
交換比率	Ａ社：Ｂ社＝ 1 ：0.5
交付株式の内訳	Ａ社株式500株（すべて新株発行）
企業結合日のＡ社株式の時価	7
増加すべき払込資本の内訳	資本金1,000，資本準備金500，残額はその他資本剰余金

②　X1年 3 月31日現在のＡ社およびＢ社の個別貸借対照表は以下のとおりである。

Ａ社個別貸借対照表			
諸資産 (※)	2,200	資本金	600
		その他利益剰余金	1,600
合計	2,200	合計	2,200

（※）　企業結合日における諸資産の時価は2,600である。

Ｂ社個別貸借対照表			
諸資産 (※)	1,850	資本金	750
		資本準備金	500
		その他利益剰余金	400
		その他有価証券評価差額金	200
合計	1,850	合計	1,850

（※）　企業結合日における諸資産の時価は2,000である。

会計処理

1．企業結合日におけるＡ社の個別財務諸表上の会計処理

（借）　Ｂ　社　株　式	3,500	（貸）　資　　本　　金	(※1)1,000
		資　本　準　備　金	(※1)500
		その他資本剰余金	(※2)2,000

- （※1） 株式交換契約により定められた増加すべき払込資本の内訳項目
- （※2） 対価合計3,500 [※3] − 資本金1,000 − 資本準備金500 = 2,000
- （※3） 対価として交付する株式500株×時価7 = 3,500

2．企業結合日におけるA社の個別財務諸表

A社個別貸借対照表			
諸資産	2,200	資本金	1,600
B社株式	3,500	資本準備金	500
		その他資本剰余金	2,000
		その他利益剰余金	1,600
合計	5,700	合計	5,700

ここ注意！

　株式交換完全親会社が株式交換完全子会社の新株予約権者に対して新株予約権を発行する場合や株式交換完全子会社の新株予約権付社債を承継する場合には，株式交換完全子会社株式の取得原価は，当該新株予約権または新株予約権付社債の時価を加算して算定します。

Q11-22 逆取得に該当する株式交換における株式交換完全親会社（被取得企業）の増加資本

Q	逆取得に該当する株式交換における株式交換完全親会社（被取得企業）の増加資本について教えてください。
A	増加すべき株主資本の額を算定し，当該額を払込資本の増加として処理します。増加すべき払込資本の具体的な内訳項目は株式交換契約の定めに従います。

解 説

1．概 要

　逆取得に該当する株式交換とは，図表11-25のような組織再編です。

図表11-25　逆取得に該当する株式交換

2．増加資本の取扱い

　逆取得に該当する株式交換において，対価として株式交換完全親会社が新株を発行した場合には，増加すべき株主資本の額を払込資本（資本金または資本剰余金）の増加として会計処理します（企業結合・事業分離適用指針117-2）。
　また，自己株式を処分した場合には，逆取得となる吸収合併における自己株式の原則的な会計処理（前述の「Q11-3　逆取得に該当する吸収合併における吸収合併存続会社（被取得企業）の増加資本」参照）に準じて会計処理します（企業結合・事業分離適用指針117-3，84(2)①）。

(1)　増加資本の額

　増加すべき株主資本の額は，株式交換日の前日における株式交換完全子会社（取得企業）の適正な帳簿価額による株主資本の額に基づいて算定します（企業結合・事業分離適用指針117-2，118）。

(2)　増加すべき払込資本の内訳項目

　増加すべき払込資本の具体的な内訳項目（資本金，資本準備金またはその他資本剰余金）は，会社法の規定に基づき，株式交換完全親会社が株式交換契約の定めに従い定めた額とし，利益剰余金の額は変動しません（会計規39Ⅱ）。なお，通常の増資とは異なり，増加すべき払込資本の内訳に関する制約はなく，すべてその他資本剰余金とすることもできます。

3．新株予約権付社債を承継する場合等

　逆取得に該当する株式交換において，株式交換完全親会社（被取得企業）が

株式交換完全子会社（取得企業）の新株予約権者に新株予約権を交付する場合，または株式交換完全親会社（被取得企業）が新株予約権付社債を承継する場合には，株式交換完全親会社は，株式交換完全子会社（取得企業）の株式交換日の前日における適正な帳簿価額による株主資本の額に，株式交換完全子会社（取得企業）で認識された新株予約権の消滅に伴う利益または新株予約権付社債の承継に伴う利益の額（税効果調整後）を加算して，子会社株式の取得原価を算定します。また，株式交換完全親会社（被取得企業）は，株式交換日の前日に株式交換完全子会社（取得企業）で付されていた適正な帳簿価額により新株予約権または新株予約権付社債の適正な帳簿価額を純資産の部または負債の部に計上します（企業結合・事業分離適用指針118-2）。

4．連結財務諸表上の処理

　株式交換完全親会社の連結財務諸表上，株式交換完全子会社（取得企業）は，株式交換完全親会社を被取得企業としてパーチェス法を適用することになります。具体的には，株式交換日の前日における株式交換完全子会社（取得企業）の連結財務諸表上の金額（連結財務諸表を作成していない場合には個別財務諸表上の金額）に，以下の手順により算定された額を加算します（企業結合・事業分離適用指針119）。

(1) 取得原価の算定

　原則として，取得の対価となる財の企業結合日における時価で算定します。

　ただし，取得の対価となる財の時価は，株式交換完全親会社（被取得企業）の株主が結合後企業（株式交換完全親会社）に対する実際の議決権比率と同じ比率を保有するのに必要な数の株式交換完全子会社（取得企業）の株式を，株式交換完全子会社（取得企業）が交付したものとみなして算定します（企業結合会計基準（注1），企業結合・事業分離適用指針119(1)ただし書き）。

　例えば，A社（株式交換直前の発行済株式総数：100株）とB社（株式交換直前の発行済株式総数：200株）とが，A社を株式交換完全親会社（被取得企業），B社を株式交換完全子会社（取得企業）として，A社株式400株を交付して株式交換を実施したとします。当該株式交換の結果，A社の議決権比率80％

（400株÷（100株＋400株））を株式交換完全子会社であるＢ社の株主が保有することとなるため，当該株式交換は原則として逆取得と判定されるものと思われます。

このような逆取得の場合，Ｂ社が親会社になりＡ社が子会社になったと仮定し，旧Ａ社株主がＢ社に対する議決権比率20％を保有するために必要となる数のＢ社株式を，Ｂ社が発行したものとみなして，取得の対価となる財の時価を算定します。なお，発行したとみなすＢ社株式の数（X）は以下の式により算定します。

$X ÷ （200＋X）＝20\%$

$X＝20\% × （200＋X）$

$X＝40＋0.2X$

$0.8X＝40$

$X＝50$

	A社株式を発行（実際）			B社が株式を発行したものとみなす場合		
	交換前	交換後	比率	交換前	交換後	比率
A社株主	100	100	20%	—	50	20%
B社株主	—	400	80%	200	200	80%
合計	100	500	100%	200	250	100%

なお，株式交換完全子会社（取得企業）が株式交換日の前日に株式交換完全親会社（被取得企業）となる企業の株式を保有していた場合には，段階取得に該当するため，株式交換日の時価に基づく額を取得原価に加算し，その時価と適正な帳簿価額との差額を，連結財務諸表上，当期の段階取得に係る損益として処理します（企業結合・事業分離適用指針119(1)なお書き）。

投資会社が持分法適用関連会社と企業結合した場合には，株式交換日の前日の被取得企業の株式（関連会社株式）の持分法による評価額と株式交換日の時価との差額は，連結財務諸表上，当期の段階取得に係る損益とし，これに見合う金額は，のれん（または負ののれん）の修正として処理されます。なお，株式交換日の前日の個別財務諸表上の関連会社株式の帳簿価額と持分法による評

価額との差額は，のれん（または負ののれん）の修正として処理されます（企業結合・事業分離適用指針119⑴第4段落）。

⑵　取得原価の配分

　株式交換完全親会社（被取得企業）となる企業から受け入れた資産および引き受けた負債のうち企業結合日において識別可能なもの（識別可能資産および負債）に対して，その企業結合日における時価を基礎として配分し，取得原価と取得原価の配分額との差額はのれん（または負ののれん）とします（企業結合・事業分離適用指針119⑵）。

⑶　増加すべき株主資本の会計処理

　⑴で算定された取得の対価を払込資本に加算します。

　ただし，連結財務諸表上の資本金は株式交換完全親会社（被取得企業）の資本金とし，これと株式交換直前の連結財務諸表上の資本金（株式交換完全子会社の資本金）が異なる場合には，その差額を資本剰余金に振り替えます（企業結合・事業分離適用指針119⑶）。

Q11-23　共通支配下の取引等に該当する株式交換における株式交換完全親会社の増加資本

Q	親会社が子会社を株式交換完全子会社とする株式交換（共通支配下の取引等）における株式交換完全親会社の増加資本について教えてください。
A	増加すべき株主資本の額を算定し，当該額を払込資本の増加として処理します。増加すべき払込資本の具体的な内訳項目は株式交換契約の定めに従います。

解　説

1．概　要

　親会社が子会社を株式交換完全子会社とする株式交換（共通支配下の取引

等）とは，図表11-26のような組織再編です。

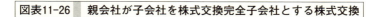

2．増加資本の取扱い

　親会社が子会社を株式交換完全子会社とする株式交換（共通支配下の取引等）において，対価として株式交換完全親会社が新株を発行または自己株式を処分した場合には，取得の対価（非支配株主に交付した株式交換完全親会社株式の時価）を払込資本（資本金または資本剰余金）の増加として処理します（企業結合・事業分離適用指針236）。なお，株式交換完全親会社が株式交換完全子会社以外の子会社（中間子会社）に対価を支払う場合には，株式交換完全子会社の株式交換日の前日の適正な帳簿価額による株主資本の額に株式交換日の前日の持分比率を乗じた中間子会社持分相当額により，中間子会社から取得する株式交換完全子会社株式の取得原価を算定し，同額を払込資本の増加として処理します（企業結合・事業分離適用指針236-4）。

　増加すべき払込資本の具体的な内訳項目（資本金，資本準備金またはその他資本剰余金）は，会社法の規定に基づき，株式交換完全親会社が株式交換契約の定めに従い定めた額とし，利益剰余金の額は変動しません（企業結合・事業分離適用指針236(2)，会計規39Ⅱ）。なお，通常の増資とは異なり，増加すべき払込資本の内訳に関する制約はなく，すべてその他資本剰余金とすることもできます。

3．新株予約権付社債を承継する場合等

　親会社が子会社を株式交換完全子会社とする株式交換（共通支配下の取引等）において，親会社が子会社の新株予約権者に新株予約権を交付する場合，

350

または親会社が新株予約権付社債を承継する場合には，親会社は，株式交換完全子会社等で認識された新株予約権の消滅に伴う利益または新株予約権付社債の承継に伴う利益の額（税効果調整後）を加算して子会社株式の取得原価を算定します。また，親会社は株式交換日の前日に子会社で付されていた適正な帳簿価額による新株予約権または新株予約権付社債の額を純資産の部または負債の部に計上します（企業結合・事業分離適用指針236-2）。

設例11-11　親会社が子会社を株式交換完全子会社とする株式交換（共通支配下の取引）における株式交換完全親会社の増加資本

(前提条件)

① 　P社は，X1年3月31日にS社の発行済株式総数の80％を3,400で取得し，子会社としていた。なお，のれんの償却期間は5年としている。

② 　X1年3月31日現在のP社およびS社の個別貸借対照表は以下のとおりである。

P社個別貸借対照表			
諸資産	600	資本金	2,000
S社株式	3,400	資本準備金	2,000
合計	4,000	合計	4,000

S社個別貸借対照表			
諸資産 (※)	3,000	資本金	2,000
		その他利益剰余金	800
		その他有価証券評価差額金	200
合計	3,000	合計	3,000

（※）　X1年3月31日における諸資産の時価は簿価と一致していた。

③ 　X1年3月31日現在のP社の連結貸借対照表は以下のとおりである。

第11章　組織再編　　*351*

連結貸借対照表			
諸資産	3,600	資本金	2,000
のれん	1,000	資本剰余金	2,000
		非支配株主持分	600
合計	4,600	合計	4,600

④　P社とS社は，X2年4月1日に，P社を株式交換完全親会社，S社を株式交換完全子会社とする株式交換を実施した。なお，X2年3月期のS社の当期純利益は2,000であった。

条　件	内　容
企業結合日	X2年4月1日（株式交換日）
発行済株式総数	P社1,000株，S社1,000株
交換比率	P社：S社＝1：1
交付株式の内訳	S社の非支配株主に対して200株
企業結合日のP社株式の時価	6
増加すべき払込資本の内訳	すべてその他資本剰余金

⑤　X2年3月31日現在のP社およびS社の個別貸借対照表は以下のとおりである。

P社個別貸借対照表			
諸資産	600	資本金	2,000
S社株式	3,400	資本準備金	2,000
合計	4,000	合計	4,000

S社個別貸借対照表			
諸資産	5,200	資本金	2,000
		その他利益剰余金	2,800
		その他有価証券評価差額金	400
合計	5,200	合計	5,200

> **会計処理**

1．X2年3月31日における連結財務諸表上の会計処理

＜開始仕訳＞

(借)	資　本　金	(※1)2,000	(貸)	S　社　株　式	(※2)3,400
	その他利益剰余金	(※1)800		非支配株主持分	(※3)600
	その他有価証券評価差額金	(※1)200			
	の　れ　ん	(※4)1,000			

(※1)　取得時のS社資本（資本金2,000，その他利益剰余金800，その他有価証券評価差額金200）
(※2)　S社株式の取得原価
(※3)　取得時のS社資本3,000 (※1)×非支配株主持分比率20％＝600
(※4)　差額により算出

＜利益等の按分とのれんの償却＞

(借)	のれん償却費	(※1)200	(貸)	の　れ　ん	(※1)200
	非支配株主に帰属する当期純利益	(※2)400		非支配株主持分	(※4)440
	その他有価証券評価差額金	(※3)40			

(※1)　取得時のれん計上額1,000÷償却年数5年＝200
(※2)　S社の当期純利益2,000×非支配株主持分比率20％＝400
(※3)　その他有価証券評価差額金増加額200×非支配株主持分比率20％＝40
(※4)　非支配株主持分当期変動額440（＝400 (※2)＋40 (※3)）

　　X2年3月31日現在のP社の連結貸借対照表は以下のとおりです。

連結貸借対照表			
諸資産	5,800	資本金	2,000
のれん (※1)	800	資本剰余金	2,000
		利益剰余金 (※2)	1,400
		その他有価証券評価差額金 (※3)	160
		非支配株主持分 (※4)	1,040
合計	6,600	合計	6,600

第11章　組織再編　　*353*

（※1）　取得時ののれん1,000（S社株式の取得原価3,400−S社の取得時の純資産の時価3,000の80%）から，X2年3月期の償却額200を控除した金額となる。

（※2）　S社の取得後利益剰余金1,600（＝2,000×80%）の合計から，のれんのX2年3月期の償却額200を控除した金額となる。

（※3）　S社のその他有価証券評価差額金の支配獲得時からの増加額200のうち親会社株主持分160（＝200×80%）について計上される。

（※4）　取得時の600（＝S社の取得時の純資産の時価3,000×20%），取得後利益剰余金400（＝2,000×20%）およびその他有価証券評価差額金の増加額40（＝200×20%）の合計額となる。

2．企業結合日におけるP社の個別財務諸表上の会計処理

（借）　S　社　株　式	(※1)1,200	（貸）　その他資本剰余金	(※1)1,200

（※1）　取得の対価：非支配株主に交付したP社株式200株×時価6＝1,200

　　企業結合日におけるP社の個別貸借対照表は以下のとおりです。

P社個別貸借対照表			
諸資産	600	資本金	2,000
S社株式	4,600	資本準備金	2,000
		その他資本剰余金	1,200
合計	5,200	合計	6,600

＜開始仕訳＞

（借）　資　本　金	2,000	（貸）　S　社　株　式	3,400
利　益　剰　余　金	1,400	非支配株主持分	1,040
その他有価証券評価差額金	240		
の　れ　ん	800		

＜追加取得＞

（借）　非支配株主持分	(※1)1,040	（貸）　S　社　株　式	(※2)1,200
資　本　剰　余　金	(※4)200	その他有価証券評価差額金	(※3)40

（※1）　追加取得時の非支配株主持分残高1,040（600＋当期変動額440）

（※2）　追加取得したS社株式の取得原価

（※3） その他有価証券評価差額金の取得後増加額200×非支配株主持分比率20％＝40
（※4） 差額により算出

　企業結合日におけるP社の連結貸借対照表は以下のとおりです。

連結貸借対照表			
諸資産	5,800	資本金	2,000
のれん	800	資本剰余金	3,000
		利益剰余金	1,400
		その他有価証券評価差額金	200
合計	6,600	合計	6,600

Q11-24 取得に該当する株式移転における株式移転設立完全親会社の増加資本

Q	取得に該当する株式移転における株式移転設立完全親会社の増加資本について教えてください。
A	株式移転完全子会社（取得企業）株式と株式移転完全子会社（被取得企業）株式とでそれぞれ取得原価を算定し，これらに見合う増加資本が算定されます。

解 説

1．概 要

　取得に該当する株式移転とは，図表11-27のような組織再編です。

図表11-27　取得に該当する株式移転

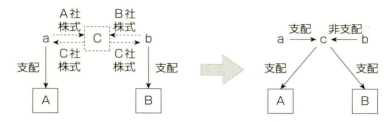

2．増加資本の取扱い

(1) 増加すべき株主資本

　株式移転設立完全親会社の増加すべき株主資本は，払込資本（資本金または資本剰余金）とします（企業結合・事業分離適用指針122）。

　株式移転設立完全親会社の増加すべき株主資本の額は，取得企業株式については投資が継続していることから帳簿価額を引き継ぎ，被取得企業株式については新規投資であることから時価により計上するという考え方のもとで，以下の額の合計額とされています（企業結合・事業分離適用指針121）。

> ① 子会社株式（取得企業株式）の取得原価（帳簿価額ベース）
> 　原則として，株式移転日の前日における株式移転完全子会社（取得企業）の適正な帳簿価額による株主資本の額に基づいて算定する。
> 　ただし，株式移転日の前日における株式移転完全子会社（取得企業）の適正な帳簿価額による株主資本の額と，直前の決算日に算定された当該金額との間に重要な差異がないと認められる場合には，株式移転完全子会社（取得企業）の直前の決算日に算定された適正な帳簿価額による株主資本の額により算定することができる。
> ② 子会社株式（被取得企業株式）の取得原価（時価ベース）
> 　取得の対価に付随費用を加算して算定する。ただし，取得の対価となる財の時価は，株式移転完全子会社（被取得企業）の株主が株式移転設立完全親会社（結合後企業）に対する実際の議決権比率と同じ比率を保有するのに必要な数の株式移転完全子会社（取得企業）の株式を，株式移転完全子会社（取得企業）が交付したものとみなして算定する。

(2) 増加すべき払込資本の内訳項目

増加すべき払込資本の具体的な内訳項目（資本金，資本準備金またはその他資本剰余金）は，会社法の規定に基づき，増加すべき株主資本の額の範囲内で，株式移転完全子会社が株式移転計画の定めに従い定めた額とし，利益剰余金の額はゼロとします（企業結合・事業分離適用指針122前段，会計規52Ⅱ）。

3．新株予約権付社債を承継する場合等

株式移転に際して，株式移転設立完全親会社が株式移転完全子会社（取得企業または被取得企業）の新株予約権者に新株予約権を交付する場合，または株式移転設立完全親会社が新株予約権付社債を承継する場合には，株式移転設立完全親会社は，株式移転完全子会社株式（取得企業株式または被取得企業株式）の取得原価を以下のように算定します（企業結合・事業分離適用指針121-2）。

---

① 子会社株式（取得企業株式）の取得原価

前述の「2．(1) 増加すべき株主資本」の①により算定された子会社株式の取得原価に，株式移転完全子会社（取得企業）で認識された新株予約権の消滅に伴う利益または新株予約権付社債の承継に伴う利益の額（税効果調整後）を加算する。また，株式移転設立完全親会社は，株式移転日の前日に株式移転完全子会社（取得企業）で付されていた新株予約権または新株予約権付社債の適正な帳簿価額を純資産の部または負債の部に計上する。

ただし，前述の「2．(1) 増加すべき株主資本」の①ただし書きにより子会社株式の取得原価を算定する場合であっても，株式移転完全子会社（取得企業）で認識された新株予約権の消滅に伴う利益または新株予約権付社債の承継に伴う利益の額（税効果調整後）を株式移転完全子会社（取得企業）の直前の決算日に算定された適正な帳簿価額による株主資本の額に加算する。

② 子会社株式（被取得企業株式）の取得原価

前述の「2．(1) 増加すべき株主資本」の②により算定された子会社株式の取得原価に，当該新株予約権または新株予約権付社債の時価を加算するとともに，同額を新株予約権または新株予約権付社債として純資産の部または負債の部に計上する。

第11章 組織再編 *357*

４．連結財務諸表上の処理

株式移転による企業結合が取得とされた場合の資本連結の手続は，株式移転完全子会社（取得企業）と株式移転完全子会社（被取得企業）とでそれぞれ以下のとおりです（企業結合・事業分離適用指針124）。

(1) 株式移転完全子会社（取得企業）の投資と資本の相殺消去

前述の「２．(1) 増加すべき株主資本」の①により算定された株式移転完全子会社（取得企業）への投資と，株式移転完全子会社（取得企業）の適正な帳簿価額による株主資本とを相殺消去します。両者はいずれも取得企業の適正な帳簿価額を基礎とした金額のため，消去差額は生じません（企業結合・事業分離適用指針124(1)）。

(2) 株式移転完全子会社（被取得企業）の投資と資本の相殺消去

取得に該当する吸収合併の場合（前述の「Q11-2 取得に該当する吸収合併における吸収合併存続会社（取得企業）の増加資本」参照）と同様に算定した株式移転完全子会社（被取得企業）への投資と，取得原価の配分に準じて算定された識別可能資産および負債の差額として算定される株式移転完全子会社（被取得企業）の資本とを相殺消去します。消去差額が生じた場合には，のれんまたは負ののれんとして会計処理します（企業結合・事業分離適用指針124(2)）。

連結財務諸表上，株式移転設立完全親会社は株式移転完全子会社（取得企業）の資産および負債の適正な帳簿価額を，原則として，そのまま引き継ぎます。ただし，株式移転完全子会社（取得企業）が連結財務諸表を作成している場合には，株式移転完全子会社（取得企業）の連結財務諸表上の帳簿価額で受け入れます。

また，連結財務諸表上の資本金は株式移転設立完全親会社の資本金とし，これと株式移転直前の株式移転完全子会社（取得企業）の資本金が異なる場合には，その差額を資本剰余金に振り替えます（企業結合・事業分離適用指針125）。

358

設例11-12　取得に該当する株式移転における株式移転設立完全親会社の増加資本

（前提条件）

① 　A社とB社は，A社を取得企業，B社を被取得企業とする株式移転を実施し，株式移転設立完全親会社C社を設立した。

条　件	内　容
企業結合日	X1年4月1日（株式移転日）
発行済株式総数	A社1,000株，B社1,000株
交換比率	A社：B社＝1：0.5
交付株式の内訳	A社株主へC社株式1,000株，B社株主へC社株式500株
企業結合日のA社株式の時価	7
増加すべき払込資本の内訳	資本金1,000，資本準備金500，残額はその他資本剰余金

② 　X1年3月31日現在のA社およびB社の個別貸借対照表は以下のとおりである。

A社個別貸借対照表			
諸資産^{（※）}	2,200	資本金 その他利益剰余金	600 1,600
合計	2,200	合計	2,200

（※）　企業結合日における諸資産の時価は2,600である。

B社個別貸借対照表			
諸資産^{（※）}	1,850	資本金 資本準備金 その他利益剰余金 その他有価証券評価差額金	750 500 400 200
合計	1,850	合計	1,850

（※）　企業結合日における諸資産の時価は2,000である。

第11章　組織再編　　*359*

【会計処理】

1．企業結合日におけるC社の個別財務諸表上の会計処理

(借)	A 社 株 式	[※4]2,200	(貸)	資　　本　　金	[※1]1,000
	B 社 株 式	[※5]3,500		資 本 準 備 金	[※1]500
				その他資本剰余金	[※2]4,200

- （※1）　株式移転計画の定めに従い定められた増加すべき払込資本の内訳項目
- （※2）　株式取得原価合計5,700[※3] － 資本金1,000 － 資本準備金500 ＝ 4,200
- （※3）　A社株式取得原価2,200 ＋ B社株式取得原価3,500 ＝ 5,700
- （※4）　A社の株式移転日の前日における株主資本相当額
- （※5）　対価として交付するC社株式500株×時価 7 ＝ 3,500

2．企業結合日におけるC社の個別財務諸表

C社個別貸借対照表			
A社株式	2,200	資本金	1,000
B社株式	3,500	資本準備金	500
		その他資本剰余金	4,200
合計	5,700	合計	5,700

Q11-25　親会社と子会社が実施する株式移転（共通支配下の取引等）における株式移転設立完全親会社の増加資本

Q	親会社と子会社が実施する株式移転（共通支配下の取引等）における株式移転設立完全親会社の増加資本について教えてください。
A	株式移転完全子会社（旧親会社）株式と株式移転完全子会社（旧子会社）株式とでそれぞれ取得原価を算定し，これに見合う増加資本が算定されます。

解説

1．概　要

　親会社と子会社が実施する株式移転とは，次頁の図表11-28のような組織再編です。

図表11-28　親会社と子会社が実施する株式移転

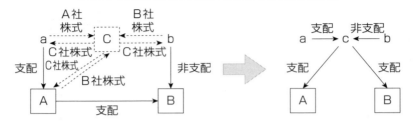

2．増加資本の取扱い

(1) 増加すべき株主資本

株式移転設立完全親会社の増加すべき株主資本は，払込資本（資本金または資本剰余金）とします（企業結合・事業分離適用指針239(2)）。

株式移転設立完全親会社の増加すべき株主資本の額は，以下の額の合計額です（企業結合・事業分離適用指針239(1)）。

①　株式移転完全子会社株式（旧親会社の株式）の取得原価
　　原則として，株式移転完全子会社株式（旧親会社の株式）の取得原価は，株式移転完全子会社（旧親会社）の株式移転日の前日における適正な帳簿価額による株主資本の額に基づいて算定する。
　　ただし，株式移転完全子会社（旧親会社）の株式移転日の前日における適正な帳簿価額による株主資本の額と，直前の決算日において算定された当該金額との間に重要な差異がないと認められる場合には，株式移転設立完全親会社が受け入れる子会社株式（旧親会社の株式）の取得原価は，株式移転完全子会社（旧親会社）の直前の決算日に算定された適正な帳簿価額による株主資本の額により算定することができる。
②　株式移転完全子会社株式（旧子会社の株式）の取得原価
　　株式移転完全子会社（旧子会社）の株式移転日の前日における持分比率に基づき，旧親会社持分相当額と非支配株主持分相当額に区分し，以下の合計額として算定する。
　（ⅰ）旧親会社持分相当額
　　　株式移転完全子会社（旧子会社）の株式移転日の前日における適正な帳簿価額による株主資本の額に基づいて算定する。
　（ⅱ）非支配株主持分相当額

第11章 組織再編 *361*

取得の対価（旧子会社の非支配株主に交付した株式移転設立完全親会社の株式の時価相当額）に付随費用を加算して算定する。株式移転設立完全親会社の株式の時価相当額は，株式移転完全子会社（旧子会社）の株主が株式移転設立完全親会社に対する実際の議決権比率と同じ比率を保有するのに必要な株式移転完全子会社（旧親会社）の株式の数を，株式移転完全子会社（旧親会社）が交付したものとみなして算定する。

(2) 増加すべき払込資本の内訳項目

増加すべき払込資本の具体的な内訳項目（資本金，資本準備金またはその他資本剰余金）は，会社法の規定に基づき，増加すべき株主資本の額の範囲内で，株式移転完全子会社が株式移転計画の定めに従い定めた額とし，利益剰余金の額はゼロとします（企業結合・事業分離適用指針239(2)，会計規52Ⅱ）。

3．新株予約権付社債を承継する場合等

株式移転に際して，株式移転設立完全親会社が株式移転完全子会社（取得企業または被取得企業）の新株予約権者に新株予約権を交付する場合，または株式移転設立完全親会社が新株予約権付社債を承継する場合には，株式移転設立完全親会社は，株式移転完全子会社株式（取得企業株式または被取得企業株式）の取得原価を以下のように算定します（企業結合・事業分離適用指針239-2）。

① 株式移転完全子会社株式（旧親会社の株式）の取得原価
　原則として，株式移転完全子会社（旧親会社）の適正な帳簿価額による株主資本の額に，株式移転完全子会社（旧親会社）で認識された新株予約権の消滅に伴う利益または新株予約権付社債の承継に伴う利益の額（税効果調整後）を加算して子会社株式（旧親会社の株式）の取得原価を算定する。また，株式移転設立完全親会社は，株式移転日の前日の株式移転完全子会社で付されていた適正な帳簿価額による新株予約権または新株予約権付社債の額を純資産の部または負債の部に計上する。
　ただし，前述の「2．(1)　増加すべき株主資本」①ただし書きにより子会社株式（旧親会社の株式）の取得原価を算定する場合であっても，株式移転完全子会社（旧親会社）で認識された新株予約権の消滅に伴う利益または新株予約

権付社債の承継に伴う利益の額（税効果調整後）を，株式移転完全子会社（旧親会社）の直前の決算日に算定された適正な帳簿価額による株主資本の額に加算する。

② 株式移転完全子会社株式（旧子会社の株式）

株式移転設立完全親会社は，株式移転日の前日に株式移転完全子会社（旧子会社）が付していた適正な帳簿価額による新株予約権または新株予約権付社債の額を子会社株式（旧子会社の株式）の取得原価に加算する。また，株式移転設立完全親会社は，株式移転完全子会社（旧子会社）の株式移転日の前日の適正な帳簿価額による新株予約権または新株予約権付社債の額を純資産の部または負債の部に計上する。

4．連結財務諸表上の処理

(1) 投資と資本の消去

親会社と子会社が実施する株式移転については，以下のように投資と資本の相殺消去を行います（企業結合・事業分離適用指針240(1)）。

① 株式移転完全子会社（旧親会社）への投資

株式移転完全子会社（旧親会社）の株式の取得原価と株式移転完全子会社（旧親会社）の株主資本を相殺する。

② 株式移転完全子会社（旧子会社）への投資

株式移転完全子会社（旧子会社）の株式の取得原価と株式移転完全子会社（旧子会社）の株主資本を相殺し，消去差額は資本剰余金に計上する。

(2) 連結財務諸表上の自己株式への振替

株式移転完全子会社（旧親会社）が株式移転完全子会社（旧子会社）の株式との交換により受け入れた株式移転設立完全親会社株式は，連結財務諸表上，自己株式に振り替えます（企業結合・事業分離適用指針240(2)）。

(3) 株主資本項目の調整

株式移転設立完全親会社の株主資本の額は，株式移転直前の連結財務諸表上の株主資本項目に非支配株主との取引により増加した払込資本の額を加算します（企業結合・事業分離適用指針240(3)）。

第11章　組織再編　　*363*

Q11-26 組織再編時の増加資本に係る税務上の取扱いの概要

Q	組織再編時の増加資本に係る税務上の取扱いの概要について教えてください。
A	組織再編時の増加資本に関する税務は，組織再編の税務の一部として，税制適格組織再編，税制非適格組織再編等により整理されています。

解 説

　組織再編が税務上の資本等取引に該当した場合には，税務上の資本金等の額が増減します。この結果，組織再編によりさまざまな課税関係が生じる場合があります。

1．合併の場合

　以下の要件を満たす場合には，合併は適格合併とみなされます（法法2⑫の8イ）。

① 合併法人と被合併法人との間に完全支配関係があり，かつ，以下を満たす場合
　i 金銭等不交付要件
　ii 完全支配関係継続要件
② 合併法人と被合併法人との間に支配関係があり，かつ，以下のすべてを満たす場合
　i 金銭等不交付要件
　ii 支配関係継続要件
　iii 従業者引継要件
　iv 主要事業継続要件
③ 以下のすべてを満たす場合
　i 金銭等不交付要件
　ii 事業関連性要件
　iii 事業規模・特定役員引継要件
　iv 従業者引継要件
　v 事業継続要件

vi 交付株式継続保有要件

　適格合併において合併法人が合併対価として新株の発行または自己株式の処分をした場合，合併法人の「資本金等の額」は，原則として被合併法人の最終事業年度終了時における「資本金等の額」相当額が増加することになります。一方，非適格合併の場合，合併法人の「資本金等の額」は，交付した合併法人の株式の交付時の時価に相当する額が増加することになります（法令8Ⅰ⑤）。

2．分割の場合

　以下の要件を満たす場合には，分割は適格分割とみなされます（法法2⑫の11）。

---

① 分割承継法人と分割法人との間に完全支配関係があり，かつ，以下を満たす
　場合
　i 金銭等不交付要件
　ii 完全支配関係継続要件
② 分割承継法人と分割法人との間に支配関係があり，かつ，以下のすべてを満
　たす場合
　i 金銭等不交付要件
　ii 支配関係継続要件
　iii 主要資産負債引継要件
　iv 従業者引継要件
　v 事業継続要件
③ 以下のすべてを満たす場合
　i 金銭等不交付要件
　ii 事業関連性要件
　iii 事業規模・特定役員引継要件
　iv 主要資産負債引継要件
　v 従業者引継要件
　vi 事業継続要件
　vii 交付株式継続保有要件

　適格分割型分割において分割承継法人が分割対価として新株の発行または自己株式の処分をした場合，分割承継法人の「資本金等の額」は，原則として分割法人の分割直前における「資本金等の額」のうち移転する資産および負債に

対応する部分の金額である「移転資本金等の額」に相当する額が増加すること
になります。一方，非適格分割型分割の場合，分割承継法人の「資本金等の
額」は，交付した分割承継法人の株式の交付時の時価に相当する額が増加する
ことになります（法令8Ⅰ⑥）。

3．株式交換の場合

　以下の要件を満たす場合には，株式交換は適格株式交換とみなされます（法
法2⑫の17）。

---

①　株式交換完全親法人と株式交換完全子法人との間に完全支配関係があり，かつ，
　以下を満たす場合
　ⅰ　金銭等不交付要件
　ⅱ　完全支配関係継続要件
②　株式交換完全親法人と株式交換完全子法人との間に支配関係があり，かつ，
　以下のすべてを満たす場合
　ⅰ　金銭等不交付要件
　ⅱ　支配関係継続要件
　ⅲ　従業者引継要件
　ⅳ　事業継続要件
③　以下のすべてを満たす場合
　ⅰ　金銭等不交付要件
　ⅱ　事業関連性要件
　ⅲ　事業規模・特定役員引継要件
　ⅳ　従業者引継要件
　ⅴ　事業継続要件
　ⅵ　交付株式継続保有要件
　ⅶ　完全支配関係継続要件

　適格株式交換において株式交換完全親法人が株式交換の対価として新株の発
行または自己株式の処分をした場合，株式交換完全親法人の「資本金等の額」
は，原則として株式交換完全子法人の株式の取得価額からその株式交換により
株式交換完全子法人の株主に対して交付した金銭の額等を減算した金額が増加
することになります。

4．株式移転の場合

　以下の要件を満たす場合には，株式移転は適格株式移転とみなされます（法法2⑫の18）。

---

① 株式移転完全親法人と株式移転完全子法人との間に完全支配関係があり，かつ，以下を満たす場合
　i　金銭等不交付要件
　ii　完全支配関係継続要件
② 株式移転完全親法人と株式移転完全子法人との間に支配関係があり，かつ，以下のすべてを満たす場合
　i　金銭等不交付要件
　ii　支配関係継続要件
　iii　従業者引継要件
　iv　事業継続要件
③ 以下のすべてを満たす場合
　i　金銭等不交付要件
　ii　事業関連性要件
　iii　事業規模・特定役員引継要件
　iv　従業者引継要件
　v　事業継続要件
　vi　交付株式継続保有要件
　vii　完全支配関係継続要件

　株式移転において株式移転完全親法人が株式移転の対価として新株の発行をした場合，株式移転完全親法人の「資本金等の額」は，原則として株式移転完全子法人の株式の取得価額からその株式移転により株式移転完全子法人の株主に交付した金銭の額等を減算した金額が増加することになります。

ここ注意！

　組織再編時の増加資本に係る税務上の取扱いは，当該組織再編がいわゆる適格組織再編に該当するのか，非適格組織再編に該当するのかにより大きく異なりますので，適格要件について慎重に判断する必要があります。

巻末付録

1. IFRSとの差異一覧
2. Keyword

1 IFRSとの差異一覧

1．対象となる基準

日本基準
「自己株式及び準備金の額の減少等に関する会計基準」（企業会計基準第１号）
「１株当たり当期純利益に関する会計基準」（企業会計基準第２号）
「貸借対照表の純資産の部の表示に関する会計基準」（企業会計基準第５号）
「株主資本等変動計算書に関する会計基準」（企業会計基準第６号）
「ストック・オプション等に関する会計基準」（企業会計基準第８号）
「金融商品に関する会計基準」（企業会計基準第10号）
「自己株式及び準備金の額の減少等に関する会計基準の適用指針」（企業会計基準適用指針第２号）
「その他資本剰余金の処分による配当を受けた株主の会計処理」（企業会計基準適用指針第３号）
「１株当たり当期純利益に関する会計基準の適用指針」（企業会計基準適用指針第４号）
「貸借対照表の純資産の部の表示に関する会計基準等の適用指針」（企業会計基準適用指針第８号）
「株主資本等変動計算書に関する会計基準の適用指針」（企業会計基準適用指針第９号）
「ストック・オプション等に関する会計基準の適用指針」（企業会計基準適用指針第11号）
「払込資本を増加させる可能性のある部分を含む複合金融商品に関する会計処理」（企業会計基準適用指針第17号）
「旧商法による新株予約権及び新株予約権付社債の会計処理に関する実務上の取扱い」（実務対応報告第１号）
「１株当たり当期純利益に関する実務上の取扱い」（実務対応報告第９号）
「外貨建転換社債型新株予約権付社債の発行者側の会計処理に関する実務上の取扱い」（実務対応報告第11号）
「繰延資産の会計処理に関する当面の取扱い」（実務対応報告第19号）
「従業員等に信託を通じて自社の株式を交付する取引に関する実務上の取扱い」（実務対応報告第30号）
「従業員等に対して権利確定条件付き有償新株予約権を付与する取引に関する取扱い」（実務対応報告第36号）
「金融商品会計に関する実務指針」（会計制度委員会報告第14号）

巻末付録① IFRSとの差異一覧 *369*

IFRS
IFRS第2号「株式に基づく報酬」 IAS第1号「財務諸表の表示」 IAS第32号「金融商品：表示」 IAS第33号「1株当たり利益」 IFRIC第17号「所有者に対する非現金資産の分配」 IFRIC第19号「資本性金融商品による金融負債の消滅」

2．主要な差異

項目	日本基準	IFRS
＜金融商品関係＞		
金融負債と資本の区分	金融負債と資本の区分に関する包括的な定め（会計基準）はない。	(IAS32.11，16A-16D，15，18) 金融商品の契約の実質および金融負債，資本性金融商品の定義に基づき区分する。
転換社債型新株予約権付社債（発行会社の会計処理）	（金融商品会計基準36，複合金融商品適用指針18） 一括して負債計上する方法または負債と新株予約権に区分して計上する方法のいずれかによる。	(IAS32.15，28) 契約条件を検討し，その実質に応じて，金融負債と資本性金融商品に区分して処理する。
社債発行費	（繰延資産実務対応報告3(2)） 原則は支出時に営業外費用として処理されるが，繰延資産に計上することができる。	(IAS32.35，IFRS 9 Appendix A) 実効金利に含み，償還までの期間にわたって利息として計上される。
株式交付費を含む資本取引に要する費用	（繰延資産実務対応報告3(1)） 原則は支出時に営業外費用として処理されるが（自己株式の取得，処分および消却に係る費用を含む），一定の要件を満たす株式交付費については繰延資産に計上することができる。	(IAS32.35，35A，37) 自らの資本性金融商品を発行または取得する際の取引コストは，資本の控除項目として処理される（関連する法人所得税の処理はIAS第12号に従う）。

項目	日本基準	IFRS
<ストック・オプション関係>		
会計基準が対象とする株式報酬	（ストック・オプション会計基準3, 28）自社株式オプションおよび自社の株式を財貨またはサービスの対価とする取引のみ対象としている。	（IFRS2.2）持分決済型取引のほか，現金決済型および現金選択権付株式報酬取引について対象とされる。
測定日現在の公正価値を信頼性をもって見積ることができない場合	（ストック・オプション会計基準13）該当する定めはない。なお，未公開企業については，本源的価値を用いることができる特例があり，当該本源的価値の見直しは行わない。	（IFRS2.24）稀な状況で公正価値を見積ることができない場合，本源的価値によって測定する。当該本源的価値は毎期再測定する。
権利確定日後の会計処理	（ストック・オプション会計基準8）ストック・オプションの権利行使により新株を発行した場合には，新株予約権を払込資本に振り替える。	（IFRS2.23）権利確定日後の資本合計の修正は禁止される。ただし，ある資本項目から他の資本項目への振替えは禁止されない。
資本性金融商品の付与の取消しまたは清算	該当する定めはない。	（IFRS2.28）取消しまたは清算は，権利確定が早まったものとして処理される。
権利不行使による失効	（ストック・オプション会計基準9）新株予約権戻入益として利益計上される。	（IFRS2.23）費用の戻入れは禁止される。ただし，ある資本項目から他の資本項目への振替えは禁止されない。

2 Keyword

あ

アイ・ピー・オー（IPO）

Initial Public Offeringの略。株式会社において，オーナーなど特定の少数の株主により支配されている状態から，不特定多数の投資家が参加する市場で株式の売買が行われるように，市場に新たに株式を供給することをいう。通常，IPOによって株主を一定数以上増やすことが株式の上場条件に含まれている。

か

株式交付信託

従業員等に信託を通じて自社の株式を交付する取引（いわゆる「日本版ESOP」）のうち，株式給付型のスキームを指す。

株式交付費

株式の交付等のために直接支出した費用をいう。

株式譲渡制限会社

株主が株式を第三者に譲渡する際に，定款の定めをもって取締役会の承認を要することとしている会社をいう。会社法においては，すべての株式について譲渡制限のない会社を公開会社，それ以外の会社（譲渡制限がある会社）を非公開会社と呼ぶ。

株式の消却

発行済株式の一部（あるいは全部）を消滅させる方法で，会社法においては，自己株式の消却（会178）によってのみ行われる。

株式の無償割当

株主にその有する株式に応じて株式を割り当てることをいう。

株式分割

資本金額を増加することなく発行済みの株式を細分化して，従来よりも多数の株式にすることをいう。

株式併合

複数の株式を合わせて，より少ない株式数（例えば，2株を1株）にすることをいう。

株主資本

　純資産のうち，株主からの払込資本（資本金および資本剰余金が含まれる），および当該払込資本を用いて稼得した成果である利益剰余金から構成される項目をいう。

株主資本等変動計算書

　貸借対照表の純資産の部の1会計期間における変動額のうち，主として株主に帰属する部分である株主資本の項目の変動を表示するもので，財務諸表の1つを構成する。

株主割当増資

　会社が新たに新株を発行して資金調達を行う際に，既存の株主に対してその持株数に応じて新株の割当てを受ける権利を与えて出資を募る方法をいう。

金庫株

　企業が発行済みの自社の株式（自己株式）を買い入れ，自社で保有する場合の，その保有されている株式のことをいう。

金銭出資

　金銭をもってする出資をいう。

繰越利益剰余金

　会社が当年度までに獲得した利益のうち，当該会社内に留保されている金額であり，利益準備金や任意積立金として計上されていない金額のことをいう。

繰延資産

　企業会計原則注解（注15）によれば，将来の期間に影響する特定の費用と定義され，すでに代価の支払が完了し，または支払義務が確定し，これに対応する役務の提供を受けたにもかかわらず，その効果が将来にわたって発現するものと期待される費用と説明されている。

欠損填補

　資本に生じた欠損を，資本金や剰余金等で填補することをいう。

減資

　会社の資本の額を減少させることをいう。

現物出資

　金銭以外の財産をもってする出資をいう。

現物配当

　金銭以外の財産によって行う剰余金の配当のことをいう。

公募増資

会社が新たに株式を発行して資金調達を行う際に，株主以外の第三者を特定せずに，広く一般投資家から出資を募る方法をいう。

さ

自己株式

会社が以前に発行した自社の株式の一部を再取得したものをいう。取得した自己株式は純資産の部（株主資本）の控除項目とされている。

自己株式処分差益

自己株式を処分する際，自己株式の処分の対価が自己株式の帳簿価額よりも高い場合の当該差額のことをいい，その他資本剰余金を構成する。

自己新株予約権

自社が発行した新株予約権を保有している際の当該新株予約権を指す。

自社株式オプション

自社の株式（財務諸表を報告する企業の株式）を原資産とするコール・オプション（一定の金額の支払により，原資産である自社の株式を取得する権利）をいう。新株予約権はこれに該当する。

資本金

会社法に規定される会社資本の計算上の金額であり，さまざまな制度上の基準額（例えば，税制上の特例や登録免許税の課税標準，会計監査人監査の要否など）として用いられている。

資本金減少差益

減資を行う場合，当該減資額のうち資本準備金に計上しなかった金額のことをいい，その他資本剰余金を構成する。

資本準備金

会社法上，積立てが要求される準備金のうち，払込資本としての性格を有する準備金のことをいう。具体的には，株式払込剰余金，合併・吸収分割・新設分割・株式交換・株式移転に際して計上された金額，剰余金の配当により積み立てた額，減資により準備金に振り替えた額，その他資本剰余金の減少により準備金に振り替えた額で構成される。

資本準備金減少差益

資本準備金を取り崩す場合，当該取崩金額のうち，資本金に組み入れなかった金額のことをいい，その他資本剰余金を構成する。

資本剰余金
　株主からの払込資本を源泉とする剰余金のことであり，資本準備金およびその他資本剰余金により構成される。

資本の欠損
　会社の純資産額が会社の資本金および法定準備金の合計額に満たない財政状態を指す。

種類株式
　普通の株式とは異なり，定款で定める目的をもった株式をいう。会社法では9つの種類を規定している。

純資産
　貸借対照表のうち，資産および負債以外の項目により構成されており，株主資本，評価・換算差額等（連結ではその他の包括利益累計額），新株予約権，非支配株主持分（連結のみ）が含まれる。

準備金
　会社法上，積立てが要求される金額のことであり，資本準備金と利益準備金によって構成される。

償還株式
　償還株式とは，株式発行の当初から会社の利益をもって消却することが予定されている株式をいう。

剰余金
　企業会計原則注解（注19）では，会社の純資産が法定資本の額を超える部分をいい，資本剰余金と利益剰余金に区分されるとしている。一方，会社法ではその他資本剰余金およびその他利益剰余金の合計額から会社法第446条に規定された額を加減して詳細な計算をもとに算出された額をいうとされている。

剰余金の配当
　会社が有する剰余金を株主に対して還元する行為のことをいう。

新株予約権
　株式会社に対して行使することにより当該株式会社の株式の交付を受けることができる権利をいう（会2Ⅰ㉑）。

新株予約権付社債
　新株予約権を付した社債をいう（会2Ⅰ㉒）。

スクイーズ・アウト

 子会社の少数株主（会計上の非支配株主）に対して金銭等を交付することによって，当該子会社の完全子会社化を行うことをいい，キャッシュ・アウトとも呼ばれる。

ストック・オプション

 「自社株式オプション」のうち，特に企業がその「従業員等」に「報酬」として付与するものをいう。ストック・オプションには，「権利の確定」につき条件が付されているものが多く，当該「権利確定条件」には，「勤務条件」や「業績条件」がある。

スプレッド方式

 新株を発行する際に証券会社に引受事務を行ってもらう際の報酬の契約方式の1つをいう。

税制適格ストック・オプション

 ストック・オプションのうち一定の要件を満たすものについて，付与された従業員等において権利行使時ではなくその後の株式売却時等まで課税が繰り延べられるストック・オプションを指す。

潜在株式

 普通株式を取得することができる権利や，普通株式に転換することができる権利や契約により潜在的に増加し得る株式のことをいう。

その他資本剰余金

 株主からの払込資本を原資とする株主資本項目のうち，資本金および資本準備金に該当しない金額のことをいう。具体的には資本金減少差益，資本準備金減少差益，自己株式処分差益などによって構成される。

その他有価証券評価差額金

 その他有価証券を期末に時価評価した場合の，時価と取得原価との差額をいい，純資産の部の内訳項目とされている。

その他利益剰余金

 企業が獲得した留保利益のうち，利益準備金に該当しない金額のことをいう。具体的には任意積立金および繰越利益剰余金（マイナスのケースを含む）によって構成される。

た

第三者割当増資

 会社が新たに新株を発行して資金調達を行う際に，株主以外の第三者に対して新株の割当てを受ける権利を与えて出資を募る方法をいう。

定款

　会社の目的・組織および運営についての根本原則であり，すべての会社に作成が義務付けられているものをいう。

デット・エクイティ・スワップ

　デット（債務）とエクイティ（資本）をスワップ（交換）する取引で，「債務の株式化」ともいわれる。企業の再建スキームなどに用いられる手法である。

転換株式

　通常，優先株式に転換条項が付けられて発行された株式のことをいう。

特殊決議

　株主総会の決議方法の１つである。原則として，議決権を行使できる株主の半数以上が出席し，当該株主の議決権の３分の２以上の賛成を要する決議のことをいう（会309Ⅲ）。

　また，株主ごとの格段の定めのある特殊決議もあり，この場合は原則として，議決権を行使できる株主の半数以上が出席し，当該株主の議決権の４分の３以上の賛成を必要とする（会309Ⅳ）。

特別決議

　株主総会の決議方法の１つである。原則として，議決権を行使することができる株主の議決権の過半数を有する株主が出席し，出席した株主の議決権の３分の２以上の賛成を要する決議のことをいう（会309Ⅱ）。

トラッキング・ストック

　特定の子会社や事業部門の業績にその価値が連動するように設計された株式をいう。

な

任意積立金

　会社が獲得した留保利益のうち，法律による積立ては強制されていないものの，当該利益の社外流出を防ぐために，任意で積み立てた留保利益のことをいう。

のれん等調整額

　資産計上したのれん÷２＋繰延資産の合計額で表される。のれん等調整額は，当該金額に当たる金額を配当すると会社財産が空洞化するおそれがあるため，剰余金の分配可能額を計算する際に控除される金額のことをいう。

は

パフォーマンス・シェア

　自社株型報酬制度のうち，業績に係る条件が付されたものをいう。制度導入時に株式が交付されるものが初年度発行型（事前交付型）パフォーマンス・シェア，事後的に株式が交付されるものが事後交付型パフォーマンス・シェア（パフォーマンス・シェア・ユニット）などと呼ばれる。

払込資本

　株主から払い込まれた資本を指し，資本金，資本準備金およびその他資本剰余金がこれに該当する。

1株当たり情報

　1株当たり当期純利益，潜在株式調整後1株当たり当期純利益および1株当たり純資産額を指し，1株当たりの財務状況を示す指標をいう。

100%減資

　資本金を減額する場合に，ゼロまで減らすことをいう。多くの場合，財務状態の悪化した企業で行われることが多く，株主の権利は消滅し，同時に新たな資本の投入により新たなスポンサーが経営権を握ることとなる。

評価・換算差額等

　会計処理上，時価による評価替えがなされたものの，当該換算差額等が純損益に計上されない場合に，貸借対照表の純資産の部に計上される項目を指す。連結貸借対照表ではその他の包括利益累計額という項目で示される。

非累積型配当優先株式

　配当優先株式のうち，ある事業年度における配当額が予定されていた優先配当額に達しない場合にも，その不足額は翌事業年度の利益からは累積した分を優先的に受け取ることができない株式をいう。

普通決議

　株主総会の決議方法の1つである。議決権を行使することができる株主の議決権の過半数を有する株主が出席し，出席した株主の議決権の過半数の賛成を要する決議のことをいう（会309 I）。

分配可能額

　剰余金の配当に際して，株主に対して交付できる金銭等の限度額をいう（会461Ⅱ）。

　具体的には，剰余金および臨時計算期間における損益の合計額から自己株式の帳簿価額等を差し引くことにより算定されるが，会社法は，会社の財政的基礎を確保し債権者保護に資するため，計算方法を細かく規定しており，これに違反した場合には罰則を設けている。

包括利益

　ある年度（または会計期間）において認識される純資産の変動額のうち，持分所有者との直接的な取引（いわゆる資本取引など）によらない部分を指し，我が国の制度上は，有価証券報告書における連結包括利益計算書（または連結損益及び包括利益計算書）において表示される。

法定準備金

　会社法の規定により株主資本の部に計上される準備金を指し，資本性の資本準備金と利益性の利益準備金がこれに当たる。

募集設立

　会社の設立に際し，発起人が設立時発行株式を引き受けるほか，設立時発行株式を引き受ける者を募集することにより会社を設立する方法をいう。

発起設立

　会社の設立に際し，発起人が設立時発行株式の全部を引き受けて会社を設立する方法をいう。

発起人

　会社設立の企画者として定款に記載した人をいう。発起人は，設立事務を執行し，設立中の会社の原始構成員であるとともに，その執行機関となる。また，1株以上の株式を引き受けなければならず，成立後の会社の構成員となる。

　発起人については，その資格に制限はなく，無能力者・法人でもよいとされている。

ま

無償減資

　会社の純財産を減少させることなく会社の資本金を減額することをいい，名目的減資ともいう。

や

有償減資

会社の純財産の一部を株主に払い戻して会社の資本金を減額することをいい，実質的減資ともいう。

有償ストック・オプション

従業員等に対して交付されるストック・オプションのうち，権利確定条件付きの有償新株予約権を指す。

ら

ライツ・プラン

敵対的な買収策を意図する者に対して，あらかじめ新株予約権を既存株主に対して発行することで備えておく買収防止策を指す。

利益準備金

会社法上，積立てが要求される準備金のうち，利益としての性格を有する準備金のことをいう。具体的には，剰余金の配当により積み立てた額，その他利益剰余金の減少により準備金に振り替えた額で構成される。

利益剰余金

利益を源泉とする剰余金のことであり，利益準備金およびその他利益剰余金により構成される。

リストリクテッド・ストック

譲渡制限付株式とも呼ばれ，業績に係る条件を付さない自社株型の報酬制度を指す。このうち，制度導入時に株式が交付され，一定の条件を満たしたときに譲渡制限が解除されるものが（事前交付型）リストリクテッド・ストック，また，事後的に株式が交付されるものが事後交付型リストリクテッド・ストック（リストリクテッド・ストック・ユニット）と呼ばれる。

臨時計算書類

会社法では，期中における一定の日（臨時決算日）の財産の状況を把握するために，臨時計算書類（貸借対照表，損益計算書により構成される）を作成することができるとされている（会441Ⅰ）。

累積型配当優先株式

配当優先株式のうち，ある事業年度における配当額が予定されていた優先配当額に達しない場合に，その不足額が累積して翌事業年度の利益からその累積した分を優先的に受け取ることができる株式をいう。

【参考文献】

EY Japan編『取引手法別　資本戦略の法務・会計・税務』（中央経済社，2016年）

あずさ監査法人編『Q&A資本会計の実務ガイド（第4版）』（中央経済社，2009年）

稲葉威雄ほか『実務相談　株式会社法〈5〉』（商事法務研究会，1993年）

江頭憲治郎『株式会社法（第7版）』（有斐閣，2017年）

太田達也『「純資産の部」完全解説―「増資・減資・自己株式の実務」を中心に―（第4版）』（税務研究会出版局，2016年）

公益財団法人財務会計基準機構編『有価証券報告書の作成要領（平成31年3月期提出用）』（公益財団法人　財務会計基準機構，2019年）

新日本監査法人調査研究部編『ストック・オプションの会計実務』（中央経済社，2007年）

新日本有限責任監査法人，森・濱田松本法律事務所，新日本アーンスト　アンド　ヤング税理士法人編『過年度遡及処理の会計・法務・税務（第2版）』（中央経済社，2012年）

松尾拓也，西村美智子，中島礼子，土屋光邦編著『インセンティブ報酬の法務・税務・会計　株式報酬・業績連動型報酬の実務詳解』（中央経済社，2017年）

諸星健司『事例詳解　資本等取引をめぐる法人税実務（四訂版）』（税務研究会出版局，2017年）

弥永真生『コンメンタール会社計算規則・商法施行規則（第3版）』（商事法務，2017年）

服部孝一，藤川武，大川淳子，加藤圭介「スクイーズアウトの法務・税務・会計―I　スクイーズアウトの5つのスキーム」（『旬刊経理情報』（中央経済社），2017年11月20日号）

吉田信之「有価証券報告書作成上の留意点（平成22年3月期）」（『旬刊経理情報』（中央経済社），2010年6月1日号）

和久友子「会社法下における剰余金の配当に関する会計処理」（『旬刊商事法務』（商事法務研究会），2008年10月5日・15日号）

【執筆者紹介】

浦田　千賀子

公認会計士。第2事業部に所属。
主にホテル業，小売業，メディア業等の監査，内部統制助言業務，上場準備支援業務等のほか，雑誌への寄稿やセミナー講師も行っている。また，同法人のHP「企業会計ナビ」の編集委員として，会計情報の外部発信業務にも従事。
共著に，『決算期変更・期ズレ対応の実務Q&A』，『図解でざっくり会計シリーズ1　税効果会計のしくみ（第2版）』（以上，中央経済社）などがある。

大竹　勇輝

公認会計士。品質管理本部　会計監理部および第4事業部に所属。
石油・ガス開発業等の監査業務，ならびに会計に係る情報提供および法人内の質問対応等の業務に従事。
雑誌への寄稿として「連結決算レベルアップ講座【第9回】在外子会社・関連会社」（『旬刊経理情報』No.1514（中央経済社））などがある。

久保　慎悟

公認会計士。日本証券アナリスト協会正会員。第2事業部に所属。
過去には，大手公認会計士試験予備校における財務会計論講師，企業向け研修講師の業務に従事していた。現在は，大手食品製造業におけるIFRS監査業務に従事している。
共著に，『こんなときどうする？　連結税効果の実務詳解』（中央経済社）がある。

諸江　正彦

公認会計士。第2事業部に所属。
主に小売業，情報サービス業，モバイルコンテンツ業，電気機器業，人材紹介業等の監査および上場準備支援業務，米国監査基準監査（リファーラル業務）を中心に従事。
共著に，『図解でざっくり会計シリーズ9　決算書のしくみ』，『図解でスッキリシリーズ収益認識の会計入門』（以上，中央経済社）などがある。

吉田　剛

公認会計士。品質管理本部　会計監理部および第4事業部に所属。
食品製造業や石油・ガス開発業等の監査業務，ならびに会計に係る情報提供および法人内の
質問対応等の業務に従事。
企業会計基準委員会（ASBJ）企業結合専門委員会 専門委員。また，日本公認会計士協会
会計制度委員会 副委員長並びに同委員会 インセンティブ報酬等検討専門委員会の専門委員
長および同委員会 連結・企業結合等検討専門委員会の専門委員。
共著に，『取引手法別　資本戦略の法務・会計・税務』（中央経済社）など多数。

執筆協力者

上田　憲治

EY税理士法人　パートナー。公認会計士・税理士。
ビジネスタックスサービス部門リーダー。日系企業を中心に，企業組織再編，株式評価・事
業承継対策，連結納税に関するアドバイス業務に関与。

植田　美幸

EY税理士法人　マネージャー。税理士。
ビジネスタックスアドバイザリーチームに所属。キャッシュタックスセービングの観点から
株式報酬制度に関するコンサルティング業務に関与。

小木　惇

EY弁護士法人　2013年弁護士登録。
企業法務やM&Aを専門とし，これまで数多くの上場企業に株主総会の運営指導，ガバナン
スシステムの構築，不正調査，労務管理の支援業務を行う。近年はスタートアップ支援やベ
ンチャー投資支援にも関与。

【編者紹介】

EY | Assurance | Tax | Transactions | Advisory

EY新日本有限責任監査法人について
EY新日本有限責任監査法人は，EYの日本におけるメンバーファームであり，監査および保証業務を中心に，アドバイザリーサービスなどを提供しています。詳しくは，www.shinnihon.or.jp をご覧ください。

EYについて
EYは，アシュアランス，税務，トランザクションおよびアドバイザリーなどの分野における世界的なリーダーです。私たちの深い洞察と高品質なサービスは，世界中の資本市場や経済活動に信頼をもたらします。私たちはさまざまなステークホルダーの期待に応えるチームを率いるリーダーを生み出していきます。そうすることで，構成員，クライアント，そして地域社会のために，より良い社会の構築に貢献します。

EYとは，アーンスト・アンド・ヤング・グローバル・リミテッドのグローバルネットワークであり，単体，もしくは複数のメンバーファームを指し，各メンバーファームは法的に独立した組織です。アーンスト・アンド・ヤング・グローバル・リミテッドは，英国の保証有限責任会社であり，顧客サービスは提供していません。詳しくは，ey.com をご覧ください。

本書は一般的な参考情報の提供のみを目的に作成されており，会計，税務およびその他の専門的なアドバイスを行うものではありません。EY新日本有限責任監査法人および他のEYメンバーファームは，皆様が本書を利用したことにより被ったいかなる損害についても，一切の責任を負いません。具体的なアドバイスが必要な場合は，個別に専門家にご相談ください。

現場の疑問に答える会計シリーズ・7

Q&A 純資産の会計実務

増減資から自己株式、株式報酬、組織再編まで

2019年8月25日　第1版第1刷発行

編　者	EY新日本有限責任監査法人
発行者	山　本　　　継
発行所	㈱中　央　経　済　社
発売元	㈱中央経済グループ パブリッシング

〒101-0051　東京都千代田区神田神保町1-31-2
電話　03（3293）3371（編集代表）
　　　03（3293）3381（営業代表）
http://www.chuokeizai.co.jp/
印刷／文唱堂印刷㈱
製本／誠　製　本㈱

© 2019 Ernst & Young ShinNihon LLC.
All Rights Reserved.
Printed in Japan

＊頁の「欠落」や「順序違い」などがありましたらお取り替えいたしま
　すので発売元までご送付ください。（送料小社負担）

ISBN978-4-502-28081-8　C3334

JCOPY〈出版者著作権管理機構委託出版物〉本書を無断で複写複製（コピー）す
ることは、著作権法上の例外を除き、禁じられています。本書をコピーされる場合
は事前に出版者著作権管理機構（JCOPY）の許諾を受けてください。
　　JCOPY〈http://www.jcopy.or.jp　eメール：info@jcopy.or.jp〉

一目でわかるビジュアルガイド

図解でざっくり会計シリーズ 全9巻

新日本有限責任監査法人［編］　　　　　　　各巻1,900円＋税

本シリーズの特徴
- シリーズキャラクター「ざっくり君」がやさしくナビゲート
- コンセプトは「図とイラストで理解できる」
- 原則，1テーマ見開き
- 専門用語はできるだけ使わずに解説
- 重要用語はKeywordとして解説
- 「ちょっと難しい」プラスαな内容はOnemoreとして解説

1 税効果会計のしくみ
5つのステップでわかりやすく解説。連結納税制度や組織再編，資産除去債務など，税効果に関係する特殊論点についてもひと通り網羅。

2 退職給付会計のしくみ
特有の用語をまとめた用語集付き。改正退職給付会計基準もフォロー。

3 金融商品会計のしくみ
ますます複雑になる重要分野を「金融資産」，「金融負債」，「デリバティブ取引」に分けて解説。

4 減損会計のしくみ
減損会計の概念を携帯電話会社を例にしたケーススタディ方式でやさしく解説。

5 連結会計のしくみ
のれん・非支配株主持分・持分法などの用語アレルギーを感じさせないように，連結決算の基礎をやさしく解説。

6 キャッシュ・フロー計算書のしくみ
どこからお金が入り，何に使ったのか，「会社版お小遣い帳」ともいえる計算書のしくみを解説。

7 組織再編会計のしくみ
各章のはじめに組織再編の全体像を明示しながら解説。組織再編の類型や適用される会計基準，さらに各手法の比較まで言及。

8 リース会計のしくみ
リース取引のしくみや，資産計上するときの金額の算定方法等，わかりやすく解説。特有の用語集付。

9 決算書のしくみ
貸借対照表、損益計算書，CF計算書の構造から，決算書に表れる大小事件の読み方までわかりやすく解説。

■中央経済社■